人文社科研究方法丛书

人文社科
选题炼题：100问+700例

黄忠廉 著

科学出版社
北京

内 容 简 介

标题来自选题，选题源自问题。问题意识永远是好选题的灵魂，人文社科的优质选题一定能反映学科前沿；若能折射时代所需，则更妙。本书既授鱼，更授渔，涉及 26 门学科约 700 个案例；所设 100 个问题大致分要道篇、选题篇与炼题篇，三者权重逐渐增大。所涉选题炼题的原理与机制既可用于撰文著书，更可用于项目申报；既服务人文社科界，也适用于自然科学界。

本书可为论文与著作撰写者、项目申报者、演讲者提供参考。

图书在版编目（CIP）数据

人文社科选题炼题：100 问+700 例 / 黄忠廉著. —北京：科学出版社，2024.1

（人文社科研究方法丛书）

ISBN 978-7-03-077894-9

Ⅰ. ①人… Ⅱ. ①黄… Ⅲ. ①人文科学-论文-写作 ②社会科学-论文-写作 Ⅳ. ① C

中国国家版本馆 CIP 数据核字（2024）第 001689 号

责任编辑：常春娥 / 责任校对：贾伟娟
责任印制：徐晓晨 / 封面设计：蓝正设计

科学出版社 出版
北京东黄城根北街 16 号
邮政编码：100717
http://www.sciencep.com
三河市骏杰印刷有限公司 印刷
科学出版社发行 各地新华书店经销

*

2024 年 1 月第 一 版　开本：720×1000　1/16
2024 年 1 月第一次印刷　印张：19 1/4
字数：300 000

定价：68.00 元

（如有印装质量问题，我社负责调换）

小　引

标题是选题的通行证，选题是问题的营养钵，问题是研究的炼丹炉。

题在心如佛，写出如像，选题炼题，则是由佛而像的拟题之道，《人文社科项目申报300问》（以下简称《300问》）[①]已有涉及。本书（以下简称《100问+700例》）[②]是对《300问》某些问题的扩充派生，或具体化。坊间说：好题妙煞人，弱题人秒杀。面对竞争，如何优中选优，以求妙题吸睛，先声夺人？选题重要，必经炼题才最终定题；题，能选者众，擅炼者寡，炼功略重于选功。

全书分要道、选题、炼题三大篇，三者数量之比为10∶40∶50。《100问+700例》以项目为主，兼及论著，甚至是演讲；项目选题涉及国家社科基金项目（如年度项目、后期资助项目、重大项目），以及教育部人文社科研究项目等，共26个学科，主要取自2018—2022年的项目。以2022年立项学科的数量序列为据，全书用例所涉学科大致如表0所示。

表0　全书用例所涉学科分布

序号	学科	用例所涉问题	序号	学科	用例所涉问题
1	管理学		6	马列·科社	
2	应用经济		7	民族问题研究	
3	法学		8	社会学	
4	语言学		9	中国历史	
5	中国文学		10	哲学	

[①] 即黄忠廉著《人文社科项目申报300问》，2017年首版，2022年第二版，均由科学出版社出版。
[②] 本书有683例，命名时取其约数700。此类已有先例。

续表

序号	学科	用例所涉问题	序号	学科	用例所涉问题
11	党史·党建		19	统计学	
12	理论经济		20	世界历史	
13	政治学		21	宗教学	
14	图情文献学[①]		22	考古学	
15	新闻学与传播学		23	人口学	
16	体育学		24	交叉综合研究[②]	
17	国际问题研究		25	教育学	
18	外国文学		26	艺术学	

注：空白处留待读者填入所在学科用例所涉问题的序号，军事学除外

要道篇 开篇十问是头问，即关键问题，涉及选题的价值意义、要求等，说明选题炼题最精要的道理、策略或方法，为后面的具体操作埋下伏笔。

选题篇 选题即泛舟题海、躬耕题野的过程。作为名词，主要探其结构及特点；作为动词，则依其特点不断挑选、推敲题目。选题仿佛是体验题间烟火，或真实体悟酸甜苦辣咸等五味，或一路左冲右突，感悟渐丰，至此才深入选题佳境。身为学人，只有探究真问题，选出真课题，真用心炼题，学界才会支持资助真学人。更多的"选"还将转入下篇。

炼题篇 选题止渴的梅在前方，最好的前行就是将目标化作当下，变成炼题的第一步。炼题不会英雄白跑路，说穿了，每步都算数，都将汇入"总计"。强调炼功大于选功，因为过程重于结果；与题有真缘，好题总在伴您行。亲历过程，难得体悟；顺势趋果，反无功利之念，不求结果反结硕果！炼题"十次陌生化"，集于书末，或能产生更大的冲击力；循其规律，择堂入室，将选题炼到极致，才最有望破茧成蝶，走向巅峰。

小建议 研究即追梦。起点就是"梦"，历练推进"想"，是各种深度与

---

① "图情文献学"是"图书馆、情报与文献学"的简写，以便于排版。
② "交叉综合研究"是"交叉学科/综合研究"的简写，以便于排版。

广度不一的思与想，终点才得略显丰腴的骨感。梦想如何由骨感而丰满？有人对您悄声耳语：不妨多研讨例证及分析，尤其是将所研究内容与案例细细比较，深化理解，悟出超越书本的认识，您的心得定能翻番。本书所涉学科毕竟超越20种，笔者不是万能的！感谢白云山麓"译学黄埔"20位学员对书稿的批判；书内有瑕，文责自负；一如既往，敬请指正：da300wen@163.com。

《100问+700例》搭建跳台，您跃入的将是大海……

2023年7月30日

广州白云山麓三语斋

目 录

小 引

一、要 道 篇

1. "题"为何物？研究题为先，夺"金"之所在？⋯⋯⋯⋯⋯⋯⋯⋯⋯ 1
2. 何谓定题？选题求精练，何须先精炼？⋯⋯⋯⋯⋯⋯⋯⋯⋯⋯⋯ 3
3. 题好为何成大半？书、文、项目又有何不同？⋯⋯⋯⋯⋯⋯⋯⋯ 5
4. 为何说最难莫过于选题？题好遮三丑，果真如此？⋯⋯⋯⋯⋯⋯ 6
5. 如何涵育"问题意识"？"问题"不必显"摆"入题？⋯⋯⋯⋯⋯ 8
6. 以"问题"为导向，最简选题链呈何样态？⋯⋯⋯⋯⋯⋯⋯⋯⋯ 12
7. 标题眼缘端何样？报/审时、空对炼题有何启示？⋯⋯⋯⋯⋯⋯ 14
8. 依"国是"擘画选题，成功率几何？⋯⋯⋯⋯⋯⋯⋯⋯⋯⋯⋯⋯ 16
9. "标题党"于选题炼题有何"利"弊？⋯⋯⋯⋯⋯⋯⋯⋯⋯⋯⋯ 18
10. 炼题何以原道学禅宗？登何"堂"，入何"室"？⋯⋯⋯⋯⋯⋯ 21

二、选 题 篇

（一）选 题 原 理

11. 选题去留，如何号脉会诊？⋯⋯⋯⋯⋯⋯⋯⋯⋯⋯⋯⋯⋯⋯⋯ 23
12. 选题因何矛盾而生？至少几大突破口？⋯⋯⋯⋯⋯⋯⋯⋯⋯⋯ 25
13. 最简选题路径是什么？⋯⋯⋯⋯⋯⋯⋯⋯⋯⋯⋯⋯⋯⋯⋯⋯⋯ 27
14. 选题之"最"几何？何时兼具？⋯⋯⋯⋯⋯⋯⋯⋯⋯⋯⋯⋯⋯ 29
15. 选题如何瞻前与顾后？何人可作何选择？⋯⋯⋯⋯⋯⋯⋯⋯⋯ 31

（二）选题结构

16. 标题常态"X研究"何以二分？标题能否"光杆"？ ……… 32
17. X凭何分为前沿A与时需B？选题条件何时充分或必要？ ……… 33
18. X所含关系复杂几何？何以顺向或逆向渐长成？ ……… 35
19. X中术语何以聚焦"特"立于群？平常中见非常？ ……… 38
20. 标题长短，因学科而有别？学科内外，各具特色？ ……… 40
21. 前沿A可"理论""实践"二分？为何特提后者？ ……… 42
22. 时需B至少几类？学科为界，可分内外？ ……… 43
23. X的语法结构常见几种？彼此如何兼容与转化？ ……… 45
24. X所含联合关系呈何结构？为何要细究其类？ ……… 47
25. 联合关系蕴含因果逻辑？多重因果如何叠加呈现？ ……… 50
26. X所含支配关系有何动感样态，呈何结构？ ……… 52
27. X所含陈述关系呈何结构，表达完整事件？ ……… 53
28. X所含修饰关系呈何结构，分为几种？哪种最常用？ ……… 55
29. 定中短语巧标记功效如何？标记何时隐与显？ ……… 57

（三）选题实策

30. 核心术语如何归纳抽象？无中生有？ ……… 59
31. 核心术语如何演绎具化？有中生有？ ……… 61
32. 核心术语如何类比仿拟？有中生异？ ……… 62
33. 字母词适用何种语境？如何拿捏生熟度？ ……… 64
34. 缩略语何时于接受有利？学科内外有别？ ……… 66
35. X何以"秀"于选题之林？ ……… 68
36. X何以"异"于往昔选题？ ……… 70
37. X何以"特"于选题之常？ ……… 71
38. 术语创新打好组合拳，何处超胜术语原创？ ……… 73
39. 前沿与时需组合式（AB）是构题的饱和式条件？有何优势？ ……… 75
40. 前沿后重式（BA）是主流构题法？如何细分？ ……… 76
41. BA式构题法何时可变为AB式？渐成何"题"统？ ……… 79

42. 前沿与时需化合式（AB）构题中前沿如何折射时需？ ……………… 80
43. 前沿独立式（A）构题法适用哪类项目或学科？ ……………………… 82
44. 理论生题"家学渊源"，撼人之题何处不胜寒？ ………………………… 84
45. 现实酿题最能催生选题？动人之题如何低开高走？ …………………… 86
46. 题源枯竭时，何不向方法（论）寻题，广开题路？ …………………… 88
47. 理论、现实与方法如何排布，频出新题？ ……………………………… 90
48. 照搬挪用"指南"偶尔可为？风险何在？ ……………………………… 92
49. 妙思改造"指南"是主流，何以见得？如何实操？ …………………… 94
50. 自主选题凭智勇双全才能日趋"受宠"？ ……………………………… 96

三、炼　题　篇

（一）炼题机制

51. 炼题九字诀形成"三字经"？ …………………………………………… 98
52. 何谓炼题机制？炼题何为？学人炼题宜成"瘾"？ ………………… 101
53. 炼题机制"十"级而上？两大步，十小步，步步为"赢"？ ………… 103
54. "新、精、尖"与"高、大、上"，炼题如何兼及内、外循环？ …… 104
55. 炼题机制如何破解活用？何人何时逐步推进，何时提档加速？ …… 106
56. 炼题时内攻与外攻各有何目标？内外夹"击"，更能中的？ ……… 109
57. 构题如何依"法"渐入佳境？机关何在？ …………………………… 111
58. 构题法有何神功？以"文"化题，何奇之有？ ……………………… 113

（二）炼题程序与策略

59. "见题是题"，如何识其特征察其表？ ………………………………… 116
60. "见题似题1"，从形义界面如何究其里？ …………………………… 117
61. "见题似题2"，由价值入手如何显其用？ …………………………… 120
62. "见题只是题"，玄览全题如何得正果？ ……………………………… 122
63. 炼题如何由复杂命题缩为复杂概念？复杂度如何执持？ …………… 124
64. 选题篇名如何篇章化？如何与研究内容互动互哺？ ………………… 126
65. 长而绕的标题如何"点烦"、求得简而明的效果？ ………………… 130

vii

66. 标题长短受"气口"切分？如何流畅显节奏？……………………133
67. 字字珠玑求"文气"？如何咬文嚼字？……………………………136
68. 标题字数、形、义等何所忌？……………………………………138
69. 标号与点号如何活用"潜规则"？………………………………141

（三）研究"研究"

70. 标配"研究"永居题末？有何其他适配用语？要防不当之用？………143
71. "研究"之外，有无渐成新趋势的"备选"？……………………146
72. "研究"如何研究？如何细化"研究"的内涵？…………………149
73. 文章、著作与项目标题用语有别？语出有方，出何经典？………152

（四）前沿及时需单炼

74. 核心研究对象何以词化语化术语化？四字格如何妙用与慎用？……153
75. 术语新颖度如何判定？哪些路径可自证其新？…………………156
76. 拟题何以求客观避主观？何时体现主观性？……………………157
77. 选题如何体现倾向性？或褒，或贬，或并立？…………………161
78. 如何明析核心研究对象的特点？特征与特性何以见分晓？………164
79. 特性何时成第一属性？如何与原点结合？………………………165
80. 借选题之机，如何创新选题体系？如何精准组合？……………167
81. 哪类词修饰或限定事物可显选题价值？…………………………169
82. 哪类词描绘疏状关系可述选题价值？……………………………171
83. 好题具有动感或画面感，动感分哪三类？………………………172
84. 题内可"动"几次？连动式标题有何优势？……………………175
85. 选题功能可宏、微二分？如何发挥其隐显提升作用？…………178

（五）前沿与时需双炼

86. 前沿A与时需B"关系"宜挑明求和谐？…………………………181
87. 选题时空单用或依存有何条件？占位何许？……………………184
88. 前沿A与时需B并存，或隐或显？孰主孰次？…………………188

89. 时需 B 何时作用于前沿 A？何时互动？ ………………………… 189
90. A 与 B 的结晶永居 C 位？ABC 如何搭建研究框架？ ………… 191

（六）十炼"陌生化"

91. 一炼陌生化"养原"：缘何彰显选题初心？ …………………… 194
92. 二炼陌生化"求新"：缘何转换或提升选题视角？ …………… 197
93. 三炼陌生化"拓展"：缘何借发散思维拓宽视野？ …………… 199
94. 四炼陌生化"聚焦"：研究视域因何先开后合？ ……………… 201
95. 五炼陌生化"掘深"：核心术语因何向内解析？ ……………… 203
96. 六炼陌生化"灵动"：动静因何前后呈律动？ ………………… 205
97. 七炼陌生化"滴水映日"：选题或可顺应国是？ ……………… 208
98. 八炼陌生化"丰盈精准"：内涵为何扩容求全？ ……………… 210
99. 九炼陌生化"锤炼精练"：形式为何简缩求精？ ……………… 212
100. 十炼陌生化"泥炼成瓷"：一坨泥炼成青花瓷?! …………… 214

四、附 录 篇

附录一　标题用语：语首同字 …………………………………… 218
附录二　标题用语：语尾同字 …………………………………… 239
附录三　选题问题意识用语 ……………………………………… 263

跋一　以例解惑，依题炼题（刘纯）……………………………… 287
跋二　向巅而行：从"见山"到"定题"（袁圆）………………… 290

一、要 道 篇

1. "题"为何物？研究题为先，夺"金"之所在？

问世间"题"为何物，直教人一生相许！凡问学者，为了"题"谁不曾苦思冥想，千问万寻？每位学子或学人，不是在做题途中，就是在选题路上。那么，"题"到底是何物？

题，本为名词，双音化为"题目""标题"等，在此指依据研究内容为文章、专著、项目等所取的篇名；也可引申为动词，构成"题名""题词"等。表1摘录了由"题"所构的常见词语。

表1 含"题"的双音词语

以"题"开头的词语	以"题"结尾的词语
题签 题字 题记 题款 题材 题写 题量 题词 题解 题意 题型 题旨 书题 题海 题目 题跋 题名 题库 题诗 题壁 ……	母题 出题 跑题 问题 标题 解题 试题 议题 品题 副题 谜题 扣题 本题 命题 点题 课题 漏题 答题 正题 结题 泄题 选题 真题 专题 例题 论题 切题 主题 辩题 拟题 借题 无题 开题 难题 离题 审题 破题 押题 偏题 习题 话题 走题 考题 押题 要题 做题……

如此之多的题汇成"题海"，无论是"X题"还是"题X"构词构语模式，"题"都是其核心。现实中，绝大多数的题都以短语形式呈现。请看实例1—3[①]：

1	非洲孔子学院本土化模式及路径研究	语言学
2	《资本论》未完成部分的探佚研究	哲学
3	超特大规模城市学前教育资源的空间格局及其治理机制研究	教育学

---

① 如无特别说明，本书的项目实例第1列为例子序号，第2列为项目名，第3列为项目所属学科。余同。

所示三例均为"X研究"式偏正短语，其标题表述精准反映研究者的初心，扣合审读者的要求，是论文发表、专著出版、项目获批的重要因素。

所有研究都围绕或大或小的课题展开，文章、专著、项目等最夺目之处就是所选所定的题——目！以2023年国家社科基金年度项目的活页为例，活页含几大逻辑板块，若加上"题解"（对题旨的阐释），可以构成图1所示的金字塔，由金星I、金顶D、平面金三角ABC、四方金座EFGH四部分构成。由图1可知，四方金座包括EH（选题依据）、EF（研究内容）、FG（思路方法）、GH（预期成果与参考文献）；金三角ABC包括A价值、B创新与C基础，金三角支撑着金顶D（题解），金顶则顶起金星I（题目），可见题（目）才是金字塔上闪闪的金星！

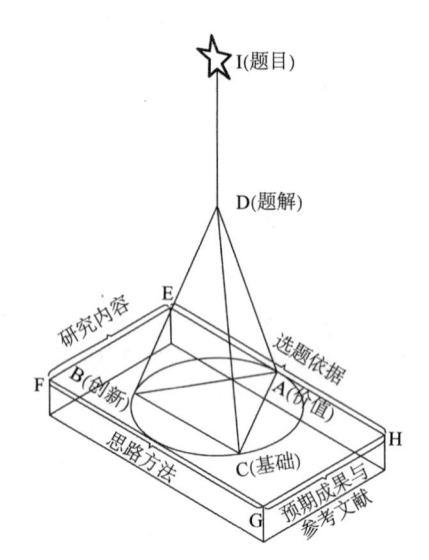

图1 题：研究或项目的明眸

选题是科学研究的逻辑起点。任何一次选题，都事关学术生命，承前启后，继往开来。读研、科研均是如此。如例1，非洲正成为中国关注热点；孔子学院在世界反响不一，在发展中国家（尤其是非洲）以正面反馈为主，总结其中经验，当是应有之义。该题占据了时代与国家所需的先机，加之落脚于"本土化"，要为其定出"模式"，找出"路径"，更加吸睛。"A及B"式研究，以前者为主，后者为辅，体现了基础研究与对策拟定的有机结合。

一、要　道　篇

再如例 2，存在可商榷空间。《资本论》"未完成"是缺憾，却成后人研究的起因；"佚"指佚稿，这又是一重遗憾，正是双重憾事催生了研究的问题。那么，探佚便是一种积极的努力，于马克思研究有正源之功，同行专家理当支持。只是"未完成"用得通俗，而"佚"显得文气与专业。受"探佚"之雅的后管控，其"未完成"不妨改为"未竟"；"未完成部分"可得多种修改方案，其后"的"字可去。改稿如下：

2a　《资本论》未竟部分探佚研究
2b　《资本论》未竟之作探佚研究
2c　《资本论》未竟书稿探佚研究
2d　《资本论》未竟稿探佚研究

至于例 3，其他各处尚可，但"超特大规模城市"不简洁。业内常说的 7 个超大城市有上海、北京、深圳、重庆、广州、成都、天津，14 个特大城市有武汉、东莞、西安、杭州、佛山、南京、沈阳、青岛、济南、长沙、哈尔滨、郑州、昆明、大连。可见，例 3 中"规模"二字多余；此外，标题显长，完全可省；也可省去"的"。改稿如下：

3′　超特大城市学前教育资源空间格局及其治理机制研究

2. 何谓定题？选题求精练，何须先精炼？

标题，既可是词，也可是短语，或更大的单位，定题过程大致是：选+题→选题→炼题+……。选题，作为动宾短语，指为论文、专著或项目选定题目；作为名词，意为拟定的题目，即选择题目的结果。选题，亦指写作前对文章、专著、项目的题材之初步确定，众多选题集合则成选题指南或选题规划。

题要选，选之后还要反复炼。"专家看了不浅，外行看了不深"[①]是标题的至高标准。如何达到？可分两步走。

先精炼题　"炼"本义为通过加热等使物质纯净或坚韧，引申为用心琢

---
① 黄忠廉. 人文社科项目申报300问（第二版）[M]. 北京：科学出版社，2022：89-90.

磨，使词句简洁优美。"炼"意在求精，其加工法是火烧，对象是"金"，淘汰和选择贯穿其全过程，旨在去芜存菁。那么，"精炼"是动词，意为去杂质，提取精华，使某物更纯更净。对选题进行精炼，实为一种隐喻说法。如例4—6：

4 "双减"背景下我国中小学生的课堂参与：理论 　交叉综合研究
模型、影响机制及干预策略研究
5 粤西濒危曲种的保护及当代传承研究　　　　　艺术学
6 逆向跨国并购整合中的多重认知制度冲突应对　管理学
策略研究

例4虽长，利用冒号倒是层次清晰；不过，36字符还是显得冗长。"'双减'背景下"是语境，可舍；"的"可去；"理论模型、影响机制及干预策略研究"挤入一题，是否过于拥挤？或许是为了显得重要？但完全可以瘦身，或是获批之后再缩小研究范围，试改如下：

4a 我国中小学生的课堂参与：理论模型、影响机制及干预策略研究
4b 中国中小学生课堂参与：理论模型、影响机制及干预策略研究
4c 中国中小学生课堂参与理论模型与影响机制研究
4d 中国中小学生课堂参与理论模型与干预策略研究
4e 中国中小学生课堂参与影响机制与干预策略研究

例5的炼题则更典型。申报者所提供的研究内容是：本课题具体以粤西濒危方言区6个小曲种（姑娘歌、吴川木鱼、廉江木鱼、牛娘调、采茶调、禾楼歌）为研究对象，围绕"培根铸魂"核心理念展开研究，即创新要根植传统，弘扬本色，以保护为最终旨归；传统也要与时俱进，开拓创新，以开发为当代传承核心动力。具体内容分为"历史沿革""艺术特征""音乐特征""审美价值与艺术精神""当代传承开发模式"五个部分。

所提供的选题依据是：粤西濒危曲种代表着粤西区域文化精髓，其古朴原始艺术风格及独特音乐表演形态具有重要的生态、科研、保护与开发价值。作为一种传统民族音乐资源，如何在当代实现内涵挖掘与表达创新双向突破的传

承发展目的,是我们应该思考的重要课题。

例5所给信息并非最精、最核心,如何炼题?不妨披沙拣金:①"濒危"已显重要,需要抢救,但这只是常态表达。②"保护",主要观点实为措施。③"当代传承研究",正是其后所述的"表达创新",可以,但一般,可用"艺术突破"。④围绕"培根铸魂"核心理念展开研究,即创新要根植传统,弘扬本色,以保护为最终旨归。⑤传统也要与时俱进,开拓创新——固本拓新,比情感色彩浓郁的"培根铸魂"要抽象、客观,更像题目。由此可得5a,进一步凝炼,可得5b:

5a 粤西濒危曲种内涵挖潜与艺术突破拓新研究

5b 粤西濒危曲种固本拓新研究

再求精练 "练"义在熟能生巧,求熟用"练"。"练"可用作名词、动词,还可构成形容词。"练"字构词,有反复实践之义,如熟练、老练、干练、历练、练达。那么,精练用作形容词,意为表达简洁扼要,无多余的字、词、语、句。例5已是明证,不妨再看例6。跨国并购,以往是国外并购中国公司或企业,现则转向中国并购国外公司或企业,这种转变用"逆向"概括与反映,准确!"应对冲突的策略"本是偏正短语,换作"冲突应对策略"提升了术语化程度。其"中""的"均可去虚求实。若担心信息密度过大,不利于读题切分语义,可以保留"中";若求更简练,"应对策略"可缩为"对策"。整个标题试改过程如下:

6a 逆向跨国并购整合中多重认知制度冲突对策研究

6b 逆向跨国并购整合多重认知制度冲突对策研究

3. 题好为何成大半?书、文、项目又有何不同?

题好文一半,这是就论文或著作而言;对于项目,选题好则成多半,甚至决定项目的成败。题就是目,看人先看眼,或水灵,或深邃,或浑浊,或清澈,均能反映健康与内在,彰显生命气息。书、文、项的题目也应如明眸,给人最美的第一印象。

选题之重要，主要是对文章（含学位论文）、各类著作、各级项目而言。以 2023 年教育部人文社科研究项目评审为例，其具体审读程序最能说明选题的重要性。评委进入评审界面可见 7 列信息：①编号，②项目名称，③是否建议立项，④分数，⑤专家建议，⑥评审状态，⑦操作（保存、下载评审材料）。第 7 列才需打开申报书链接。不论评委公正与否，当看到第 2 列，见到熟得不能再熟的选题，心中已判高下：若是题好，第一印象好，即便打开申报书，即或论证较弱，也有希望入选；若是题不好，可能申报书都不愿打开浏览。教育部的项目评审步骤的设计，正反映了选题的"目"测效应。

所选或所炼的"题"并不仅限于项目申报。撰文、学位论文开题、著作撰写等首先便涉及选题，它是研究的起点或源头。套句俗语：做得好，不如选得好！正如图 1 所示，题目是金星，是研究及其产出的关键。从选题所服务的对象类型来看，报刊论文的选题直接接受编辑的一审、审稿专家的二审与主编的终审；学、硕、博士学位论文的选题需将选题过程转化成规范的开题报告，供导师和开题答辩委员会审核；著作出版的选题也要进行自我论证，写明独到之处、市场需求、同类出新等优势，才可能被出版机构看中；课题申报的选题则要经过各级各类评审流程，至国家层面也需一二次选拔，优中选优。四种情况下，能发表、可开题、终出版、获立项的资本就在于选题上乘，卓尔不群。

其实，学术演讲或交流更讲究题的选与炼，详见表 40 "选题炼题交流活动命名选览"。

4. 为何说最难莫过于选题？题好遮三丑，果真如此？

即便不依各级选题/课题指南，同行也因研究领域相同、选题相近而冲突、竞争，更不用说依据指南选题，相差无几，函评几十甚至上百人竞争，会评几十份再争。从起点到终点，选题一直是重中之重。所以，研究与报项，从炼题到炼心，有中生有、无中生有、有中生异，看似争的是申报书的各部分，根本性之争实际上是选题。

最难是选题 如第 3 问所述，由教育部的评审过程可知，看题定评，选题是隘口，是芝麻开门的金钥匙，它旁证了评审先见题的事实。此外，拿到评审清单，所见也是选题的罗列；拿到活页，首先映入眼帘的是选题；最终看到申报书，封面上的焦点信息仍然是选题。譬如例7—8：

> 7　新中国西藏技术教育和职业教育与培训（TVET）　交叉综合研究
> 史料抢救性采集、数字化整理与利用
>
> 8　以社会语言学方法论分析人口迁移时期的西班　语言学
> 牙语全球化进程

题好，不一定能入围获批，因为指标少；题好，论证得不好，可能获批，因为题目好是亮点；题不好，论证得不错，偶尔被看中；题不好，论证得不好，是不能获批的。所以，最难莫过于选题，选完题，最关键的是炼好题，如同百炼才能成钢。如例7距国家社科基金项目所定的用字上限40字符仅差一字符，但因西藏研究之需而显重要。TVET 即"职业技术教育和培训（technical and vocational education and training）"，它与其前的汉语全称并不相应，二者必选一，可舍英文缩略语。甚至是"新中国"若不为强调，也可省略。试改如下：

> 7a　新中国西藏技术教育和职业教育与培训史料抢救性采集、
> 数字化整理与利用
>
> 7b　新中国西藏技教职教培训史料抢救性采集、数字化整理与利用
>
> 7c　西藏技教职教培训史料抢救性采集与数字化开发研究
>
> 7d　西藏技教职教培训史料抢救性开发研究

题好遮三丑　题好遮三丑？岂有此理！还真有这样的道理。做学问，重在做，难在做，没做之前选个题更是难上加难。选是起点，起点不高会影响整个申报，常令人发出"点子背"之叹。点子背，会背于一文一书一项目；若不及时醒悟，可能会背一时，更可能背一世。为什么？试以2022年经济学（理论经济+应用经济）选题申报为例，对比其选题/课题指南与立项数，会发现许多问题。从申报与审批至少在量上的反差可想而知，而从个人初次申请、各单位层层筛选、全国函评、最终会评，可能从万分之一到千分之一，再到百分之一，最后到十分之一，竞争的焦点会在哪里？还是在题。请看例8。

该例拟题者丁2019年申报了国家社科基金年度项目，未果，因前面研究工

7

具"以社会语言学方法论分析"太长，真正内容受压被遮蔽，加之题无新意。2021年书稿成，申报人改报国家社科基金后期资助项目。该选题的创新之处在于全面叙述与分析世界范围的西班牙语，涉及 21 个西班牙语国家，覆盖了欧洲、美洲以及非洲与西班牙语密切相关的各个国家，同时关注西班牙语的历史和发展现状。无论是横向还是纵向，该成果都对西班牙语的发展情况做了全面梳理。截至2021年还未有同类专著出版。有鉴于此，将题改为 8a、8b、8c 似乎更好。拟题者选择了 8b：

8a 西班牙语历史和现状

8b 全球西班牙语史

8c 世界西班牙语史

时隔两年，笔者仍觉得 8c 会更好。因为：①"全球"的学术性不足，全球狭义指地球的各个层圈（大气圈、水圈、岩石圈和生物圈），广义指地球上的人文环境、经济、生态自然，包括世界上的各个方面。②"世界"更专业，术语化程度更高，它首先是地理理念，指全世界，地球的地理区域划分为七大洲、四大洋；其次指国家地区，全世界共 200 多个国家和地区；③同类书名或术语可供参考，如世界历史、世界文化、世界政治、世界军事、世界地理……

5. 如何涵育"问题意识"？"问题"不必显"摆"入题？

研究必备问题意识，问题"意识"从何而来？有了问题意识，"问题"在题中该隐该显？

问题意识 选题要有强烈的问题意识。什么是问题？简言之，指必须研究、讨论并加以解决的矛盾、疑难。那么，问题意识，通俗讲，指认识到某一问题是学界长期存在、未解决、有价值、时代所需、国家急需、留有缺憾的疑难问题。能意识到的问题，包括较易的 what（where、when、who、which）等类，如何谓、何处、何时、何人、几何、何种；难易适中的 how 类，如怎样、如何、以何、何以；较难的 why 类，如为何、何为、缘何。what 类容易回答，属低层问题；how 类较难回答，属中层问题；why 类最难回答，属高层问题。

一、要 道 篇

涵育"问题意识" 要善于突出问题意识,关注社会热点、现实焦点、理论前沿、实践亟需等。问题是否为真问题,能否升为课题,至少应考虑七个条件,详见《300问》①。问题意识可以涵育,要想学习建立问题意识,至少可以多多参悟央视一台几档重要的节目。

第一,听看《新闻联播》《焦点访谈》。新闻联播,被称为"中国政坛的风向标",其宗旨为"宣传党和政府的声音,传播天下大事"。"新闻联播"专题时长约15分钟,可按录播节点观看。如2019年7月3日"不忘初心、牢记使命"主题教育进行时之"精准找差距 实干解难题","香港各界谴责暴力冲击立法会事件",央视快评之"稳定才是香港发展的根本保障",国内联播快讯之"中央财政2.08亿元支持防汛抗旱",国际新闻之"伊朗俄罗斯呼吁欧盟履行对伊朗承诺",国际联播快讯之"欧盟下届领导人人选出炉""利比亚一移民中心遭空袭40人死亡"等。

关注新闻于选题受益,有则小故事为证。2019年2月19日那天,华灯初上,夜色渐美。例664的项目申报者一气呵成改完了研究思路、研究方法和研究计划,顿感心情舒畅。她从办公室回到家,已是22点,浑然不知元宵节即将过去……第二天,她落座电脑前,上网浏览新闻,惊喜地发现就在几个小时前,习近平主席向2019年中国—东盟媒体交流年开幕式致贺信,提出"中国—东盟关系已进入全方位发展的新阶段""讲好共促和平、共谋发展的故事"。她立马回头将题目活页的"题解"又改了一遍,加入了"'展形象'是新形势下对外宣传的重要使命任务,要讲好中国—东盟共促和平、共谋发展的故事(习近平2019)"。这样,更突出了研究的刚需,题解更扣时代,更具冲击力。

第二,跟随《新闻调查》。观看这档节目时,尤其要关注记者的自由发问,如当年的王志等都是提问高手。《新闻调查》注重研究真问题,探索新表达,以记者采访的形式,探寻事实真相,追求理性、平衡与深入,为促进社会和谐进步发挥点点滴滴的作用。如2019年4—6月的《新闻调查》就极具问题意识:"追查有毒有害食品"(20190601)、"不说再见"(20190504)、"山村里的

---

① 黄忠廉. 人文社科项目申报300问(第二版)[M]. 北京:科学出版社,2022:2.

'小'小学"（20190427）、"从重点项目到千亩违建"（20190420）、"寻找中国节"（20190407）等，其中每次报道几乎均可提升为不同领域的中等课题。

第三，参与《对话》。 该档节目通过主持人与嘉宾以及现场观众的充分对话与交流，直逼热点新闻人物的真实思想和经历，展现他们的矛盾痛苦和成功喜悦，折射经济社会的最新动向和潮流，同时充分展示对话者的个人魅力及其鲜为人知的另一面。例如，"5G热的冷思考"（20190630）、"中关村阅兵新势力"（20190623）、"超级工程的背后"（20190519）、"'一带一路'上的中国声音"（20190428）、"消费升级下的汽车变局"（20190421）等，其中每次报道几乎都可以提升为不同领域的国家级课题。

无"问题"的选题 所选之题必是问题，这是研究的主体或干流。真正的研究本身是值得研究的问题，但"问题"二字多数是不入题的，这占选题的绝大多数。以2019—2021年立项的国家社科基金年度项目与教育部人文社科研究一般项目为例，无"问题"二字的选题占比为94.63%。下面分析含"问题"和不含"问题"二字的几个标题（例9—16）：

9	消费方式生态化的马克思主义解答研究	马列·科社
10	缅甸政治转型中的社会情绪研究	社会学
11	海外中国公民保护与救助机制研究	国际问题研究
12	当代俄罗斯哲学前沿问题研究	哲学
13	新媒体时代视听节目的版权问题研究	法学
14	法、检体制改革中的差异化问题研究	法学
15	重点空域军地联合管控建设及应急处置问题研究	管理学
16	高校思政课问题式教学研究	马列·科社

例9，"消费方式生态化"有疑惑，有疑问，有困惑，需要解释与回答。其问题存在，却暗含于"解答"的预设。"解答"若改为"释解""诠释""释疑"，用语层次或许更高一些。例10，缅甸的民主化进程在民盟的主导下继续深入，取得了系列重要成果。但与此同时，缅甸族群间的暴力冲突频繁上演，为缅甸的政治转型蒙上了阴影。例11，保护与救助机制本身即所研究的问题，若加"问题"，反显累赘。例9—10的改稿如下：

一、要　道　篇

9a　消费方式生态化马克思主义解答研究
9b　消费方式生态化马克思主义诠释研究
9c　消费方式生态化马克思主义阐释研究
10a　缅甸政治转型中社会情绪研究
10b　缅甸政治转型的社会情绪研究

含"问题"的问题　这类选题本身是问题，又含"问题"字样，似乎真有问题，不过，细究起来，又分三类。

第一，完全可以去掉"问题"，如例12，"当代""前沿"已突显了问题的紧迫与重要，"问题"二字显得太直白；再如例13，"新媒体时代"是时间限定，若改为"新媒"，可成领域限定；版权不加"问题"，也是问题，定语标记可省，原题会更简明。又如例14，"中的"删之更明，有问题而无"问题"二字可更加突出该术语"差异化"；例15同理。例12—15的改稿如下：

12′　当代俄罗斯哲学前沿研究
13′　新媒视听节目版权研究
14′　法、检体制改革差异化研究
15′　重点空域军地联合管控建设及应急处置研究

第二，似乎真得保留"问题"，否则朗读不上口，如例20[①]"破解国有企业'一把手'监督难研究"加上"问题"语流才更通顺。

第三，"问题"不仅不能删，还需强化，如例16。教学方式有多种，思政课一直重要，现更受重视，如何教，如何进课堂，进而入心，是普受关注的问题。如何以"问题"推进教学，就将现存"问题"问题化了。篇名命得巧，"问题式"入题若加引号，更是一招；借此以显真问题、大问题、亟待解决的问题，问题意识似乎倍增。例16的改稿如下：

16′　高校思政课"问题式"教学研究

---

① 实例置于主要分析之处，其余提及实例处只写出序号，不以表格形式重复罗列实例，余同。

6. 以"问题"为导向，最简选题链呈何样态？

问题导向永远是科研的基点。选题所彰显的问题意识永远是夺审读者慧眼的明眸！学人成功，过人之处在于将问题化作命题，再将命题定为标题，于是形成了"问题→命题→标题"的最简选题链。

问题导向 所谓问题导向，指受问题的驱动，由具体问题入手，将是否已解决作为判定真问题的标准。要真正解决真问题，有赖于对问题本身的不断探索。鲍健强与叶鸿认为，问题本身就是科研的向导，也是研究与选题的逻辑起点。[①]请看例17—18：

17	两极竞争背景下新兴崛起国"反遏制战略"研究	国际问题研究
18	南水北调中线工程移民口述史研究	中国历史

例17中，"两极竞争"的当下理解即中美两极，"新兴崛起国"即中国，该项目研究期间，两国之间美国在遏制中国，而中国需要"反遏制"。其问题意识所形成的命题是：中国在崛起，而美国有的领导人在对华战略中愈发注重遏制中国，其遏制战略无非政治、经济、科技、军事等手段。虽说国内国际均存在美国对华战略遏制注定失败的信念，但面对两极体系与大国博弈，中国需对反遏制战略问题进行深入研究，吸收史上遏制与反遏制战略的经验。此前类似研究很少，有必要从战略目标、战略资源、战略手段与战略效果予以综合研究。该命题凝聚成的标题为时代所急需，成为全球化问题，更是中国自己要主动解决的问题。

最简选题三步链接 "问题→命题→标题"是选题链最简方案，也是科研行家常用的金科玉律，平时思考选题不妨循此练手。这种选题链由大到小，不断聚焦，逐步锁定，反映了选题的大致逻辑：①大而言之，确立研讨的主要问题、对象、领域或范围，即选择课题；②中而言之，确立需要证明的某个命题，即选择论题；③小而言之，确立一文一书一项目的题目，即选择标题。这

---

① 鲍健强，叶鸿. 从认识基因到改造基因——论"基因靶向技术"的科学意义和方法论启示[J]. 科学学研究，2009，27（1）：18-24.

一、要　道　篇

一选题逻辑可见于表 2 对例 18 的挖掘。

表 2　最简选题链例释

选题链	选题逻辑		语言表述（基于例 18 的分析）
问题	选择课题		新中国水库移民史是值得研究的领域
命题	选择论题	复杂命题（句群）	南水北调中线工程移民口述史研究包括移民对南水北调中线工程认知、移民权益保障、移民稳定性、移民生计、移民日常生活、移民精神等内容。在书写南水北调中线工程移民口述史过程中，必须坚持处理好口述访谈史料与档案资料、群体分析与个体解读、主观喜好与客观书写、政府观点与移民表述四组关系的研究思路[①]
		复杂命题（复句）	南水北调中线工程移民是新中国水库移民史研究的重要组成部分，开展南水北调中线工程移民口述史研究具有重要的学术价值和现实意义
		简单命题（单句）	南水北调中线工程移民宜展开口述史研究
标题	复杂概念	短语	南水北调中线工程移民口述史
	加上标题用语		南水北调中线工程移民口述史+研究 =南水北调中线工程移民口述史研究

申报者是华北水利水电大学的学者，其选题可谓"靠山吃山，靠水吃水"，所研究的对象是湖北与河南两省南水北调中线工程中移民的口述史。由表 2 可知，其选题链分如下三步：

第一步　为所研究问题划定较大的研究范围，用一句简述，为选题明确大方向。

第二步　将问题具体化为命题，先是变成一个复杂命题，包括了两个简单命题，呈现为两个单句构成的句群；再将句群级复杂命题压缩为复句级复杂命题，语言上的呈现是句群紧缩为复句；最后，复杂命题继而压缩为简单命题，呈现为单句。

---

① 化世太. 扎实推进南水北调中线工程移民口述史研究[J]. 华北水利水电大学学报(社会科学版), 2022(4): 31-59.

第三步　将简单命题转化为一个复杂概念，呈现为短语，再加上标题用语如标记词"研究"之类，即得例 18 标题"南水北调中线工程移民口述史研究"。

7. 标题眼缘端何样？报/审时、空对炼题有何启示？

正如演员要有眼缘，无论美丑，都过眼难忘。标题何以让人"一见钟情"？达到过目不忘与吸睛的效果？这涉及题目审读的时空因素，即开题、审稿、报项等语境下审读者何时何地第一眼见题。从结果出发反观选题与炼题，选是第一步，炼则最关键。

以项目申报为例，申报时空与评审时空都很重要。比如 2023 年 4 月 6 日全国哲学社会科学工作办公室下发指南，要求本年申报截止于 5 月 7 日，各省区市及其下基层单位共留出约 10 天时间整理把关，给申报人填报的时间仅 20 天左右，真正写、炼、改的时间则更短，许多人未及写完或修改完善，便匆匆上交。多位主管科研的负责人曾向笔者苦诉"今年时间太紧张，老师们不大能写出成熟的本子"。

有人会说，不是 2022 年 11 月就通知大家准备了吗？可是观望心理人人都有，多数人在等国家社科基金项目课题指南正式下达，仍期待按常规有三个月时间填报，而事实是三个月缩至一个月，一个月折扣到手 20 天，所以 2023 年是申报艰难或小乱的一年。在申报整体相对较弱的情况下，本来就重要的选题就更显重了，其选、炼尤其重要。

审读时间的启示　这一时间不指题中所涉的"百年""新时期"之类，而专指审读题目所用的时间。总的启示是：以最短的时刻应对最长的时段。不能总以为审读者应该有充裕的时间品读你的题，一定要设想非常时期如何审读寻常选题，审读者如何急切、急迫地面对你。比如，疫情三年，各级评项均受时间限制，人手少，项目并不少，人均工作量大，就得抓效率，结果就是抢时间。每份申报书所能占用的审读时间比原来要少三分之一，甚至是一半。时间缩短，以申报书的活页为例，仍是几千字，那么全稿审读时间就不敷分配，即便看关键点的时间也大大缩短，整体上审读者要作出选择，具体内容要看，要扫瞄，好钢要用在刀刃上，最佳出路就是聚焦各级标题——注"目"。如例 19—20：

一、要　道　篇

19　日本对华文化侦察史料的整理翻译与研究　　世界历史
20　破解国有企业"一把手"监督难问题研究　　党史·党建

例19，原题也有亮点，即"日本对华文化侦察史料"，但"整理翻译与研究"较平，整理与翻译是何关系？日本侵华，战争是极端手段，战前日本对华有过文化侦察，为侵略做准备。"整理"语意一般，与"发掘"力度不同，可改为19a。"汉译"比"翻译"更明准方向，可改为19b。若是报史学类，添加"原始"二字，更能体现材料创新，应以发掘为主，翻译为辅，可取19c。若报语言类，全译是主体，发掘是前期基础，可取19d。"史料"的"汉译"比"翻译"更准确，表明自己是完整性翻译，可改为19e；这样各修改方案比原题就更能吸引审读者的眼球。

19a　日本对华文化侦察史料发掘与翻译研究

19b　日本对华文化侦察史料发掘与汉译研究

19c　日本对华文化侦察原始史料发掘及翻译研究

19d　日本对华文化侦察史料发掘与全译研究

19e　日本对华文化侦察原始史料汉译研究

审读空间的启示　这一空间不指题中所涉的"大湾区""东北"之类，而专指审读题目所在的空间。总的启示是：以最恰当的空间应对审读的"偏见"。审读者主要来自省会城市，边远地市相对边缘化；审读者对自己所在的区域会有情感，对老少边区或有倾斜，对普通研究单位或个人有同情取向，对冷门学科给予支持或特别关注，等等。这种空间视角所产生的审读意识或强或弱，人人都有，也是正常现象，但综合起来是正取向，代表主流的公平公正，没有绝对的"二公"。

但不论何种处境，题目最好能克服种种空间上的劣势，为此要像磨剑般炼题。剑要亮，就得磨。整体新，入眼明，题尽量出私想，让审读者眼前一亮，能吸引他懂你。最好的亮剑是选题首尾贯通，彼此呼应。如例20，"破解"首先闪入眼帘，意在"揭破、解开、解决"等，是实实在在的行为，而非"基于……""……视域下"之类常规表达式或熟词熟语。与此同时，与"破解"相应的搭配对象有"难题、问题、密码"等，均是审读者认知心理关注的对象。继续向前

15

读，"国有企业"是国字头的、由国家作为投资主体成立的企业，其层级地位与重要性不言而喻，加重了预期中要破解的对象的分量。接下来，"一把手"加了引号，表特殊意义，在此着重标示。继续向前读，直至"监督难"，才满足对"问题"的认知期待与完形。全过程会在瞬间完成，时间大约一秒，却能领略其妙。这类题目更容易与审读者邂逅，让他懂你，对你"一见钟情"。

8. 依"国是"擘画选题，成功率几何？

国是，即关系国家发展大局的事项，治国的大政方针。国是不同于国事，央视每天播报本国发生的大事都是国事，却非件件都是国是。一般人不直接参与国是讨论，可见国是并非一般的国事，而是国事中的国事。每年两会所讨论且最后定下的是国是，中国共产党每五年一次的全国代表大会所讨论且明确的更是国是。譬如，2013年"一带一路"倡议提出，之后三年内与此相关的选题骤增；2022年党的二十大召开后，国家社科基金项目2023年度课题指南发布，其精神蕴于各学科，略见表3，尽管除"说明"外，二十几个学科选题中并不见"二十大"字样。

表3 国家社科基金项目2023年度课题指南据党的二十大精神设题举隅

学科	指南选题摘录
马列·科社	新时代十年伟大变革的里程碑意义研究
理论经济	完整、准确、全面贯彻新发展理念研究
应用经济	构建全国统一大市场的理论与对策研究
统计学	新发展格局的统计测度与优化路径研究
政治学	新时代党和国家机构改革与职能优化研究
法学	法治中国的基础理论与实践路径研究
社会学	中国社会学的发展历程和新趋势研究
人口学	优化人口发展战略研究
民族问题研究	中华民族共同体的起源、演化与发展研究
国际问题研究	人类命运共同体与中国国际关系理论创新研究
中国历史	习近平新时代中国特色社会主义思想中的大历史观研究

一、要 道 篇

依据党的二十大所筹划的选题成功率会更高,因为这类选题既关注学科前沿,又满足时代所需,具有内外兼修的特点,兼顾二者,即可占据选题的制高点。因为确定为国是者常常会面向未来几年、十几年、几十年,甚至是千秋万代。如表3所示,与党的二十大相关的选题未来五年、十年乃至更多年都是可选之题。

与国是相关的项目获批率也呈正态分布,一般而言,国是确立后一两年内,含国是术语的项目开始出现,却不多;之后逐渐增多,延时三年左右;约第五个年头,达到巅峰,此后开始下降,直至新的国是出现。以"一带一路"为例,2013年国家刚提出倡议,2014年国家社科基金年度与青年项目无一含此术语,2015年获批18项,大家开始关注;2016年开始增至80项,2017年攀升至102项,2018年继续攀升,至107项;2019年则开始下降,至92项,2022年则跌至25项;2023年维持或下降,因为新国是迭出,旧国是渐渐淡出。如例21—22:

21 新时代高质量教师教育体系建设及师资供需配给研究　　教育学[①]
22 新发展阶段教育促进共同富裕研究　　教育学

上述两例均为国家社科基金重大项目。例21的"新时代高质量"定时定位,而教育是千秋伟业,教师的教育是根本,其体系建设又是本体研究;基于此,如何处理好师资的供需矛盾,配给就是解决问题的方法。而例22,除了时段、千秋伟业外,选题涉及国是"共同富裕","新发展阶段教育"与"共同富裕"是主客关系,实为手段与目标关系,其间由"促进"维系;不过"发展"可去,以求更简更明。例22的改稿如下:

22′ 新阶段教育促进共同富裕研究

每次重大国是一出,网上即出现相关思维导图,譬如,党的二十大报告思维导图等,均是选题藏宝图,网上点击可得,在此不赘。国是乃国家时需之典型,也是当年或几年的热点,能与当年或当时热点相关的选题往往是研究的制高点。

[①] "全国教育科学规划"课题均归入"教育学"课题。

立足其上，能够鸟瞰所研究的领域，且能控制其周边相应的研究高地与逻辑起点。

追踪国是，有一时之选，有永恒之选，总之与时俱进。关注国是，但也不必硬套；国是可作为术语入题，也未必题题都须如此。面对国是，可以明示，也可暗示；当然，也可全然不顾。

9. "标题党"于选题炼题有何"利"弊？

网络或自媒时代，标题成"党"，越发流行。标题党以其文字噱头，常用夸张引人点击，以吸引流量，内容却常与事实不符，或文题相左，或相异很大。由其特点大致可知标题党之不足：①蓄意夸大，②俗不可耐，③故意暧昧，④题文不符，等等。以其为戒，选题切忌"标题党"。

文似看山不喜平，其标题更是如此！两个题一个平淡无奇，一个卓尔不群，后者常能博得更多的目光。不论是审稿，还是评项，审读多半运行于快读语境，快节奏时代新、特、奇往往能提升判断的成效。标题党是大家反对的，但事物有两面，有时想吸取教训或获取正能量，不妨从其反面入手，所得可能更清晰更全面。不妨明了标题党之弊，看能否负负得正，以其为反面教材，看出"利"来？如何趋其利、避其害？不妨反其道而行之，以其为对立面，设计自己的标题。

第一，弄懂好奇心，迎合求新意识。 人，免不了好奇，好奇心是创造的源泉，研究者有之，审读者也有。人同此心，何不借用？用语精准，以新夺目，标题可以略带夸张，引人思考；待他读罢正文，转念一想，题文相距并非千里，却留有最后一公里，这正是未来要解决的问题。如例 23—25：

23	后真相时代的反科学阴谋论研究	哲学
24	东北抗联密营遗址考察与保护利用研究	党史·党建
25	20 世纪法国奇幻文学理论研究（1951—1999）	外国文学

例 23，"后真相""反科学""阴谋论"每个词都带价值判断，整合为一个概念，更是信息量密集，引人好奇；例 24，仅一"密"字就显价值；例 25 研究的是 20 世纪法国的"奇幻"文学，该文学由来已久，其内容千变万化，充满了天马行空的想象力。与法国大革命的恐怖氛围、政局动荡催生的焦虑心理以及对启蒙时代理性至上的质疑等有关，这些都能赋予选题以魅力。

一、要 道 篇

第二，提升预期。与标题党故弄玄虚相反，正确把握他人的预期，可求视域融合。文题相符，满足审读者的预期；名要符实更走高。好标题，是对标题党负面效应的正面利用，名好且有内涵的文章或内容，都能满足审读者的预期。如例26—28：

26	宋明理学"异端"观研究	哲学
27	省级"互联网+政务服务"体验度和获得感提升策略研究	政治学
28	"三胎新政"背景下多孩生育意愿的提升路径与政策体系研究	社会学

例26，"异端"本因贬义而引人注目；例27，"互联网+政务服务"体验如何，如何提升公众获得感，有哪些策略或手段，都是审读者想知晓的；例28，国家出台三孩生育政策，颇受社会关注，有此意愿者不多，如何提升，政策如何配套，等等，均是百姓与国家关注的问题。

第三，略置悬念。制造悬念是标题党的套路之一，悬念能激起审读者寻求答案的欲望，进而迫不及待翻看论文正文或项目活页。与标题党严重夸大相反，选题可略置悬念，给人留下深刻印象，以便吸睛。尤其是年度项目，多半是基于事实与前期研究在做"白日梦"，以科学为基础再展想象，略微而非刻意地夸张，如用大数字表时间之长，用大空间表范围之广，等等。如例29—32：

29	基于大数据的社会医疗保险欺诈行为识别、损失测度与协同治理研究	应用经济
30	基于极值理论的动态网络风险分析及风险传染机制研究	统计学
31	中国共产党成立100年来党员诚信建设的历程、成就和经验研究	马列·科社
32	建党100年来马克思主义信仰教育的发展历程与经验研究	马列·科社

例29，社会医疗保险常遇欺诈行为，如何基于大数据识别欺诈，如何测损，

又如何协同治理等均是问题，需专门研究；例30，网络风险可采用极值理论予以分析，另外，风险还会传导，揭示其机制，有助于提出应对策略。后两例虽说悬念不大，但涉及时段较长，亦能引人深思。2019—2021年立项的国家社科基金项目与教育部人文社科研究项目中，"百年"类研究选题共计172条，占比近0.8%；例31的"党员"自然指中国共产党党员，在标题语境下，前面的"中国共产党"可略。例32"的发展"去掉后语义更紧凑。后两例用了"100年"，不如"百年"合适。例31—32的改稿如下：

31′ 百年来党员诚信建设历程、成就与经验研究
32′ 建党百年来马克思主义信仰教育历程与经验研究

第四，揭示矛盾，提出方案。标题党虽遭反对，却仍非常讨喜。制造矛盾是标题党的另一套路，因为事物有矛盾，让矛盾自我对立，拉开距离，扩大思维空间，自动强化解决问题的意识，可激起审读兴趣。如例33—36。

33	算法推荐安全风险法律防控研究	法学
34	伊朗应对美国制裁的反制战略研究	国际问题研究
35	数字经济视角下垄断形成机制与反垄断规制研究	应用经济
36	企业融资约束的碳锁定效应及其解锁策略研究	应用经济

例33中，算法推荐安全风险与法律的防与控构成了重重矛盾，会引人探个究竟。例34是制裁与反制裁的斗争，例35则是垄断与反垄断的斗争，均为相互作用的双方，对其自身的研究范围较大，对其具体某个要素的研究则因具体而生动，如"战略""机制""规制"等，均是个性鲜明的选题视角。例36中"锁定""解锁"均为术语，形成了矛盾关系，前后呼应。例34、36的改稿如下：

34′ 伊朗对美国反制裁战略研究
36′ 企业融资约束碳锁定效应及其解锁对策研究

标题党给人以反向启迪：科研求真，态度求诚；文字求美，表达求善，撰文、著书、报项目都能赢得更多人的欣赏。如此一来，利人更利己，悦己更愉人，可一箭双雕。

10. 炼题何以原道学禅宗？登何"堂"，入何"室"？

"原道"源自《淮南子·原道训》。"原"，义为溯求本源。"道"，义为宇宙间万事万物的规律。题的选与炼，旨在逼近选题之道，探索炼题规律，这一童子功在学习研究之初就应该得到训练或自我锤炼。

炼题有规律可循。小至短文拟题，大至专著选题；小至各种学位论文选题，大至重大项目选题，都有按部就班的炼题环节，大致可分为三大步。参照宋代禅师青原所奉行的省悟三境界或更有感觉：

> 未参禅时，见山是山，见水是水。及至后来，亲见知识，有个入处。见山不是山，见水不是水。而今得个休歇处，依前见山只是山，见水只是水。

仿之可得"见题是题—见题似题—见题只是题"三重境界，这是逐级获题的认知阶梯，也是认识选题本质的必由之路。从观题到定题，历经了"整体—局部—整体式解剖与综合"这一过程，见表 4。由"是题"至"似题"是由一而多，出现多次多种修改，虽有诸多不足，却是可喜的开放；由"似题"至"只是题"，则是由多返一，经反复修正，终点回到起点，完成了选题认知的一轮闭环，或可启动下一轮认知环节[1]。个人与业界、选者与评者、国内与国外都必经这三重境界，甚至是反复践行，这才是观题趋向成熟定题的必由之路。

表 4 炼题以登堂入室

步骤	禅宗境界	选题境界	例释	层级
1	见山是山	见题是题	公示语俄译研究	立地
2	见山不是山	见题似题	公示语俄译不规范研究 ……（14 种，详见第 60—62 问） 境内俄语服务窗口语言生态与中国形象建构研究	登堂
3	见山只是山	见题只是题	境内俄语服务窗口语言生态与中国形象重构研究	入室

---

[1] 黄忠廉，傅艾. 观翻译与翻译观[J]. 解放军外国语学院学报，2023，46（2）：102-110.

依前述禅宗故事，再结合具体选题案例，可得"登堂入室"的炼题步骤（详见表 4），分三大步走：境界一"见题是题"是低层级，算作选题起点。境界二"见题似题"是中（间）层级，算作选题攀升阶段或"登堂（台阶）"，也是不断修炼选题的具体环节。境界三"见题只是题"是高层级，算作选题终点或"入室"，选题炼题终得正果。

再借"庐山烟雨浙江潮，未至千般恨不消。到得还来别无事，庐山烟雨浙江潮"（苏轼《观潮》），可反向加深对炼题禅意的理解：庐山烟雨浙江潮，未曾亲见，心中难消千般遗憾，一旦见过，便觉无甚新奇。不曾亲历，万般祈盼；一旦获得，反觉平常。炼题则与其相反——非向死而生，而是向生而行。

唐僧取经九九八十一难，望山虽说跑死马，一旦登顶，不是失望，而是欣喜若狂！炼题既重过程，也重结果，过程与结果同等重要。有了科学的炼题过程，不愁得不出正果。选题的精彩并非只在标题，更多精彩在途中，在于发现更多的问题，将问题变成一个个新的选题，坐实为一个个新的标题！每一段时光，都藏着不可复制的美好，小心收藏，慢慢翻阅……

会当凌绝顶，一览众"题"小。

二、选 题 篇

（一）选题原理

11. 选题去留，如何号脉会诊？

其实，选题无处不在，关键在于何时何地何人以何方法展开研究，选题就是按一定的要求（如表5）选择适合的研究指向。无论是学位论文开题，还是项目申报，或是社会上的招标，看本子看演示之前，触目的首先是标题，它如同探照灯，既为研究人员自身指明方向，也便于同行对研究定位。

表 5 选题会诊指标

指标	具体内容	打分
价值	政治、战略、国家、文化、道德等；科学、学科、理论、思想、方法论等；应用、实践、效益、战术、实用等	
创新	学科、理论、思想、实践、内容、方法、材料、观点、视角、对象等	
操作	理论垫底、材料已备、了解内外、颇具前景、基础扎实、条件充分、框架明晰、思路清晰、方法明确等	
持续	由低到高、由近到远、由易到难、由小到大、由少到多、由部分到整体、由已知到未知、由简单到复杂、由具体到抽象等	
保障	科班训练、知识丰富、学识积累、时间保证、研究能力、专业特长、个人实力、影响地位、学术团队、组织能力等	
……	……	

以国家社科基金项目申报为例，面对同一题，被选还是被剔，去留各有其理。选题原理重在以题选项，即以好题选项。何为好？至少首先可以求新，即把握创新与陌生的度，太过创新、陌生，怕评审者不认；不创新，又怕选题无新意。剔题原理重在以短去项，即以短板否定项目，短板比优点多，随便都可

以发现。其次可以求准，即把握选题大小的分寸，过小肯定不适合国家社科基金项目要求；一味追求"高大上"，又怕专家觉得不足以完成。如例37—39：

37	数字时代档案记忆理论创新研究	图情文献学
38	中国武术审美文化史研究	体育学
39	新时代国际传播中的说理研究	新闻学与传播学

例37将档案记忆理论置于数字时代欲求创新。例38将中国武术提至文化高度，从审美角度探其文化史，属于纯学科本体研究，瞄准了前沿。例39反映了新时代国际传播常遇到的问题——如何说理，说抽象了，不行；不说，更不行；说好理，说清理，是延展国际传播广度与深度的艺术，要在宏阔的时空坐标下摆事实、讲道理。例39的改稿如下：

39′ 新时代国际传播说理研究

选题原理体现为一定原则，有价值，重创新，可操作，能持续，保完成[①]。要找到适合自己又能满足学科或/和社会所需的选题，不妨设立一些参数，以其为指标，自我会诊，自我打分，从中择优定题。不妨按表6或自设参数，对如下大方向的选题打分、细化，变为自己的选题。如果自己手头一时有二三个选题可以挑选，更应采取自我评价或他人评价来优中选优。

表6 选题自我评价打分表

学科	拟选题目	指标						打分
		价值	创新	操作	难度	保障	……	
世界历史	世界各文明古国文字形成前的社会形态研究							
考古学	统一多民族国家形成与发展过程的考古资料研究							
宗教学	宗教在人类命运共同体建设中的意义研究							

---

① 黄忠廉. 外语研究方法论[M]. 北京：商务印书馆，2020：113-118.

二、选　题　篇

续表

学科	拟选题目	指标					打分
		价值	创新	操作	难度	保障	……	
中国文学	中国文学传统与西方文学思想的双向阐释							
外国文学	外国文学与全人类共同价值研究							
语言学	中国边疆地区民族语言与文化认同调查研究							
新闻学与传播学	增强中华文明传播力影响力的理念、策略与方法研究							

12. 选题因何矛盾而生？至少几大突破口？

　　所研究的对象总会存在大大小小的矛盾，矛盾产生于理论与实践、理论之间、同行之间、理论内部，等等。矛盾重重，选题也便丛丛，披荆斩棘可从容。谈及矛盾，举个例子：在张艺谋看来，"黑泽明，这个名字在中文里，幽暗又有光泽，包含着奇异的矛盾与果断。对我来说，它容易入脑，是一个具有画面感和节奏感的名字，本身就像电影般从暗里射出一束光"。[①]

　　要选题，尤其是抓独特的选题，先得发现矛盾，即捕捉选题中遇到的种种矛盾，比如新与旧、难与易、宽与窄、人与我、大与小等矛盾，且能辨各种矛盾的主次，尤其能识能解之矛盾，再揭其秘。

　　新与旧　即通过文献查选题的重复程度，以定其新颖性。选题深究，旨在创新。旧题不妨新做，旧话不妨新说，更主张新题新做，尽量选无人或少见涉猎的选题。看出新旧之后，拟题可显"新"，也可含新，甚至是新旧对照。如例40中早与晚相对，新与旧相对，虽说早与新无法相对，但在阅读视觉上瞬间会形成异质对应，活用矛盾，形成不是对应的对应，并非矛盾的矛盾，顿生一种陌生化。

[①] 张艺谋. 黑泽明，幽暗中的光[M]// (美)保罗·安德利尔著，蔡博译. 黑泽明的罗生门. 北京：人民文学出版社，2019：1-3.

40	马克思早期代表性论著新探讨	马列·科社
41	恰亚诺夫小农发展理论的解构与重塑研究	国际问题研究
42	内部行政外部化研究	法学

难与易 即以己为准,看选题困难与否,其前提是对学术前沿与社会所需相当熟悉。难与易相对辩证,于甲难,于乙易;彼时难,此时易;国外难,国内易,等等。如例41,百年前提出的恰亚诺夫小农发展理论当时或许易,现在理解或许难;其解构相当于"分",重塑相当于"合",一分一合,形成矛盾,凸显问题,整个研究就是解决矛盾。

宽与窄 看选题范围宽广与否,选题专狭易碎,宽广则过泛。宽与窄实际关涉选题的广与深。研究一般都在求"片面"的深刻,以面为底,突出在点,研究问题与其蜻蜓点水、面面俱到,不如突出重点、专攻一道。

观得宽,定得窄,再由窄做宽,以小见大是常道。且看例42,内与外是一种天然对应的空间关系,若拟为"行政的内部与外部研究"较宽泛,即便点明关系得出"行政的内部与外部关系研究",也包括多种关系,仍不聚焦,不如该例精准或更专业化,因为内部行政外部化,实指内部行政行为的外部化,是司法实践的实务用语。

人与我 即选题的自主度,是接受馈赠或指定还是自我选题,或是受人启发自我生题。选题不妨加强自我发掘,突出私想;人无我有,人有我优。做"我"熟悉的有"我"选题。"我"的选题既可基于自己前期研究,也可以他人前期研究为基础,更多的是以人我共同的研究为基础。例如,将炼题之初的"公示语俄译研究",最终炼成了"'一带一路'语言景观汉俄比译模式化研究",就是受2014年尚国文和赵守辉《语言景观研究的视角、理论与方法》一文的启发,旋即于2015年申报,获批了2016年的国家社科基金项目。

文章是别人的,项目要归为己有。因此,关注同行,时时保持抢滩意识与竞争意识,便可以他文为基础,生"自己"的选题。更有甚者,请看 "'美国社会主义例外论'研究",与《"美国社会主义例外论"研究——从桑巴特到李普塞特》(刊于《当代世界社会主义问题》2015年第2期,高建明、蒋锐)的正标题完全相同,后者是2013年度国家社科基金重大项目"中国传统政治文

二、选 题 篇

化与坚持走中国特色社会主义政治发展道路研究"（项目号：13&ZD008）的阶段性研究成果，却被北京一位学者用来申报获批了2019年的国家社科基金项目。

大与小 选题可分为一时之选与一生之选，大则高至国家国际，小则低至一日短篇。选题可大可小：小题可以小做，做专做透，亦无不可；小题可以大做，绝大多数论文如此；大题可以小做，教材编写如此；也可以大题大做，譬如国家重点重大课题。

选择切口小的题目，究得透，说得清。小选题相对容易，小而圆满则不易。选题越小越好做，易拓深，言之有物。如"机器翻译漏译三维语境判断机理研究"，就是立足于机译的缺陷，结合人工实现人助机译，从机译的客观至人工的主观，从多维语境角度进行判断，所探究的是机理问题，这便是小题大做的范例。

13. 最简选题路径是什么？

选题最简路径为三大步，若再细分可形成七小步线路。其中，三大步的内容如下。

一大步：求广求泛 泛舟学海，迎接信息风暴。广查广读文献，细察研情，开展头脑风暴；张开所有捕捉选题的触角，只要能联想、能关联的均不放过，并作出初步的判断，收揽一切可能的对象，多多益善，建立广泛的选题阈。

二大步：求准求精 缩小选题包围圈，慢慢锁定核心文献。第一步求广求泛式选题多凭第一眼的直觉。走第二步则基于归纳与演绎推理，大浪淘沙，去粗取精，定下最感兴趣最有价值的构思，以其为核心词，反查扩大最相关文献，以求精准，触悟研究蓝图与前沿。

三大步：求全求善 精准圈定2—3个"备胎"之后，再按完整的课题论证要素，如理据、价值、思路、框架、纲目、方法、核心观点、创新等列表对比，甚至是找来一份成功通过且相对规范科学的选题，采用类比推理，逐项比较，甚至打分（详见第11问），最后定出"终选"。

七小步线路为：定科、定域、定向、定点、定位、定法、定题。仅以例43为例依序粗略分析，例44—46分析同理。

43	翻译变化机理论	语言学
44	生态环境损害惩罚性赔偿制度研究	法学
45	重大科技项目"揭榜挂帅"成效评估与风险防范研究	管理学
46	体育援藏工作实施效应与机制创新研究	体育学

定科 即判定所选之题属于哪门学科,是单科,是跨科,还是多科的问题。单科易判,跨科易定,多科较难。如例 43 首先定于翻译学,按国家社科基金项目申报学科分类可归入应用语言学,应用语言学的上位学科则为语言学。按层级寻其归属,方可迎难而上。

定域 即圈定研究的"领域",这是独特兴趣与长期探索的交集,属于所开辟的新天地、所圈定的范围、所打造的根据地。如例 43 可入翻译学之下的理论翻译学领域或分支学科。

定向 即所选领域中的某个更窄的范畴,是较长时期内科研探索的主攻方向。学科与领域相对易定,定未来方向便是选题的第一要务。如例 43 可归入翻译学理论研究。

定点 即在研究方向上确定研究的"点"。定点便于问题的掘深,宛如在主攻方向上寻找突破口。如例 43 可归入翻译学理论之下的机制或机理研究,只不过机理更重理论性。

定位 即定点之后,再将其放大,如同挖地窖,越挖越深越宽,穷尽其不同的侧面或层面。选题关键在于明确自己所在层位。千层饼看似一层,却由多层构成,分层做好,最终才好。如例 43 可进一步归入翻译的变化机理研究。

定法 即选出恰当的研究工具。定位之后,用何方法具有决定性作用。哲学方法、一般方法和具体方法构成方法论体系,从中选出几种最合适的方法,分别研究选题中的各个问题。方法有时可以入题,成为构成要素之一,如例 43 要论翻译变化机理,可在其前加"基于实验的"等方法限定,尤其是报年度项目时。该例获批的是后期资助项目,研究方法写入论证报告,但不必入题。

定题 经过定科、定域、定向、定点、定位、定法,最终定题。定科是起点,定点是转折点,定题是终点,从选题到命题再到标题,逐步逼近题目。初步定题后,随着研究的深入,还可改题,或大调,或微调。如例 43 在省去不言而喻的环节（如前二小步）就是经历了如下过程：翻译机制研究→翻译机理研究→翻译变化机理研究→基于实验的翻译变化机理论→翻译变化机理论。

14. 选题之"最"几何？何时兼具？

所谓"最"，是相对参照物而言的，比如较之于过去、他人、其他学科，等等。这些"……之最"来自选题的综述、评价、理论价值、现实意义、框架、目标、对象、重点、难点、创新点等，或单立，或组合，单立者少，二组合、三组合者多。有时可从同义与反义角度来思考，可自加"最"，形成"最X"构词模式，如"最难、最重、最新、最实、最需、最久、最易、最轻、最旧、最虚、最不需、最缓"等，大致可分为正负两大类，或隐或显，构成选题的坐标系，详见表7。

表7 选题之"最"组合坐标

负向维度的选题之"最"	正向维度的选题之"最"							
	最难	最重	最新	最实	最需	最急	最久	……
最易								
最轻								
最旧								
最虚								
最不需								
最缓								
最近								
……								

有时正向维度几个可以组合，有时正负双向维度也可以组合。现以双重维度组合为例，如例47—50：

47	国家安全视域下的港澳宗教风险及防范化解机制研究	宗教学
48	东北地区资源型城市规模收缩问题研究	理论经济
49	传统技艺产业价值链演化机制与数字化攀升路径研究	管理学
50	公共卫生应急救援队伍组建机制研究	社会学

最需+最急 即以学科或时代最需最急于解决的问题为选题视角。如例 47 最能满足当时之需，国家之需。2019 年香港发生违法暴力活动，危及国家安全，在此背景下研究港澳宗教，就是预测其风险发生，防范在前，化解风险在后；风险研究，重点在于一防一解，用"及"似乎有失重心；"国家安全领域下"反映了时势，港澳宗教问题是国家一直重视的，更是当时国内形势的焦点，留之以突显，去之以隐形，也不妨改为：

47′ 港澳宗教风险防范与化解机制研究

最难+最实 即以学科或时需中最难以解决的问题为选题视角。如例 48 是一段时期内最现实也是最难解决的问题，多年来一直是国家的老大难。一段时期内，收缩型城市成为热门话题，资源枯竭型城市尤受关注；而东北多座城市规模持续收缩，其系列问题研究自然成为焦点，最需深入研究。申报者供职于所在省份的社科院，服务于地方与国家自然成其双重任务。例 48 的改稿如下：

48′ 东北资源型城市规模收缩研究

最久+最急 即以学科或时需留待最久而又最急于解决的问题为选题视角。如例 49，"传统"表明技艺产业的久远历史，"价值链演化机制"显示其本体研究，"数字化"彰显其现代性，"攀升"说明其现实迫切性，"路径"聚焦了研究对象。

又如例 50 于 2021 年立项，既应当年之需，也为千秋万代探究，史上有过类似需解决的问题。公共卫生和以下紧密相关：有关重大疾病尤其是传染病的预防、监控和医治；对食品、药品、公共环境卫生的监督管制，以及相关的卫生宣传、健康教育、免疫接种等。近年来的疫情就属于典型的公共卫生所关注的对象，事关国计民生，甚至是中国的国际形象，最值得国家支持与学界重视；诸多问题之中，疫情突发或暴发，应急动员和组建救援力量对所在地政府与医疗机构均是极为严峻的考验；而学者需从学理角度探其原理、机制等基本理论问题；因此，无论是从学科前沿，还是从现实急需看，都是最恰当的选题。

二、选 题 篇

15. 选题如何瞻前与顾后？何人可作何选择？

选题的价值取向总是一个：永远向前创新！选题研究总得有方向，奔前方，求原创，赋新意。这是总方向，总体前瞻时也含后顾式选题，这与学子学人的成熟度大小相关。

前瞻式选题 亦称勇往直前式选题，即一直勇敢向前，做前瞻式研究，永远探索未知与新知，或汇入同道前沿，或引领业内方向。为此，研究者往往熟知国内外文献，精读最新最热研究，摸清本领域底细，了解悬而未决的问题，拿出自己的方案。这一方案便是亟须探索的未知、众人追寻的新知。这类前瞻式选题新手可以做，若与成手或老手竞争，有时不占优势。

这类选题旨在解决社会实践的紧要问题，重大与一般、理论与应用问题研究均可涉及。这一类选题来源具有直接性。如例51—53：

51	依规治党思维研究	法学
52	南方灌区水权交易制度实施效果与优化研究	应用经济
53	我国乡村困境儿童"预防—发现—救助—效果评估"全过程链研究	管理学

例51的"依规治党"虽是"常言"，一经分析，其内涵丰富："依规"是手段，"治党"是行为，二者又构成偏正短语；一旦加上"思维"二字，就上升到哲学层面，项目所申报的学科是法学，较少有人研究，具有前瞻性。例52，南方的灌区水权交易制度已经实施，其效果如何、存何问题、如何优化等，均关涉现实，值得研究。例53叫人有些迷糊：救助对象是我国乡村困境儿童，可是预防什么、发现什么、评估对象是什么效果，例中整个术语及术语间的关系是杂糅的，逻辑未能理清，期待项目负责人最终成果名称将此厘清。

后顾式选题 亦称后坐前扑式选题，即像老虎那样往后坐，旨在向前扑，以退为进，目标终究向前。为此，研究者关注最热文献，但不迷其中，先琢磨业内权威综述，从中选取若干感兴趣、被公认的概念或假说，再查得其背后所据的原始文献，以其为参照，利用新理论、新技术、新方法等，设计新的研究框架，以类比检验其假说，结果有二：或证实该假说，也有所贡献，至少推进其发展；更重要的是证伪，证明该假说有误，可大胆提出质疑，破其假说，立己新说，既蹭热点，又出新点，这种修正将是对该领域研究更大的推进。这类回顾式选题最适于新手，先跟后超，先肯后否。如例54—56：

  54 高清海类哲学思想体系研究   哲学
  55 城镇化空间新格局的形成、结构演化与高质量发展研究 应用经济
  56 基于区块链技术的食品安全问题治理模式重构研究 管理学

例54以哲学家个体为对象，研究类哲学，可以黑格尔、费尔巴哈、马克思等为参照，而落脚点是高清海类哲学的"思想体系"，进行归纳式研究。又如例55，当下与未来，要完善城镇化空间格局，以推动区域协调发展、提升空间配置效率，是一种国家战略，以形成城镇化空间新格局，那么形成过程中结构如何演化，又如何高质量发展，均是研究的重点，三个方面均需推陈出新，既需证实，又需证伪，提出新的方案。再如例56，食品安全问题治理模式需继往，再开来，面对当下与未来，尤其是基于区块链技术，需要对其重构，提出新对策，优化其管理模式，这些都具有回顾式特点。

印证与突破，破中有立。基于最新成果，捕捉趋势，再发己见，常基于前人时贤，是借力打力，选题彰显了间接性。由他人选题而派生、延伸与升华，可以选出具有更高价值的能充实、完善甚至填补空白的课题。

（二）选 题 结 构

16. 标题常态"X研究"何以二分？标题能否"光杆"？

标题的常态是：研究对象+标题用语或标记"研究"之类，可简化为"X研究"。对象与标记逻辑上虽是二分，结构上二者绝大多数是直接相连，如例57；而例58，"整理"与"研究"并列，共同针对相应的文献资料。例59的标题用语"研究"能管因素与效应，也可移向"因素"之后，以"及其当代效应"收尾，因为"及其当代效应""及其当代价值"等目前呈现标记化趋势。也有个别人为显文气、古雅，偶用"X之研究"，如例60—63，2019—2021

二、选 题 篇

年立项的国家社科基金年度项目与教育部人文社科研究一般项目共有 13 个获批项目用过"之研究",除 2021 年的"民国时期条约理论研究之研究"不可删除外(但可以"史"代"之研究"),其他均可略去"之"。

57	宏观审慎监管与货币政策协调机制研究	理论经济
58	刘邓大军挺进大别山文献资料整理与研究	党史·党建
59	马克思思想历程中的人类学因素及其当代效应研究	马列·科社
60	道教对中医药学重要影响贡献之研究	宗教学
61	法律方法论视角下我国法律统一适用之研究	法学
62	财产犯罪的财产损失之研究	法学
63	英国16、17世纪史诗与英吉利民族命运共同体想象之研究	外国文学

光杆动词指不附带其他成分、自身也没有形态变化的谓语动词,如"你吃,他耍,我们看"中的"吃""耍""看"。光杆标题则是对其仿用,指常态的"X 研究"命题模式中不含"研究"之类的标题用语,只剩下 X 的标题。如例 64—67:

64	侍卫制与清代中枢政治	中国历史
65	威廉·福斯特与美国共产主义运动的兴衰	马列·科社
66	能源企业环境信息披露的规范化进路	法学
67	欧元区一体化的挑战与前景	国际问题研究

光杆标题主要适用于文章与后期资助项目,年度项目申报较少用。不太提倡用光杆标题的场合或研究类型,如此作为颇具风险。

17. X 凭何分为前沿 A 与时需 B?选题条件何时充分或必要?

"X 研究"是项目总的标题模式,极少情况不用"研究"。X 是研究的对象,依据标题的构成要素,可将研究的对象二分,可得结构 A 与功能 B,前者主要对应学科前沿,后者主要对应现实之需。二者的关系是前者为主,后者为辅。最充分且必要的选题结构是"前沿|时需"。多半是 B 在前开道,为"排头兵",

A在后压轴。

由上可知，X研究=X（A+B）研究，由其可演绎出：

1）X（A）研究：仅含学科前沿式研究；

2）X（B）研究：仅含时代之需式研究；

3）X（AB）研究：前沿与时需双含式研究；

4）X（ₐB）研究：侧重时需式研究；

5）X（Aв）研究：侧重前沿式研究；

6）X（AB）研究：前沿时需融合式研究。

上述六种选题模式在主次、比重、顺序等方面各有千秋，详见表8。

表8 选题模式

模型	适用说明	模型	适用说明
X（A）研究	选题主流，几占一半，约2/5	X（ₐB）研究	前沿次，时需主，约1/10
X（B）研究	重时需，智库式应用研究，约1/10	X（Aв）研究	前沿主，时需次，约1/10
X（AB）研究	前沿与时需平分，约1/5	X（AB）研究	前沿时需融合式，约1/10

由上文以及表8可知，研究对象X的A与B双元素的比重并不等同，从逻辑上讲，可分为必要条件与充分条件。

首先是必要条件。所谓必要条件，即有甲未必有乙，无甲必无乙，则甲是乙的必要条件。换言之，由结果乙能推导出条件甲，则甲是乙的必要（不充分）条件。如目前某大学读博唯一条件是各科分数上线，且占前三名。项目申报时，X中A达到学科前沿，则能立项。所以，A是X成立的必要条件。如例68—72：

68	新发展理念对现代性的批判性重构研究	马列·科社
69	海外华语资源抢救性搜集整理与研究	语言学
70	新时代鄂西地区武当武术的创新保护与发展研究	体育学
71	中美竞争背景下美国教育战略及中国应对研究	教育学
72	科技自立自强创新情报支撑体系研究	图情文献学

前沿是永远要闯的，如例68以"新发展理念""批判""重构"等显新见异反映价值倾向的词，将选题推向了马列·科社这一学科前沿。抓住学科前沿，

二、选 题 篇

在学界为研究叫好，好比是电影拍得好，看过的人都叫好。前沿涉及质量。本身向内求质。

其次是充分条件。所谓充分条件，即由甲推出乙，由乙推不出甲，则甲是乙的充分（不必要）条件。换言之，有甲必有乙，有乙未必有甲。如下雨，野地必湿润；地湿润，未必下了雨。项目申报时：时需 B 不一定是立项必需的，可有可无，有时是名无实有，因为学术研究必以学科为基础，再考虑其他。所以 B 是 X 成立的充分条件。抓住时需，旨在学界为研究叫座，好比是影院票房火爆，说明很多人去看，表明电影很火，颇受欢迎，通过数量反映有市场。时需涉及数量、新视角、新目标等，向外求效。

时需有隐有显，有分或合：①或独立于前沿之前，如将"公示语俄译研究"最终炼成 "'一带一路'语言景观汉俄比译模式化研究"加上的"一带一路"；又如例 71 反映了中美教育的竞争，美国定战略，中国出对策，问题意识极其明确。②或融入前沿之中，如例 69，搜集整理与研究海外华语资源，仿佛面对的是世界濒危植物，提升到了抢救性高度，这既是汉语界的学科任务，也是团结海外华人、推进华语文化、支持中国文化走出去的重大举措，立之为重点项目，理所应当。③或前有某种时需，后面又将其他时需隐含于前沿，如例 70，"新时代"点明时代之需，"鄂西地区武当武术的创新保护与发展"既含文化传承义，也是研究的主体，属于体育专业的内容。例 72 的研究在当下尤显重要，因为中国科技要永远自强自立，尤其是在西方围堵中国的当下，而相应的情报工作，如何给予支持与支撑，都是当务之急。例 71 的改稿如下：

71' 中美博弈背景下美国教育战略及中国应对研究

叫座又叫好，说明电影质量佳、受众广，在此引申为选题得质好有效，质好指选题在学术学科上立于前沿，有效指选题在功能价值上满足需求。

18. X 所含关系复杂几何？何以顺向或逆向渐长成？

研究对象 X 不可能太简单，多数是复杂的。其复杂性可表现为语义的，也就是关系错综；也可表现为语形的，也就是复合组构。语形关系见第 23 问，均

35

为各种复杂短语,在此不赘。本问只描写 X 的语义类别。

若按语义范畴划分,可分为若干类,现仅列出八类:①以人为研究对象,人之前逐层加以限定,成为复杂的人,如例 73。②以物为研究对象,物之前逐层加以限定,成为复杂的物,如例 74。③以行为为研究对象,行为之前逐层加以限定,成为复杂的行为,如例 75。④人与行为的关系,在其前逐层加以限定,成为复杂的关系,如例 76 语形上是联合短语,但语义上是"返乡青年"认同乡村与重建生活秩序。⑤物与行为关系,表现为主谓短语,如例 77。⑥人对人的关系,之间由行为表达关系,也表现为主谓短语,如例 78。⑦物与物的关系,之间复杂关系并不点明,如例 79。⑧人与物的关系,之间由行为表达复杂关系,如例 80。

73 新时期入城未成年青年农民女工研究
74 新时代资本市场背景下去产能的会计财务研究
75 国家运动健康城市创建与推进研究
76 乡村振兴背景下返乡青年乡村认同与生活秩序重建研究
77 习近平的人民利益观践行研究
78 毛泽东论青年研究
79 全球化时代人类命运共同体与资本逻辑关系研究
80 习近平重提"跳出历史周期率"问题研究

X 之中词与词的关系:总是上管下,上罩下,下承上。管,不只是管辖、限制,也包括贯注、影响、作用等意思和性质。连最常见的二字,也是一罩一承,只从一个方向看去,是不够的[①]。如顺着看,词词启下,下边承着上边。如倒着读,又词词相背,意思全变。请看"北京师范大学学报",从左往右看:北方的京,师的模范,大(高级)的学校,学术的报。从右往左看:什么报?学术的报;哪里的学报?大学的;什么性质的大学?师范性的;哪地方的?北京的。

---

① 启功. 汉语现象论丛[M]. 香港:商务印书馆(香港)有限公司,1991:42-43,79.

二、选 题 篇

与其相似，拟题也遵循由左向右或由右向左两种模式。上述所见各例均是最终的拟题结果，其炼题过程呈渐进式，题是不断"长"成的。汉语书写为右向推进，因此右向为顺生，左向为逆生。右向顺生是从第一个词向右顺次从一个聚合中挑选一个词，与前一词组成短语，这一过程可能延续几次，逐步缩小聚焦，最终形成选题。如例80，"习近平"可搭配多个行为动词，在此从"提出""重提""强调"等之中仅选"重提"，构成主谓短语；"重提"的对象也有很多，在此仅选"问题"这个大范畴；他提出的问题也很多，在此仅选"跳出历史周期率"这一问题。

左向逆生则是从最终的一个词向左逆向推进，从一个聚合中挑选一个词，与其后的词构成短语，这一倒推过程也可持续几次，逐渐缩小范围，最终形成选题。如例73，总对象是研究"女工"，具体是"农民女工"，按年龄仅限于"青年农民女工"，进一步限定在"未成年"的青年农民女工；因空间范围未定，可锁定为"入城"务工的未成年青年农民女工；空间限定后，时间也需界定，最终只研究"新时期"入城未成年青年农民女工。下面例81—82生成机制分析既可按右向展开，也可按左向展开。详细过程见表9。

81 新疆去极端化立法实施效果研究　　法学
82 美国总统外交危机话语研究　　　　国际问题研究

表9　选题顺向或逆向逐渐长成机制

右向顺生	左向逆生
新疆→	←话语研究
新疆去极端化→	←危机话语研究
新疆去极端化立法→	←外交危机话语研究
新疆去极端化立法实施→	←总统外交危机话语研究
新疆去极端化立法实施效果→	美国总统外交危机话语研究
新疆去极端化立法实施效果研究	

顺向抑或是逆向最终生成的标题可为同一，但其生成逻辑起点不同，右向顺生一般始于某一限定，左向逆生通常萌发于研究所属学科之下具体的研究重点。

19. X中术语何以聚焦"特"立于群？平常中见非常？

标题中1个新术语是常态，2个正好，3个则过多，可能因信息量过密而影响可听性、可读性。术语多以双音词为主，单个全新术语作标题者不多，多用于文章或后期资助项目。因此，题中术语可以成群（1—5个），往往是以旧衬新，以旧配新，新术语往往是选题与审题的焦点，新"特"立于旧群，于平常中见非常，也显其最大的生命力。

焦点，是标题表达的重心或重点，也是信息的核心，是拟题者传达给审读者的最重要的信息。有多种分类[①]，根据拟题的特性，特立于群的标题焦点可分为三种。

题首焦点 即反映标题核心信息的术语昂立题首，也鹤立"术语"群，成为标题的题首焦点。如例83，"稳健"是褒义词，"多维"本无褒贬之分，但因显示了数量，也是拟题增分点；例84，"避税"是个敏感话题，"举报"则是揭露违法犯罪的重要手段，二合一成为管理学重要选题，又位于题首，视觉效果与强调效果倍增。避税举报的政策效应如何，又该如何进行制度优化，是两个代表性问题，二者进一步推进了选题的确立。

83	稳健多维函数型数据分析方法及其气象应用研究	统计学
84	避税举报的政策效应与制度优化研究	管理学
85	R&D核算理论、方法与实务衔接的体系化研究	统计学
86	干部选拔人岗适配的精准识别机制研究	党史·党建
87	文学汉译生命气息研究	语言学

题中焦点 即反映标题核心信息的术语位居题中，甚至是中央，相对于前后术语，脱颖而出。如例69，"海外华语资源""搜集整理与研究"再普通不过了，若加入"抢救性"研究，一下就提升了研究的价值，它成为题中央的术语，拟题的焦点将前后的目光全聚于中央。又如例85，除标题用语"研究"，R&D、核算、理论、方法、实务、衔接、体系化均可归于术语，R&D虽因字

[①] 祁峰. 汉语焦点的类型及其相关问题[J]. 汉语学习，2013（2）：31-42.

符与汉语不同而显异质，在统计学领域中却不是陌生字符；体系化因"体系"而"化"，具有动感，能激起同行的关注，新鲜感较前者要高；只有"衔接"最能显出特别，只因它要将核算理论、方法与实务相互连接，进而体系化；若能去"的"，则更加标题化。

题尾焦点 即反映标题核心信息的术语由前向后聚焦，最后一个或几个技压群芳。如例 68 研究新发展理念对现代性的"批判性重构"，重构本带价值判断，批判性更是如此，这种题尾焦点反映了学科前沿。又如例 86，干部选拔人岗适配是个现实难题，"精准识别"极难，其机制更需揭示，后六个字形成的三个词就构成了题尾焦点，具有压轴作用。

术语聚焦往往于平常中见非常，换言之，有时焦点是擦亮的，某个术语或词语原本普通，一旦进入语境，因其跨度大或交叉而出新意，产生语境化作用，变得与众不同。如例 87，"生命"在生命科学或生物学中太普通了，"气息"在生理学中也是如此，即便二者组合，也不出奇；可是一旦与"文学汉译"组配，顿成焦点或亮点，有吸睛之效。为此，建议各位学子学人除了掌握所学所究学科的术语外，还要掌握一批通用术语或词语，除表 10 所示的通用词语外，更多的词语可见"附录三"选录的反映问题意识的词语。这类词语的搜集永远在路上。

表 10 选题通用语类别与选例

表述类别	例词例语
形成格局类	部署、谱写、开路、凝聚、布局、搭建、构筑、培育、培塑、打造、擘画、锻造、筑牢、绘就、孕育……
推动发展类	跨越、健全、完善、驱动、提振、镌刻、打通、优化、赋能、增速、巩固、强补、呼唤、领跑、掌舵……
对事发力类	拧紧、淬炼、破冰、闯关、挖掘、壮大、拓展、重塑、紧抓、紧扣、贯彻、深化、践行、谋势、蓄力……
着眼要点类	深耕、厚植、对标、聚焦、渗透、接续、突出、谋取、明晰、凸显、下沉、瞄准、把握、牵引、专注……
多点结合类	融合、互联、贯通、统筹、共创、共赢、集成、成势、聚势、聚合、合力、协同、合拳、互济、携手……

20. 标题长短，因学科而有别？学科内外，各具特色？

40字是国家社科基金项目对标题字数所规定的上限，但40字以内也有长短之别与优劣之分。以学科为界，文史哲类项目标题相对短一些，经管法类则长一些，因篇幅有限，在此仅择要对比，见表11。

表11　人文学科与社会科学项目标题比较

类型	项目标题	具体学科
人文学科	南海共同文化价值研究	哲学
	粤港澳大湾区公共文化服务融合发展研究	图情文献学
	高职人才培养质量第三方评价的研究	教育学
	一个人的现代性：王国维及其诗学研究	中国文学
	中国广播百年发展史研究	新闻学与传播学
社会科学	"双碳"目标下成渝地区双城经济圈绿色治理的机制及实现路径研究	管理学
	数字技术在发展全过程人民民主中的作用机理及其实现策略研究	政治学
	基于认知与环境的青年退役士兵就业行为模式及政策仿真研究	社会学
	绿色金融驱动粮食主产区"双安全"目标实现的机制与路径研究	理论经济
	统筹创新资源空间集聚需求与地区均衡发展的协调机制及政策研究	应用经济

即便是学科之内，有时也有区分。以外国语言文学学科为例，申报项目时它又一分为二，分出外国文学，单独一类；而外国语言学则归入语言学类。二者相较，外国文学题目相对较短，语言学现在更走近科学，相对较长，2022年二者部分立项的比较见表12（随机抽取5项）。

表12　（外国）语言学与外国文学选题比较

学科	项目标题
（外国）语言学	基于学术文献的中华思想文化核心术语英译在美国的传播与接受研究（1978—2022）
	构式变体模型视角下英汉构式变异与演变的交叉验证研究
	基于历时通用依存树库的翻译汉语对现代汉语影响研究
	基于语义网的唐诗意象英译研究
	计量语言学视域下多维源语特征对口译质量的影响和预测模型研究

二、选 题 篇

续表

学科	项目标题
外国文学	保尔·克洛岱尔的中国书写与文化对话研究
	印刷媒介对法国文艺复兴文学的影响研究
	捷克《新东方》杂志中国文学阐释研究
	彼特拉克作品中的现代自我探源与研究
	美国城市文学的生态叙事传统研究

标题过长，结构过于复杂，信息密度过高，等等，审读均会费时费脑，反而吃力不讨巧，这是选题之后要反复依据研究内容炼题的直接原因。表12只是选录，各位同道不妨翻阅每年的选题/课题指南与立项告示，一般是文史哲题目以短取胜，经管法社题目相对较长。当然，偶见例外，若思进取，自然可简，如例88—90：

88　长三角一体化背景下上海老年人异地养老可行性　人口学
　　提升及其实现路径研究

89　3岁以下随迁子女照料对流动女性就业的影响及社　人口学
　　会支持政策研究

90　全球史视域下17世纪中俄两国早期交往的跨族群、　世界历史
　　跨大陆、跨文化特征研究

例88共31字，"长三角"本来就是概括性强的概念，"一体化"虽有强调之意，却也可略；"老年人"可说"老人"，下述试改稿就略了8个字，因为"长三角"本为区域概念，化为一体了；异地，暗指除去上海之外其他的地区。例89共29字，虽不太长，但也不简。"3岁以下"后未用"幼儿"，"幼儿"指1—6岁孩子，拟题者所指的是许多地方未达入园年龄的婴幼儿；"对……影响"也可精简，完全可以换作动宾短语。例88—89的改稿如下：

88′　上海老人长三角异地养老可行性提升与实现路径研究

89′　3岁以下随迁子女照料影响流动女性就业及社会支持政策研究

例90共33字，"全球史视域下""两国"可舍，"交往"放在"三跨"之后语义结合更紧密，仅研究"特征"，层级似乎较低，虽说有前面整整一个

世纪的时段和大的空间跨度予以平衡；精简后 90a 为 24 字，90b 为 22 字。

90a　17 世纪中俄早期交往跨族群、跨大陆、跨文化交流研究
90b　17 世纪中俄早期交往跨族群跨大陆跨文化交流研究
90c　17 世纪中俄早期交往"三跨"交流研究

21. 前沿 A 可"理论""实践"二分？为何特提后者？

前沿是领域内符合研究发展趋势，未完全解决、未解决或未提出，但急需且能解决的问题。前沿可以转为问题，但分大小问题，分可感可触式的较为具体的实践问题与较为抽象的理论问题，好比是 question 与 problem。question 指需要寻找答案的问题，常与 ask 或 answer 连用；problem 指认为难以解决的问题，与 solve 或 settle 搭配。学术研究的选题主要指后者，或是从前者走向后者的选题。

理论前沿是基础性研究的对象，即在各科理论慎思与检讨中发现与其现实及其研究相矛盾的问题，重在基础研究领域发现选题，突出研究的原理性、基础性、系统性等，是为解决、更为解释问题的研究。如例 91—93：

91　中国五声性和声理论的形成与发展研究　　　　艺术学
92　当代宗教社会学理论争鸣与话语权之争研究　　宗教学
93　中缅边境重大社会风险的跨域治理研究　　　　政治学

众所周知，和声理论舶自西方，经新文化运动而入中国，邂逅中国传统音乐五声调式体系，生成了与"五声性"相关的民族和声理论。因此例 91 要研究中国五声性和声理论的形成与发展，重点关注其西化、民族化和声实践的过程。而例 92 不仅要研究当代宗教社会学理论争鸣，辨别各方的观点、看法，描绘其思想交锋，反映其观点碰撞，因异得同，还要研究其话语权之争，反映各种控制舆论权力之间的博弈，更要厘清二者之间的关系。

实践前沿是应用性研究的对象，即在实践中亟待解决的现实问题，以实践为基础发现选题，突出研究的现实性、实践性、对策性、预测性、时效性等，是为解决问题的研究。如例 93，中缅边境本就属多事之界，潜藏各种社会风险，

其中重大者更会引起中国边境省份与中央高度重视,其中风险的跨域治理难就难在如何"跨"("边境"似可因此而去),为国际合作与国家安定提出了诸多现实问题与难题。又如例 88 "长三角一体化背景下上海老年人异地养老可行性提升及其实现路径研究"是 X 及其 Y 模式,Y 为 X 的应用研究,是典型的带实践性的选题。这类实践前沿要善于结合现实问题,将所发现的事实提炼成研究选题。

22. 时需 B 至少几类?学科为界,可分内外?

时需即时代之需,是一笼统说法,其实会涉及广义与狭义之分,大致可归入学科外与学科内:其外部之需多占主体,主要指广义之需,诸如国家大局、国情、战略、目标等;而内部之需主要指狭义之需,诸如学理、方法、手段、视角等。

94	基于区块链的重大工程项目组织跨界合作与数据价值共创研究	管理学
95	基于人工智能建模的精神分裂症患者攻击行为早期识别及攻击风险多主体协同管理模式研究	交叉综合研究
96	比较视野下的南京大屠杀社会记忆研究	社会学
97	性别失衡背景下的城乡异向婚姻挤压问题研究	人口学

例 94,区块链是热点问题,将其用于重大工程项目组织跨界合作研究,是视角创新,仿佛是必用的对象。而例 95 是达到了国家社科基金项目标题用字上限(40 字)的典型案例,由哈尔滨医科大学的学者冒险成功。若是既要保证学科前沿,又要避闯申报的红线,"基于人工智能建模的"也可舍去;后一"攻击"若能舍去,会减至 31 字,最简可为 95a。该题研究了两个对象,前一对象为主,后一对象为辅,若是二者均重要,不妨又分为两个课题,可为 95b 和 95c。

| 95a | 精神分裂症患者攻击行为早期识别及攻击风险多主体协同管理模式研究 |
| 95b | 精神分裂症患者攻击风险多主体协同管理模式研究 |

95c　精神分裂症患者攻击行为早期识别研究

时需的隐显是可以互换的，一受选题者的主观影响，二受标题的长短等制约。显性时需可以隐化，更多走向学科前沿，以突显后者。如例96"比较视野下"明示了研究方法或视角，可将其移至"研究"之前，对研究作方式限定，也很简洁。例97虽立了项，其背景意义并不大；究其实，"性别失衡"是后面问题的起因，或可采取"致使"式改造。例96—97改稿如下：

96'　南京大屠杀社会记忆比较研究
97'　性别失衡致使城乡异向婚姻挤压研究

时需不论国家的还是学界的，抑或学界内外的，表述上均具隐显性。显性时需，指将时代之需以明确的文字表达出来，使受众明了，如例98"新发展格局"；隐性时需，指将时代之需不表达出来，受众也能明白或略经思考即可明白，有时写出来反成多余，尤其是标题较长时，它往往是可删的对象。如例98—99：

98　新发展格局下数字化提升制造业产业链现代化　　理论经济
　　水平的机理、效应评估与实现路径研究
99　科技自立自强目标下中国创新资源空间配置优化研究　应用经济

例98"新发展格局下"即便省去，业内同行不会不明；另，原题37字，接近极限，"机理、效应评估与实现路径"三者并立，内涵较丰富，若想以内容丰厚争取立项，则另当别论；若要实事求是，三选二、三选一均可立题，获批不同层次的项目。例98改稿如下：

98a　数字化提升制造业产业链现代化水平的效应评估与实现路径研究
98b　数字化提升制造业产业链现代化水平的机理与效应评估研究
98c　数字化提升制造业产业链现代化水平的机理与实现路径研究
98d　数字化提升制造业产业链现代化水平的效应评估研究
98e　数字化提升制造业产业链现代化水平的实现路径研究
98f　数字化提升制造业产业链现代化水平的机理研究

二、选 题 篇

隐性时需可以显化，彰显选题的价值、意义、创新、背景、语境等。如例99共23字，也不长，其真正的研究对象是"中国创新资源空间配置优化"，即可立题。若想强化其功能或目标，也可加上"科技自立自强目标下"，有助于突出其当下国家战略意义，题可炼为：

99′ 中国创新资源空间配置优化研究

23. X 的语法结构常见几种？彼此如何兼容与转化？

选题的研究对象 X 的语法结构，按使用频率通常分为偏正短语、并列短语、主谓短语、动宾短语四种，四类结构可独用，可换用，也可兼用。如例100—103：

100	意识问题量子进路的最新发展研究	交叉综合研究
101	消费社会的审美资本化研究：西方镜鉴与本土经验	交叉综合研究
102	中国艺术意境观念变迁研究	艺术学
103	提升中国棉花纺织服装产业链供应链的韧性和安全水平研究	国际问题研究

"X 研究"即研究 X，X 是研究的对象，整个是偏正短语。X 多是名词短语，也可是句子、动宾短语转来的名词短语，因此偏正短语使用最多。如例100带偏正短语标记"的"，不过，这一标记常可删除，以确保标题的标题化，改为100a；另，"最新发展"也渐成标题用语，后可舍"研究"，得100b。例101看似研究消费社会的审美资本化，实为冒号后的"西方镜鉴与本土经验"，若去其"的"，可改作101′，则更能体现 X 的并列关系。例102的 X 既可理解为主谓短语"中国艺术意境观念变迁"，也可理解为偏正短语"中国艺术意境观念的变迁"。例103的 X 是动宾短语，"提升""中国棉花纺织服装产业链供应链的韧性和安全水平"是施受关系，也可改为偏正关系，更显标题化，改例见103′。

100a 意识问题量子进路最新发展研究

45

人文社科选题炼题：100问+700例

100b　意识问题量子进路最新发展

101′　消费社会审美资本化西方镜鉴与本土经验研究

103′　中国棉花纺织服装产业链供应链的韧性和安全水平提升研究

为求最佳标题或最佳命题效果，四类之间还可以兼容或转化。如例104—108。

104	苗族代耕农的文化适应与社会融入研究	民族问题研究
105	"人类命运共同体"思想对马克思世界历史理论的原创性贡献研究	马列·科社
106	适应商业创新的市场规制体制研究	法学
107	地方性法规中党的领导法治化的理论与实践研究	法学
108	学位与发表脱钩政策对博士生教育质量的影响	教育学

主谓偏正互换　主谓短语转为偏正短语，关键在动词的位移。如例104本可是"苗族代耕农适应文化与融入社会"，属于主谓短语，拟题者改为"苗族代耕农的文化适应与社会融入"将其名词短语化，呈现为偏正短语，可继续删除"的"，改为104′。偏正短语转为主谓短语，取决于动词及物与否，动词及物时可转，不及物时不可转，如例153可将偏正短语转为主谓短语。但例105则不能，不能说"思想贡献世界历史理论"，只能说"思想对世界历史理论的贡献"，只因为"贡献"不可及物。例106改为106′，语音和谐，更为流畅。例107"的的"不休，不如去之，可得107′。例108可去"的"，不影响其偏正短语性质，更可以改为主谓短语。例104、例106—108改稿如下。

104′　苗族代耕农文化适应与社会融入研究

106′　市场规制体制适应商业创新研究

107′　地方性法规中党的领导法治化理论与实践研究

108a　学位与发表脱钩政策对博士生教育质量影响研究

108b　学位与发表脱钩政策影响博士生教育质量研究

动宾偏正互换　动宾与偏正的短语互换，取决于汉语动名兼类的特性。如例103是动宾短语转偏正，"提升"的对象是"中国棉花纺织服装产业链供应

二、选　题　篇

链的韧性和安全水平","提升"若转为名词,移至对象之尾,更具名词性,也就更学术化,可得 103′。又如例 109—111。

  109 人民群众获得感提升研究   马列·科社
  110 防范和化解"颜色革命"风险研究 马列·科社
  111 降低舆论冲突的负面影响研究   新闻学与传播学

例 109,"人民群众获得感提升研究"也可拟成"提升人民群众获得感研究",只不过前者多用,更合汉语语感,后者少用。例 110,研究对象是动词短语,题首"防范和化解"显示措施,若改为 110′,则先摆行为对象,再说所采取的措施。同理,例 111 可去"的"字。例 110—111 改稿如下。

  110′ "颜色革命"风险防范与化解研究
  111′ 舆论冲突负面影响降低研究

主谓兼偏正 即 X 的结构既可理解为主谓短语,也可理解为偏正短语,如例 112 的"提质升级"既可在其前加"的"构成偏正短语,本身也可做谓语,构成主谓短语;又例 113 中"本土化"既可做偏正短语的正部,也可做主谓短语的谓语。

  112 资本下乡促进乡村旅游提质升级研究 应用经济
  113 外语教学中体裁理论"本土化"研究   语言学
  114 知识产权民刑保护之法域冲突及其化解研究 法学

联合转偏正 联合短语转为偏正短语用得不多,取决于对两个并列词语关系的理解。如例 114 若研究重点是"化解",而非"冲突",则可改为 114′,由原来前主后次的"冲突及其化解"变作了前偏后正的"冲突(的)化解"。

  114′ 知识产权民刑保护之法域冲突化解研究

24. X 所含联合关系呈何结构?为何要细究其类?

  X 所含联合关系是使用较频的标题结构,联合成分与联合成分相配合,或

"并"相配合,或"递"相配合,结构紧凑而表义严密。如例115广告算法的"陷阱"与"治理"虽是前主后次式联合,却是前因与后果、贬义与褒义相对而立。而例116中"旅游业价值链提升"与"供需"之间的关系是先耦合,后"协调",二者递相配合,构成一种"机制"。

115　广告算法陷阱及其治理研究　　　　　　　　新闻学与传播学
116　旅游业价值链提升与供需耦合协调机制研究　　应用经济

联合关系呈现为并列短语,表示两个及以上的词或(短)语之间的并列、选择等关系,其间关系可带"与、和、及、并、或、暨、亦或、抑或"等关系标记,如"翻译与整理",又如例117—119等;可见标点符号,如顿号等;也可无标记,如"解释反思",又如例120、例393等。前者多,是主体;后者少。例121则属两可现象,既可加入顿号,得"英、美、加",也可不加,直接并列,如同"爹妈""东南西北"等。

117　民族地区社会主义意识形态凝聚力和引领力研究　　马列·科社
118　地方志传统体育文献集成与研究暨数字化地图绘制　　体育学
119　老漂族积极老化心理促进及干预研究　　　　　　社会学
120　复合治理视角下的社会矛盾防范化解机制研究　　政治学
121　英美加政教关系模式的比较研究　　　　　　　　宗教学

并列关系最多,所并列的二者按逻辑关系,可长可短。用"与、和"等连接,前后大致长短相当者居多,如例122的"整理与翻译",二者工作量相近;又如例123的整个标题,前后工作量平分秋色。并列项之中有时分主次,常用"及(其)"体现,如例119,"老漂族积极老化心理促进"是研究重心,顺及"干预"研究。也有并列项长短反差较大者,例124则是反例,"鲁迅"与后面15字的"……进程"并列,终究给人失衡感。

122　汉译《几何原本》的版本整理与翻译研究　　　　中国历史
123　植物名称英译模式构建与《中华汉(拉)英植物
　　　名称词典》编纂　　　　　　　　　　　　　　语言学

二、选 题 篇

124	鲁迅与百年儿童文学观念史的中国化进程研究	中国文学
125	想象与建构：近代教育的图像叙事研究（1884—1919）	教育学
126	当代高学历青年婚育观念与行为研究	人口学

并列项分主次，有时也分先后，有时则不分。如例117，"凝聚力"与"引领力"是并列关系，力量只有凝聚之后才更有力度，才能更好地起到引领作用；当然也可理解为先有引领力，才更具凝聚力。为报不同学科项目，可据实情予以调整。例125是"X：Y"式点面结合结构，前者为真正研究的要点，后面是泛泛的研究对象。例126研究当代高学历青年这一特殊群体的婚育问题，其"观念与行为"是一对抽象与具体事物，二者并列，形成联合关系。再回望例122，它获批于中国历史学科，版本整理置首，有占先作用；若为避免"译"字重复，更为改报语言学之下的翻译研究，则试改为：

122′ 《几何原本》汉译研究及版本整理

使用"及""以及"连接的并列成分，其前后有主次之分，前者为主，后者为次，前后位置不宜互换。如例127研究青少年健康知识精准传播的体、卫、教三方面的融合策略，其次才是策略的应用；例128先研究短视频舆情情绪极化的原理，再研究其干预策略，原理是对策的基础，形成了自己的逻辑顺序。

| 127 | 青少年健康知识精准传播的体卫教融合策略及应用研究 | 体育学 |
| 128 | 短视频舆情情绪极化原理及干预策略研究 | 图情文献学 |

选择关系表示两种或以上对象中可选一个或以上。可用"或、或者、要么、亦或、抑或"等，后二者比较文气，如例129—131：

129	影象或图象哲学研究	哲学
130	"资源赐福"亦或"资源诅咒"：金融发展与区域经济增长研究	应用经济
131	印象管理抑或技术协同：绿色经济转型情境中的企业绿色并购问题研究	管理学

例 129—131，后二例较为文气，标题结构是"X：Y 式"，其中"亦或""抑或"将其前后二者的选择关系先拎出，形成冒号前部分，但不作判定，因无定论而富有陌生化，而冒号后部分才是真正的研究对象。例 131 过长，还可优化如下：

131a　印象管理抑或技术协同：企业绿色并购问题研究

131b　印象管理抑或技术协同：企业绿色并购研究

131c　企业绿色并购中技术协同研究

131d　企业绿色并购技术协同研究

标题极少用两个及以上的连词，若用，只因为涉联合对象较多，没法处理。如例 118"地方志传统体育文献集成与研究暨数字化地图绘制"，涉及文献的集成、研究、地图绘制三项，其实也可尝试优化，如"地方志传统体育文献集成、研究及其数字化地图绘制"，这样前二者等量，第三者是副产品，三者的平等与主次关系便一清二楚了。

25. 联合关系蕴含因果逻辑？多重因果如何叠加呈现？

联合关系的主次先后关系蕴含一定的因果，常使用"和""与""及（其）"，甚至不用连词，所连的并列成分前后有主次之分，换位后其语法意义会变，此时需据各成分的重要性、逻辑关系或承接关系等排序。如例 132—135。

132　养老机构照护风险及防范机制研究　　　　　人口学
133　政务营商环境优化的"前因"和"后果"研究　　管理学
134　全球数字鸿沟变迁与传播秩序重建研究　　　新闻学与传播学
135　泰国小说发展史研究与编写　　　　　　　　外国文学

例 132 先列出"养老机构照护风险"，这是问题与主要研究对象，也是因；紧随其后的"防范机制"是对策与解决的方案，也是果；前后二者以连词"及"相联，且显示前主后次的逻辑关系。例 133 则巧妙地分解因果，旨在探索政务营商环境优化的起因与结果：探寻优化政务营商环境问题存在的原因，对策是所采取的措施或方案，二者是前因与后果的关系。优化政务营商环境是行为，

50

二、选　题　篇

为什么要优化，是溯"因"；优化后如何，是得"果"。前因指优化之前发生的行为、事件或情况，或称"事发环境"，是任何可能促进优化的因素。优化行为则指所做的事情，"后果"是优化的结果，是对优化的反应。前因之果有两种，一是当下所采取的行为，二是未来所产生的结果，也可能是未来的因与果。国家社科基金年度项目的研究面向未来，即便是后期资助项目，也含有未完成部分。营商环境优化能培育经济发展新动能，助推改革创新和相关体制机制不断完善，为国内国际双循环注入新动力。营商环境优化有助于：①理顺政府与市场关系；②理顺政府间关系；③理顺市场主体间关系，创造更加开放公平的市场环境。依此，例133还可"优化"如下：

133a　政务营商环境优化"前因"与"后果"研究
133b　政务营商环境优化"前因""后果"研究
133c　政务营商环境优化"前因后果"研究

至于例134，其结构为联合关系，前后并列两类行为。在"全球数字"时代，前者"全球数字鸿沟变迁"过程是历史，其成因如何？有何演变机制？后者"传播秩序重建"自然是指"数字传播"，如何因前述的变迁而创建新的传播秩序？这一创新实为重建。例135，一般而言，研究泰国小说发展史在前，编写在后，前者研究史料，出心得，后者采用历史逻辑结合法将其编辑逻辑化，最终成果可能就是《泰国小说发展史》或《泰国小说史》。

当研究对象多于两个时，可能出现一重或二重关系，前后可分出关系层次，以显示研究对象的丰富性，反映研究的体量。如例136—139。

136　中国消费者持续性焦虑的机理、效应及缓释策略研究　　管理学
137　环境监管双重制度困局的法治纾解研究　　　　　　　　法学
138　智能政府建设的风险规避及其难题突破研究　　　　　　管理学
139　中国共产党领导防灾减灾救灾政策变迁研究　　　　　　政治学

例136，中国消费者持续性焦虑机理是本体研究，而效应是其产生的结果，继而对其采取缓慢释解的策略，也是第二重结果。例137中，"环境监管双重制度困局"是"法治纾解"的研究对象，也是后者的动因，反言之，后者是前

者破局的预期结果。

项目研究对象有时蕴含两个及以上的复杂因果关系，可能表现为多样的语法关系。如例138，题虽不长，却复杂而丰富。智能政府建设有风险，有难题，成为研究的对象，所引发的行为"规避"与"突破"便是结果。"风险规避""难题突破"是研究的两个对象，前主后次；二者均是因果关系，呈现为偏正短语，实由动宾短语"规避风险""突破难题"转化而来。

承接关系的标志是前后各有一个动词，动词不可调换顺序，有时间先后的关系。例如，例24要先对东北抗联密营遗址进行考察，之后是保护，最后才是利用。例139中国共产党领导民众防灾、减灾与救灾，出台了相应的政策，其间具有历史性变迁，其内在逻辑正与历史嬗变相一致。

26. X所含支配关系有何动感样态，呈何结构？

X所含支配关系是词语之间支配与被支配的关系，主要指由动词与宾语组成的动宾短语。其间意义关系十分复杂，用于标题的主要是结果宾语或受事宾语，即宾语表行为支配的对象，如"维护和平"，宾语"和平"表行为产生的结果。偶见处所宾语，即宾语表行为涉及的处所，如"上中学""游西湖""登泰山"等。请看例140—143。

140	涉农平台经济现代化治理体系构建研究	应用经济
141	"投贷联动"推进专精特新企业创新的机制研究	应用经济
142	铸牢中华民族共同体意识的"四个与共"理论研究	民族问题研究
143	冰雪运动进校园研究	体育学

例140的"涉农"是高度浓缩的动宾短语，虽作了"平台"的定语，但以动居题之首，已带动感；例141，"投贷"是联合关系，是动宾短语"投资""贷款"的缩略，它与"联动"构成了专业术语，加以引号所得的"投贷联动"又整体作"推进"的主语；例142的"铸牢"已基本词化，其行为对象是"中华民族共同体意识"，二者构成动宾短语，一起限定"四个与共"；例143"校园"是"进"的处所宾语。

动宾短语与其他短语可以互换，如例103"提升中国棉花纺织服装产业链

二、选 题 篇

供应链的韧性和安全水平研究"可换作"中国棉花纺织服装产业链供应链的韧性和安全水平提升研究"。其他关系转为支配关系的如例144—146。

144　《解放日报》与延安整风运动研究　　　　　　　党史·党建
145　文明互鉴理念下英语教材主流意识形态导入策略　语言学
　　　的多维对比研究
146　数字赋能中国制造业企业绿色创新与转型发展研究　管理学

例144研究的是关系，研究事件与空间（如反映事件的载体、见证或反映事件的窗口）的关系，即"延安整风运动"与"《解放日报》"的关系。拟题者未将关系提炼出来，不妨将"事件—空间"关系点明，如"所见""所载""所报道的"。这还只是较为简单的修改，更可据所得的前期成果与对未来研究的把握，将二者的深层次关系揭示出来，如"深化""推动"，或许可得更为具体生动的选题。如下144d的"推进"即推动某事而使之向前进展，可以概括144c为"推动……深入"。又如，如下例145的修改，"英语教程中外意识形态导入"与"互鉴"就变成了主谓短语。再如例146，数字赋能的对象"中国制造业企业绿色创新与转型发展"较长，不妨将主语与宾语互换，整个短语类型换作偏正短语。

144a　《解放日报》对延安整风运动引领作用研究
144b　《解放日报》促进延安整风运动研究
144c　《解放日报》推动延安整风运动深入研究
144d　《解放日报》推进延安整风运动研究
144e　《解放日报》深化延安整风运动研究
145′　英语教程中外意识形态导入互鉴研究
146a　中国制造业企业绿色创新与转型发展数字赋能研究
146b　中国制造业绿色创新与转型发展数字赋能研究

27. X所含陈述关系呈何结构，表达完整事件？

选题中X有时可含陈述关系，表达完整事件，表示词语和词语之间是陈述与被陈述关系，即"陈述对象—陈述"，恰与思维形式之一的判断结构相同，如"红旗飘扬"等。陈述关系可表达主观对客观对象的描述、评议、判断，所用语言结构为主谓短语。

这种主谓短语，由具有陈述关系的两个成分组成，陈述关系依语序而不用虚词表示。被陈述部分是主语，表示要说的是谁或什么，如"经济发展"中的"经济"。陈述部分是谓语，说明主语怎样或是什么，如"中俄关系稳定推进"中的"稳定推进"。又如例147—148。

| 147 | 基层党组织"不忘初心、牢记使命"制度化研究 | 党史·党建 |
| 148 | 脱贫地区"绿水青山"转化为"金山银山"的路径研究 | 马列·科社 |

整个 X 或其中某个片段均可含陈述关系，呈现为主谓短语。如例147，将"制度化"用作动词，便是谓语，其前内容均可归入主语。例148，"路径"之前是主谓短语，其中"脱贫地区"是定语，"绿水青山"是主语，"转化为"是谓语，"金山银山"是宾语。再如例149—153。

149	《江格尔》语图互文研究	中国文学
150	消费需求引导企业创新研究	应用经济
151	藏传佛教在中国蒙古族主要聚居地区本土化研究	宗教学
152	戴震思想与中国现代美学的发生	哲学
153	要素市场化配置对城乡收入差距"倒U型"演变新趋势的影响研究	应用经济

例150采用了兼语式，消费需求引导企业，"企业"是其宾语，又是其后"创新"的主语。例143，"冰雪运动"是主语，"进"是谓语，"校园"是宾语。例149研究《江格尔》中语与图互相阐发与互相补足，拟题者用"互文"概括，语图与互文是主谓关系，反映得极为简明。例151，若视"本土化"为动词，研究对象则是陈述关系，主语是"藏传佛教"，"在中国蒙古族主要聚居地区"是状语，"本土化"是谓语；若嫌状语太长，阻隔了主谓双语，不妨改作151′。

二、选 题 篇

151′ 中国蒙古族主要聚居地藏传佛教本土化研究

例 152 一无标题用语，二不见戴震思想与中国现代美学发生的关系。若是认为戴震的人学本体论奠定了中国现代美学的发生理论基础，使中国美学实现了现代转型，就不妨提炼出关系，入题显态，如 152′。

152′ 戴震思想促进中国美学现代转型研究

例 153 则较长，主要是影响的对象过长，致使选题呈猪肚状；可将冗长的偏正短语改为主谓短语，显得流畅有节奏，如 153a 和 153b。此外，拟题者用英语字母形象地反映城乡收入差距的演变趋势，"倒 U 型"虽形象，却略显复杂；若能用数学表示交集的符号∩，则更加直观形象。

153a 要素市场化配置影响城乡收入差距"倒 U 型"演变新趋势研究
153b 要素市场化配置影响城乡收入差距∩型演变新趋势研究

28. X 所含修饰关系呈何结构，分为几种？哪种最常用？

X 所含修饰关系有形容词修饰名词、副词修饰形容词、副词修饰动词等，呈现为偏正短语。换言之，偏正短语由两部分构成，前部修饰或限制后部，反映词语与词语之间的修饰与被修饰关系，如"美丽的花朵""最新""锐减"等。偏正短语由名词、动词或形容词与其前起修饰作用的词组合而成，其中名词、动词、形容词是中心语，名词前面的修饰部分是定语，动词、形容词前面的修饰部分是状语。可再分为两种。

定中短语 由定语和名词性中心语组成，其间的修饰关系有时用"的""之"作定语标记，有时不用、有时必用。例如，例 154 用"的"隔开"南亚语"与"语音"，以免"语""语"相叠，语流失谐。同理，例 195 必用"的"，不然"中国法律社会学"与"学术脉络"相连，会产生"学学"连读，"叠叠"不休。定语标记词可以隐含，入题时多半不用，如例 156 可去"的"，例 157 可去"之"。

154 中国境内南亚语的语音类型与区域共性研究　　语言学
155 族际政治整合的理论与实践研究　　政治学

156	近代中俄文学关系中的日本"中介"作用研究	外国文学
157	文学与哲学关系之宏观研究	中国文学
158	百年视域下中国共产党执政话语体系研究	党史·党建

定中短语分带定语标记"的"与不带两种，多数不带，有时必带。例如，例 155 可带也可不带"的"，其中"理论与实践"是熟套，有特色之处是"族际政治整合"，二者是定中短语。定语中"族际"即不同民族之间。又如例 158，松散的标题可能是"百年视域下中国共产党的执政的话语的体系的研究"，为求标题精炼，就必须去掉四个"的"，以免"的的"不休。例 155 和例 156 改稿如下。

155′	族际政治整合理论与实践研究
156′	近代中俄文学关系中日本"中介"作用研究

状中短语　由状语与动词、形容词性中心语组成。状中短语相对于定中短语用得要少，用作标题时，其间修饰关系有时用"地""然"作状语的标记，更多时候不带标记。即便用标记，也绝少用"地"，偶尔用"然"，且与其他单音词构成带"然"词语。如例 159—162。

159	人工智能精准辟谣策略与效果研究	新闻学与传播学
160	政府投资平台企业债务风险新特征及 多元化解研究	管理学
161	三重特征下的耕地"非粮化"分类治理策略研究	应用经济
162	新发展阶段中国农业压舱石作用的应然体现、 实然考察及强化策略研究	应用经济

前三例是不带"地、然"的状语修饰动词：例 159，"精准"修饰动词"辟谣"，反映了当下社会问题；例 160，"多元"是"化解"的方式；同理，例 161，"分类"是"治理"的方式。至于例 162，"应然体现、实然考察"虽因前有限定语、后有"研究"而变成静态短语，但单拎出来却是状中短语，"应然"修饰"体现"，"实然"修饰"考察"；此外，"压舱石"非常形象，若

二、选 题 篇

加上引号，以示隐喻性运用，效果或许更好；"新发展阶段"也可省略。例161—162炼题如下。

  161′ 三重特征下耕地"非粮化"分类治理策略研究
  162′ 中国农业"压舱石"作用的应然体现、实然考察及强化策略研究

29. 定中短语巧标记功效如何？标记何时隐与显？

  "X研究"中，X最常用偏正短语，而偏正短语中，定中短语用得最多。它毕竟是对事物加以限定进而对其分类的方法之一。定中短语用不用"的"，常令人纠结。文白两个以上的"的""之"如何避免，也是常见的问题。

  有时，不用定中短语标记，属于常态；用则为了强调，显示逻辑。定中标记"的"有时用"之"替代，因助词形成紧凑的表达或已形成专名，如《赤兔之死》，如例163的"非洲之角"就成了表地区的专名，包括吉布提、埃塞俄比亚、厄立特里亚和索马里等国家，这类的"之"不能删。带"之"的标题如例163—167。

163	冷战时期美苏对非洲之角政策研究	世界历史
164	近代日本社会思想转型中的财富与美德之争研究	世界历史
165	郑州商城与夏商之际社会变迁研究	考古学
166	草原丝绸之路视野下的辽代佛教遗存与多民族文化交融研究	宗教学
167	曹植作品之经典化研究与文集新校笺	中国文学

  含"之"短语若是已成术语，或是表达较为简明，尤其是与单音词构成"之际""之路""之争""之谜""之交"等，"之"字一般不删。又如例164的"之争"比"之间的斗争""的斗争"等就简明得多，选题用"之"更显文气，更像标题。例165则必用"之"。

  定中短语的标记用"之"显得文气且正式，用"的"则显得通俗又明晰。最难的是"之""的"互见于一题，有时需要考究。如例166，"之""的"可以互见，"的"是多余的，"A（之）下B研究"本也是拟题模式，不必用

57

"的"；此外，"草原丝绸之路视野下"完全可以去"之"与"下"，术语化为"草原丝路"。例167在"之"后用的是双音或三音词，"之"完全可删。又如例168—173。

168	电商平台内经营者之间的互动行为与治理策略研究	管理学
169	住房价格与家庭债务之间双向自我强化对经济波动的影响研究	应用经济
170	不完全信息下伯川德竞争企业之间的信息披露问题研究	应用经济
171	破解中国工业增加值率的"递减之谜"：成因、机理与对策	应用经济
172	监察权、警察权与检察权的结构之维研究	法学
173	我国反避税之混合错配安排的法律规制问题研究	法学

例168"之间的"三字可去，"互动"已明示其前"电商平台内经营者"的行为是相互之间发生的。同理，例169的"双向"已反映了"住房价格与家庭债务之间"的关系；而例170中"信息披露"发生在伯川德竞争企业之间，"之间"在此可以保留，以求关系更为明确。例171，"递减之谜"可算拟题者临时自造语，题中可去"的"，让"中国工业增加值率"与其形成更为复杂的术语。例172研究监察权、警察权与检察权的结构，因此"之维"显得多余，完全可省。例173，"的""之"并用，"混合错配安排"本是问题，不必显其"问题"性。原题或去"之"，或去"的"，"我国"改为"中国"，均不影响表达与理解。例164—173的部分例证试改如下：

164′ 近代日本社会思想转型中财富与美德之争研究

166′ "草原丝路"辽代佛教遗存与多民族文化交融研究

167′ 曹植作品经典化研究与文集新校笺

168′ 电商平台内经营者互动行为与治理策略研究

169a 住房价格与家庭债务双向自我强化对经济波动的影响研究

二、选 题 篇

169b　住房价格与家庭债务双向自我强化影响经济波动研究
170′　不完全信息下伯川德竞争企业之间信息披露问题研究
171a　破解中国工业增加值率"递减之谜"：成因、机理与对策
171b　中国工业增加值率"递减之谜"破解研究
172′　监察权、警察权与检察权结构研究
173a　中国反避税混合错配安排的法律规制研究
173b　中国反避税之混合错配安排法律规制研究

（三）选题实策

30. 核心术语如何归纳抽象？无中生有？

当下的任何研究都是演绎的，因为满脑子各种理论，许多发现都是因与常识相左才引起关注，开启了归纳的征程。依此看来，选题中"研究"类之外的术语往往是极其复杂的短语。它还可细分为若干更短的短语或词，其中就包括核心术语。核心术语偶尔凭灵感而诞生，多数则经反复使用归纳法提炼而成。

所谓归纳法，即由个别或特殊概括出一般的方法。善归纳者往往善于发现，所以归纳法属于发现型思维，有助于原始创新，可谓无中生有，即"无"其形，但有其源；"无"其名，但有其实。由上可知，学术研究可谓是发现现象，发明术语。归纳法分完全归纳法和不完全归纳法，前者据有限的对象数量做出归纳。因世间对象多如牛毛，若被观察的对象是无限的，则需要采用不完全归纳法。

对选题的要求一般是术语新。题目出新，除却标题用语"研究"之类外，剩下就是术语。可见，选题出新，即术语出新，此乃选题之灵魂。术语出新的机制首先是全新式产生机制，即完全产生新术语的过程，该术语所对应的概念可能是全新的，至少所定的内涵是首次提出的。这一机制不常用，毕竟人文社科产生全新概念的概率还是不大，因学科或领域的不同而有别，数百年、上千年能产生一个就相当不易，它标志着人类认识的深入与进步。术语出新类的如例174—176：

174　汉译组构优化研究　　　　　　　　　　　　　　语言学
175　青少年科学高阶思维能力培养的国际经验与本土　教育学
　　　循证创新实践
176　大数据时代翻译技术学理研究　　　　　　　　语言学

归纳法是颇富创新的选题法，极具个性化，不易与人雷同。如例 174，拟题者从自己感兴趣、有坚实基础的领域——汉译欧化出发，锁定失范的表达并不断修改以求规范，其核心术语若拟作 174a 就无新意。若取其不断规范的过程，便得 174b，因"优化"而带新意。但汉译表达除了句法外，还有词法的优化，二者可归纳为其上位概念"语法"，进而提升为 174c。再一想，除语法外，还有章法，即篇章层的规范化，再次归纳，能用什么概念？目前国内外语言学界尚无术语能概括词法、句法、章法三层内涵，只能写作 174d 中的"汉译语法章法优化"。但不论哪种，都是在理解原文之后，组织建构汉语表达手段的过程，这一过程不妨用"组构"简缩。于是归纳出最终的核心术语，可得"组构优化"，再缀以"研究"，便得例 174 的选题。例 175 因国际与本土对比显出价值，更因"循证"的陌生化而引人注目。所谓循证，即遵循证据，是一种方法，用之则属于实证研究。

174a　汉译句法规范研究
174b　汉译句法优化研究
174c　汉译语法优化研究
174d　汉译语法章法优化研究
175′　青少年科学高阶思维能力培养国际经验与本土循证创新研究

再看例 176 不断修改、不断抽象的过程。

176a　大数据时代的翻译技术学理论构建研究
176b　翻译技术学理研究
176c　翻译技术原理研究

例 176a，一般不能凭一项目就提出一门学科，况且当时"翻译技术学"尚未创立，申报者的初心本来也是建构翻译技术理论，这倒比学科要低一层。申报者去"的"后,将"学"与"理论"结合为学理,巧妙地彰显了理论诉求,得例176的选题,从而获批项目。即便获批后,仍可去"大数据时代",因为翻译技术就是现代技术,即大数据时代的技术,内涵上有重叠,还可以优化为176b。若是担心"翻译技术学理研究"被切分为"翻译技术学""理研究"而显破碎,可继续优化为176c,"翻译技术原理"更近于译学研究的实情,可获得更多同道的认同。

31. 核心术语如何演绎具化?有中生有?

借归纳法提炼核心术语若是无中生有,本问则是有中生有,采用的是演绎法。演绎法,即从一般推出个别的方法,是依据事物均具一般属性推断其个别属性的推理方法。只要前提为真,推理程序合乎形式逻辑,其结论必为真。善演绎者,往往善于按常规解决问题,属于发展型思维,可以改造出新选题。

通过演绎法,可得选题的具体核心术语,详细步骤可有四:①就某一公理、假说、定律或理论,提出假说;②据所提假说,展开演绎推理;③验证推理;④相符,则假说成立;不符,则不成立。演绎推理主要采用三段论,即大前提、小前提和结论。大前提即一般性理论;小前提则是所要论证的个别对象;结论就是要得出的具体论点。如例177—180:

177	翻译失语症研究	语言学
178	农村绿色发展的外溢效应评价方法与补偿机制研究	管理学
179	信息化时代的新工业化与产业结构跨越式升级——工业化、信息化与跨越式发展研究	理论经济
180	区块链技术与农业深度融合的路径研究	应用经济

演绎法用于项目申报是将国家课题"私有化"的最佳途径。如例177于2014年获批,当年国家社科基金项目课题指南并无同类选题。2012年该指南虽含"汉语失语症研究"选题,但当年未见获批。申请者从中受到启发,其演绎过程是:汉语有失语症,外语也有失语症,那么外汉之间的翻译也存在失语症。本例给人的启示是:若在当年指南中未见自己欲报的同类选题,可参考近三五年内的指南。

选题私有化过程,是就同一研究对象从自己的选题角度"假公济私",实为将自己融入国家所需。如例178是2018年管理学的指南选题,作为指南选题略显具体，很容易被申报人直接用作选题。当年申报的多位学人下了功夫将其具体化、个性化，以便突出自己的研究特色。同年至少有三人据之演绎出三个立项选题，现将其与指南选题比照如图 2，不难看出其中的演绎关系与类比关系（黑体字为改造部分）。

农村　　　　　　　绿色发展的外溢效应评价方法与　　补偿机制研究
我国西北地区农村　绿色发展的外溢效应评价方法与　　补偿机制研究
　　　　　　　　　　绿色**农业**的外溢效应评价、　　　　补偿机制**及配套政策**研究
海洋碳汇渔业　　　绿色发展的外溢效应评价方法与　　补偿**政策**研究

图 2　一题生三题

国家社科基金项目 2002 年度课题指南中和例 179 相关的是"工业化、信息化与跨越式发展研究"，申请者对其改造，获批为"理论经济"重点项目。他四次显智慧，两处露小怯：①将"信息化"转为时代背景，得"信息化时代"；②为"工业化"赋"新"，突出性质，新人耳目；③加上自己的研究领域"产业结构"，并使其与"新工业化"产生关联；④"跨越式"是国家最关注的，予以保留，但选取了跨越的第三种方案"升级"（详见第 37 问的分析）；⑤"的"字冗余。可优化为：

179′　信息化时代新工业化与产业结构跨越式升级研究

例 180 是对国家社科基金项目 2020 年度课题指南第 48 选题"区块链技术与实体经济深度融合研究"的演绎。拟题者保留了"区块链技术"与"深度融合"，将"实体经济"换作"农业"，表明这一技术用于原来相对较少涉及的领域，并将研究落脚点定于"路径"，收口较小，易于完成，只是"的"宜删。改稿如下：

180′　区块链技术与农业深度融合路径研究

32. 核心术语如何类比仿拟？有中生异？

科学研究中，见人研究，自己也想做类似选题而出新的研究，所凭的就是类比思维。相应的方法就是类比法，即根据事物的相似点推出其他方面可能相似的方法。相似度越大，类比性越强。善于类比，有中生异，常发奇想，也能创造。

二、选 题 篇

通过类比，将新旧事物对比，提出新假设，可以"顺得"、更会"偏得"解决问题的线索。最简单的模式就是借用其他学科或领域术语，构造出新术语，借思想铸新题。例如，翻译家傅雷所借"神似"，本是艺术用语，却可借之说明翻译规律。

所借术语，可能是其他领域的常用术语，也可能是本界业内偶用但经你采用或借用而成的专业术语，一旦进入专业领域，便被重新赋予新内涵，产生重要价值。如例181—182：

181　"一带一路"重大涉华突发事件传播话语　新闻学与传播学
　　　"噪音"研究
182　儒家经典俄译符际文化信息守恒与失恒研究　语言学

例181，国际传播格局仍由西方主导，在西强我弱的背景下，重大涉华事件一旦突发，传播话语的局势便复杂多变。如何关注话语现象级的噪音、其逻辑何在、如何消解等，均需回答。题中关键性术语"噪音"则借自生理学或物理学。而例182，实际研究儒家经典汉译俄过程中双语双文化信息的全译与变译，全译力保中国文化信息守恒，变译则力促失恒。拟题者巧妙借用了一对物理学术语，新人耳目。又如例183—186：

183　国家翻译实践中的"外来译家"研究　　　　语言学
184　新工科背景下"滴灌"式课程思政研究　　　马列·科社
185　侗族音乐传承人口述史研究　　　　　　　　民族问题研究
186　中国体育解说艺术口述史研究（1951—2021）　艺术学

通过类比法，可比较国内外差异，看到国内最需，引进国外最新。国外可研究，国内是否也可以？国内同行已研究，通过类比法，与已批项目仿拟化，也可套用。如例183于2012年成功报项，2018年有同行仿之，获批项目"国家翻译实践中的《毛泽东选集》英译研究"。

例184，借用节水灌溉方式"滴灌"的概念，即利用塑料管道将水通过直径约10mm毛管上的孔口或滴头送到作物根部的局部灌溉；该选题正是通过隐喻、类比用于热门的课程思政，且置于新工科背景，产生了新奇形象。例185

成功获批,首先采用了国内时兴的口述史研究法,其次是占了民族问题研究的优势;这种选题可以类比产生其他少数民族(如土家族、白族等)音乐传承人口述史,甚至是濒危艺术等类似的选题;该选题可报民族学,还可报中国历史、艺术学等学科。例 186 同理。

  类比不仅能承前,即向此前的项目学习,还可启后,给未来报项以启迪。比如概念史作为方法论引入中国后,备受学界青睐。马克思主义舶入中国已经一个多世纪,可拟题"马克思主义概念史研究",也可启发其他学科,从马列研究走向其他领域。譬如"数学汉译概念史研究""经济学汉译概念史研究""哲学汉译概念史研究"等。此外,该题也可报语言学。同理,可仿例 149 "《江格尔》语图互文研究",做"《红楼梦》语图互文研究""中国当代小说语图互文研究""明代四大奇书语图互文研究"等。

  请看表 13,它是对表 21 文化选题的批量仿拟而产生的地方文化传播选题。

表 13 仿拟而成的地方文化传播选题

被仿原例	仿拟生成的项目名称
例 355	中国孝文化西传路径与作用机制研究
例 359	"丝绸之路"游艺文化逐步西向交流研究
例 360	早期南方饮食文化西渐研究
例 365	屈原浪漫主义西译表现及其世界影响研究
例 366	海外华侨与所在国语言文化适应研究
例 367	大湾区品牌国际传播文化符号生产与认同机制研究

33. 字母词适用何种语境?如何拿捏生熟度?

  字母词,指字母及其组合构成的引入汉语的词,也含缩略语,如世界贸易组织(World Trade Organization,WTO)、脱氧核糖核酸(deoxyribonucleic acid,DNA)等,以及少量的汉语拼音字母,如国标(GB)等。字母词在现代汉语中日渐增多,《现代汉语词典》近几版本的比较足见其增长速度。

  少用字母词,多用母语文字即汉字表达,一是习惯使然,汉字比字母读得顺;二是避免符码转换而增理解负担,汉字比字母识别快,不需语码转换。跨学科尽量少用本学科字母词,多用所跨学科的母语术语。本学科内选题可适当使用字母词。特地使用字母词，除非想显示一种陌生化，但要易于接受，谨防适得其反。

据同行掌握字母词的程度等因素，字母词大致要遵循四项使用原则。

必用则用　用字母或含字母的词称名客观事物、地质阶段等。例187便是一例，其中"MIS3阶段"指"深海氧同位素3阶段（Marine Isotope Stage 3）"。

187	嵩山东麓地区MIS3阶段脉石英石器的打制实验研究	考古学
188	产业政策和WTO规则兼容性研究	理论经济
189	章丘焦家大汶口文化居民古DNA研究	考古学
190	科创板注册制下IPO公司研发操纵行为及其治理研究	管理学
191	"一带一路"沿线国家营商环境评价及其对我国OFDI的影响研究①	统计学
192	环境视域下豫北地区的农业集约化研究（4000BP—2000BP）	考古学

大胆使用　即对比较熟悉的字母词可放开使用，又分四种情形：①广为通用者，可大胆使用，如例188之WTO、例189之DNA等业内业外已普遍使用。②较为人知者，但多半用于业内，报项时也可使用，如例85使用了R&D，即research and development（科学研究与试验发展），学界已耳熟能详；例190的IPO。③汉语表达占字数较多且不利于题目简明时，可用字母词，如例189的DNA，除广为通用外，其全称汉译非常长。④形象描摹胜过语言啰唆时，可用字母词，如例153用U型，且是倒立的，不就是"∩型"吗？不过，这一改，会改变'倒U型假说'，得征求学界意见了！⑤汉语词与字母词相比，所占空间不出四字时，用前舍后，如例191的OFDI指"对外直接投资（Outward Foreign Direct Investment）"，用字母词也只省去了五个字符，倒不如炼题，可以精练为191′；若将字母词换作汉字，"对……对……"失谐，只好将其调整为"……影响……"的结构。

---

① "沿线国家"是原项目名中的写法，现多称"共建国家"，余同。

191′　"一带一路"国家营商环境评价及其影响中国对外直接投资研究

小心慎用　如果字母词不太熟悉,就需要听读的语符转换,增加理解的心理负荷,因此建议尽量少用,尤其是不能两个以上连用,否则只会适得其反,被人减分。若遇两个字母词,可选汉译最长的术语的外语缩略语构成字母词,而将汉译较短的外语词用汉字表达。如例 193—194:

193　中国 FTA 战略加快实施视角下 CPTPP　　国际问题研究
　　　的应对研究

194　购买力平价(PPP)汇总方法研究　　　　统计学

例 193 就极为罕见,可谓万分之一,其 CPTPP 的全称为 Comprehensive and Progressive Agreement for Trans-Pacific Partnership,汉译全称"全面与进步跨太平洋伙伴关系协定"也较长,暂无汉语简称。FTA 的全称是 Free Trade Agreement,汉译为"自由贸易协定",相较之下,可以留用 CPTPP,如下:

193a　中国自由贸易协定战略实施下 CPTPP 应对研究

193b　中国自贸协定战略实施下 CPTPP 应对研究

193c　中国自贸协定战略下 CPTPP 应对研究

劝君勿用　不赞成汉语术语与其字母词同现于题,这完全是"屋上架屋"。例 652 的拟题者可能是为了陌生化,为求所谓的高大上,致使"环境、社会与治理"与 ESG 重复使用,宜去字母词。又如例 194 中的 PPP 就是"Purchasing Power Parity"(购买力平价)的缩略语,二者之中当选"购买力平价",可删改如下:

194′　购买力平价汇总方法研究

34. 缩略语何时于接受有利?学科内外有别?

为了便利与简洁,将较长语词缩短省略而成的语词叫缩略语。汉外语均用,汉语有增用英语缩略语的趋势。外语主要指使用英语缩略语,汉语因使用拼音，除汉字构成的缩略语外，还使用字母词，详见第33问。譬如，俄语 Кремль 汉译为"克里姆林宫"，也被简称为"克宫"，常闻于参考消息网、环球网。"世界贸易组织"逐渐缩略为"世贸组织""世贸""世"，有时与其英语缩略语 WTO 交替作用。例 188 除用英语缩略语外，完全可用汉语缩略语，原例可改为：

188a　产业政策与"世贸"规则兼容性研究
188b　产业政策与世贸规则兼容性研究

汉语缩略语具有方便、省时等优势，其数量渐增，具体涉及受众面大小。正是所面对的受众之大与小，传播速度之快与慢，决定了考虑对选题接受的利与弊。有时需利用缩略语，有时则要防止全称与缩略语并存，产生冗余之嫌，更要避免汉外语缩略语在标题中重复。如例 312"区域全面经济伙伴关系（RCEP）的税收协调问题研究"将全称与其英语缩略语复用了，且用括号标注，无形中增长了标题。又如例 195—196：

195　中国法律社会学的学术脉络与本土化理论构建研究　　社会学
196　中国与哈萨克斯坦反恐司法合作问题研究　　　　　　法学

例 195，若无上下文，"学术脉络"最好不缩为"学脉"，以免因简而陋，因为后者指学派，或指某学派的真传。例 196 本身十分清晰，形式不长，足以立项。196a 以"中哈"缩略"中国与哈萨克斯坦"也无妨，因有后面项目活页或申报书垫底诠释，评委先猜不中"哈"简称自哪个国名，后读文本而释疑，也会产生印象。尤其是标题较长时，这种缩略就更具优势，如 196b。此外，原题的"合作"是研究对象，本来就是问题，也就不成"问题"，可去。

196a　中哈反恐司法合作研究
196b　中哈深度反恐司法合作机制与多重措施保障研究

缩略语会因人而用，更会因学科而内外有别。任何业界都讲行规行话，但专业内可以使用，缩略语由业内扩向业外呈增长趋势，由小众趋向大众。例 402

的"特殊教育"缩略为"特教",教育界都明白,如同"普教""高教"一样。又如例197—198:

197　世界贸易组织未来改革中与中国利益特别　　国际问题研究
　　　相关的议题研究
198　中医研究生英语课堂CLIL教学模式建构研究　　语言学

例197,"世界贸易组织"常简称为"世贸组织",用简称替换后,本例也就更简洁了。

197′　世贸组织未来改革中与中国利益特别相关的议题研究

又如例198欲将医学院校英语教学与中医药国际传播结合,培养兼具"医学+英语"的新文科交叉型人才,使用了业内概念CLIL,其全称是Content and Language Integrated Learning,即"内容与语言融合学习"。这一术语较专,即便是外语教师,也非人人皆知,因而在外语界也有内外之分。在具体教学过程中要围绕"内容""语言"双焦点,将二者融为一体。其汉译缩略还真有难度,目前以"语言+内容"或"内容+语言"似乎是较好的缩略形式。再向前进一步缩略,也只能用"双焦点化""专业化"之类了。

198a　中医研究生英语课堂"内容+语言"教学模式建构研究
198b　中医研究生英语课堂"语言+内容"教学模式建构研究
198c　中医研究生"医学+英语"课堂教学模式创建研究
198d　中医研究生英语课堂"双焦点化"教学模式创建研究
198e　中医研究生英语课堂"专业化"教学模式创建研究

35. X何以"秀"于选题之林?

作为研究对象的X要秀于选题之林,其必要条件就是显"高"。高,本义为离地面远,从下向上距离大,引申指在一般标准或平均程度之上。书文出版发表与项目获批,选题超过一般标准或平均水平越高越好。唯有如此,才有胜出可能,才有出版发表/获批的机会。如例199—201:

二、选　题　篇

199	美国百年"仿中国诗"谱系研究	中国文学
200	马克思主义共同富裕理论的中国化研究	理论经济
201	新时代提升党的政治巡视效度研究	党史·党建

术语显"高"　所谓显"高"，取高的形容词义，指选题高明、高强、高超、优良等，或显格局，层次高，上档次，满足更高机构的要求，于国家、于学科、于个人有极大之用的选题便是高明的题目。有如通常所说的点子高，即立意高，格局大，能观全局。国家社科基金选题要求从国家需要出发，或为学科所需，或为现实所需，在众多同行所报选题中能卓尔不群。如例199，除"百年"跨度之外，重在美国"仿"中国诗！这是中国文化走出去、走进去的表现，是中国文学扎根的具体方式。最根本的是未来可以谱系呈现于世，这一成果较为诱人，终使其脱颖而出。又如例200所研究的马克思主义共同富裕理论正是中国所急需的，拟题者直奔其中国化，可为我党和政府提供直接的理论服务，显得高大上。而例201的研究呼应新时代我党的重大需求，旨在提高巡视的效度，体现了选题的现实迫切性。

术语促"高"　所谓促"高"，取高的动词义。某个选题若能具备前述性质，在同行竞争中就会受人推崇，超越同类。左顾右盼，所选之题优胜多多。为此，选炼题时，有必要扎根于独特的思想，不断地为选题增高，抬高其程度或水平，旨在比高或争胜。如例202—204：

202	百年来党的领导人体育观研究	体育学
203	乡村振兴中的新乡贤组织参与研究	社会学
204	医学对中国传统法律的影响研究	法学

例202系2020年获批项目，透过选题，可见雄心，如同马尔克斯的鸿篇巨著《百年孤独》，要再现拉丁美洲的百年历史社会图景。百年来，指建党以来，涉及一代代领导人。2020年获批，正好可迎2021年建党百年，抓住了时代脉搏。题中"党的领导人"，按当下的规定，主要指中国共产党中央领导机构的领导人，如中国共产党的中央委员会总书记、政治局常委、政治局委员、中央书记处书记、中央军事委员会主席和副主席、中央纪律检查委员会书记等。由

此看来，涉及人数与机构也不少，批立为重点项目，理由充足。又如例203的乡村振兴是时代话题，乡贤治村是中国传统，那么何谓"新乡贤"？他们如何组织参与乡村振兴？如何将此类问题提至国家层面思考？这都是社会学应关注的问题。而例204有点出乎意料，医学对中国传统法律产生过何种影响，视角独特，研究结果会提升认知，丰人智慧。

36. X何以"异"于往昔选题？

作为研究对象的X要异于往昔选题，其必要条件就是出"新"。往昔，即旧或老，与其相对，"新"或指刚产生，或指性质变得更优者，或指没人做过的，等等。总之，新选题，理应显得自然脱俗。常言道，熟悉的地方无风景，好题还需巧词推！题好，让人耳目一新，而非标新立异。选题适度陌生化，满眼新鲜感，千万别令人审丑疲劳！如例205—209：

205	金融危机后美国左翼运动新特点研究	马列·科社
206	"新辩证法学派"扩展研究	哲学
207	新型举国体制治理机制研究	政治学
208	领域学术观点库构建理论与方法研究	图情文献学
209	英语主流媒体涉华报道话语蒙蔽研究	语言学

选题含"新" 所谓含"新"，即"新"字入题，直抒新意，这是最简易出新的拟题方法。如例417之"新特征"、例554之"新特点"。又如例205，左翼运动有何特点，又有何新特点，"新"成了吸睛的题眼。用"新"显示自己相关研究的变化与特点，直陈新意，属于直接出新式选题。再如例206，新辩证法学派兴起才三四十年，那么"新辩证法"的"新"在何处？21世纪以来，它又有何扩展？如何扩展？有何更新？这类问题都是界内外感兴趣的议题。而例207的举国体制既可与计划体制，也可与市场体制相容，有其独特的性质与作用。它是特殊的资源配置与组织方式，由政府统筹调配全国资源力量，以竟相应的目标。中国一直较好地运用这种体制。那么，新时代如何形成新型的举国体制、其治理机制该如何运作等问题便——摆在了学人面前。

二、选 题 篇

术语显"新" 所谓显"新",指整个选题虽无"新"字,却给人新颖感。绝大多数选题以术语显"新"。术语新颖是个宝,一见,或叫人怦然心动,或令人肃然起敬,立马就感到高大上。究其因,重在"玩"语言的艺术!比如,如何以旧带新,如何花样翻新,如何推陈出新。如例208,观点库的作用很大,读文献,如何发现思想,观点如何呈现,需要新的信息开发工具;有人要为此建库,便需理据与方法,同行专家便为其点赞。又如例209,英语是真正的"世界语",其"媒体主流"涉华报道多为负面,则更受人关注;这些均能引人注目,最为关键的是这些报道的话语常常"甩锅""抹黑""蒙蔽"中国。前两个词形象,但过于口语化或生活化,即便将其术语化,专业程度也不高;而"蒙蔽"更显书面化,可由普通词转向政治术语,既形象,也不失专业,有夺人眼球之效。

37. X 何以"特"于选题之常?

作为研究对象的 X 要特于选题之常,其必要条件就是出"奇"。所谓奇,即不寻常,超出一般。于十几、几十、上百、成千份申请书之中,标志性题目能矫矫不群。选题不好,不得资助;写得好,也不一定受资助,原因多多,一言难尽。此情此景,选题求特就显得格外重要,仿佛来到八桂大地,一路看去山山如驼峰,自然突起,非常奇特。

特,暂未到冷门绝学的程度,但可含其在内。如例249,题乍一看一般,其波斯文写就的《迹象与生命》国内能懂者极少,懂且能译者更少,能注且能深入研究者就更属凤毛麟角了,算是冷门课题。又如例210—214:

210	贵霜帝国城市与丝绸之路关系研究	世界历史
211	土家语现状调查与保护研究	民族问题研究
212	《哈萨克斯坦通史》(五卷本)翻译与研究	世界历史
213	清代译事奏谕与翻译政策研究	中国历史
214	高职院校期刊发展现状分析	交叉综合研究

例210,既冷又热,前半截冷,后半截热,冷热相合,便能应国策之需。

例 211，研究对象独特偏冷。例 212，既可入国别区域研究，也可入史学研究，译的分量本已不轻，加之深入研究，足以立项。例 213 属于跨学科研究，拟题者任教于外语学院，研究方向为翻译史，从清代译事奏谕探究翻译政策问题，这一问题史学界一般不做，因跨学科研究而具有特性。例 214 若只看"发展现状分析"，感觉像一篇文献述评，再一看"高职院校期刊"，才知该领域一般关注者不多，因面偏窄反被立项。

好题会令人称奇！读者均有好奇心理。熟视无睹，因为熟视才会无睹。好题或富于动感，一见就活了；或巧于构思，曲径能通幽。如例 179，由原指南选题的构成要素变得"信息化时代""新工业化"，加入申报者自己的研究特色"产业结构"后，最奇之处在于对"跨越式发展"的改造，这也是其智慧闪光之处。没有直接套用术语，而是将"跨越""发展"二词再次认知重构，融合为"跨越式升级"！其认知重构过程可概括如下。跨越有三种姿态，好比面对一条河：姿态一是平跨，不费力；姿态二是由高向低跨，更轻松。这二者因其容易而难入法眼，于是产生姿态三：由低向高跨，或许还需助跑，跨的力量要产生分力，一个向前，跨过去，一个向上，跨上去。懂数学或物理者，还要以 45°角跨出，才可以跨得更远，以免掉入河中。如此这般一番思考，拟题者取第三姿态，且用专业术语"升级"概括，一项鲜活的经济学选题跃然而立。再如例 215—218：

215	傅雷翻译手稿和校样修订稿整理与研究	外国文学
216	基于超级基因的我国绿电布局优化研究	应用经济
217	情报视角下大国竞争中的信息迷雾成因与识别研究	图情文献学
218	旅游减贫的"贵州样本"研究	民族问题研究

众人知晓傅雷，多因其《傅雷家书》，其实他更以"傅译"而享誉天下。例 215 以材料特别而出彩。其众多汉译手稿与校样修订稿谋全不易。深入识别与钻研双语之外，还在于对手迹的艺术性辨认，以此更能发现傅译成功的原因，比只见最终译作更能窥视其翻译心理过程。又如例 216，"基于超级基因"具有超前意识；"绿电"概念于 2014 年提出，这一奇异搭配与新能源密切相关，成为时代话题，其布局优化则事关全局。例 217，"情报视角"仍取传统谍报

意义的情报观,岂不是与当下取而代之的"信息"冲突?大国竞争,再一次吸睛,"的"字可去。"迷雾"本指能见度差的雾,在此更使选题蒙上谍战意味。其成因如何,需要追踪;其引申义指捉摸不透、令人迷失方向的信息,则更需识解辨别。例 217 试改稿如下:

  217a 大国竞争中的信息迷雾成因与识别研究
  217b 大国竞争信息迷雾成因与识别研究

例 218,旅游成了减贫的工具,拟题者提供了"贵州样本";这是何种样本,其独特之处有待揭示。该题去"的"为好。

  218′ 旅游减贫"贵州样本"研究

38. 术语创新打好组合拳,何处超胜术语原创?

术语创新最重原创,因其不易而难得一见。最广泛最容易的术语创新是组合式,即两个及以上旧术语组合出新术语。其超胜之处在于组合方式,组合关键在于出新。任何两个或以上的术语均可组合,若不太亮眼,则不能彰显问题意识。组合式产生机制是以旧带新,通过组合方式产生新术语的过程,主要是通过旧术语按复杂短语的构成方式组成新术语。

其实,组合之下还需讲究排列。这才是最恰当的术语微调,所以组合拳是形象说法,最全最恰当的表达是组合排列式选题法。其原则是:理论上有许多种,再据实情选定。如写出自己最强领域最具价值的关键词 3—5 个。排列出数个题目,最后选最满意的一个。现以最生动的生活为例。2017 年严冬的某个清晨,在银川文化城,笔者骑车遛了一圈,发现几乎所有文化商铺命名规律可归纳如下:A 地理空间(贺兰山、银川、西域、缅甸等);B 艺术品性(古、宝、雅、奇等);C 艺术品分类(砚、石、玉等);D 店名类(斋、轩、坊、林等),经先组合、后排序,理论上可得如下:

  $A_1B_1C_1D_1$ 贺兰山古砚斋 $A_2B_2C_2D_2$ 银川宝石轩
  $A_1B_2C_3D_4$ 贺兰山宝玉林 $A_3B_4C_2D_3$ 西域奇石坊
  $A_4B_3C_2D_1$ 缅甸雅石斋   ……

组合排列式选题法的具体操作是：大胆设想，小心求证！可以此深入考察选题，如"翻译""生态"大家都认识，但二者排列组合的"翻译生态""生态翻译"，业内不一定人人说得清。有学人以其为题，就分别拿项目，写文章，著书立说。

旧中如何创新？需在原有基础上发掘出创新点。以旧概念带新概念，以旧术语带新术语，旧多新少。比如例183，"国家""翻译""实践"均为熟词，三者组合而成"国家翻译实践"，则含新意，再加"外来译家"，就有了"国家翻译实践中的'外来译家'研究"；后来拟题者创建了国家翻译实践论，正在创立"国家翻译学"。再看例219—220：

219　新时代"一国两制"实践机制研究　　　　政治学
220　沿黄地区红色戏剧与歌谣文化艺术基因研究　艺术学

例219，"一国两制"是国策用语，于1982年提出。"新时代"是时兴术语，2017年10月18日习近平在党的十九大报告中指出"中国特色社会主义进入了新时代"，二者合一，成了新的复杂短语。例220要研究沿黄地区红色戏剧与歌谣文化艺术，这只是大方向，而诸多问题中拟题者借用了生物学，具体是遗传学的核心概念"基因"，赋以隐喻之义，能更新耳目。又如例221—223：

221　"泛神论之争"的核心文本翻译与研究　　　哲学
222　新时代我国高等外语教育体系的改革与重构研究　语言学
223　全球正义视域中的逆全球化研究　　　　　　国际问题研究

组合途径带来新选题，有时一字之换而天地宽。如例221，"翻译与研究"是联合短语，既翻译，又研究，翻译仿佛既是标题用语，也是一种行为。若去"与"，则成另一课题，或改变了研究重点，是研究其中的翻译行为或译文。标题或可改为221′，学科上既可选报哲学类，也可选报语言类。

221′　"泛神论之争"核心文本汉译研究

例222虽未提出原创概念，却依照"时间+对象+行为"而组合出"新概念"。

二、选　题　篇

题首见"新",表明为时不远。题首是主焦点,末尾是次焦点。"改革与重构"会夺人耳目,中间长长的体系才是两个动词所涉对象。若去"的"字,组合成分间的联系更紧密,也更术语化。

222′　新时代我国高等外语教育体系改革与重构研究

例 223,全球正义问题因贫富差距过大而产生,该题借兴起于 20 世纪后半叶的全球正义理论以解决问题,而这一理论的当下理解是"关于对物质性的善品(Goods)在全球范围内的去中心化的分配与再分配,主要是指发达国家及其人民援助欠发达国家及其人民"。[①]所谓"逆全球化",即与全球化进程背道而驰,中国"一带一路"就是针对其开出的一剂良方。由此看来,该选题涉及国际问题研究、法学、经济学等领域,非常符合中国现实之需。题中虚词或可优化,可得 223a 之类,甚至是改组为 223b,等等。

223a　全球正义视域下逆全球化研究
223b　全球正义下逆全球化研究

39. 前沿与时需组合式(AB)是构题的饱和式条件?有何优势?

据第 17 问,选题除"研究"类用语外,所剩 X 可分解为前沿 A 与时需 B 两部分。A、B 都是 X 成立的不同条件,但二者轻重分量不一:A 是必要条件,B 是充分条件。独立式选题分独立 A 式与独立 B 式,多见独立 A 式。选题最充盈饱和的条件是 X=A+B。

AB 式构题是饱和式组合,但非必须如此,或明显要求如此。往往是 A 式,或 A 含 B 式。AB 式实为 A 是 X 的充要条件,再加 B 是 X 的充分条件。

A 作为充要条件,在理论上指:满足 A,必然 X;不满足 A,必然不 X,则 A 是 X 的充分必要条件。换言之,有 A,必有 X;有 X,必有 A,那么 A 就是 X 的充分必要条件,反之亦然,即 A 可以推导出 X,且 X 也可以推导出 A。

[①] 李哲罕. 当代全球正义理论辨析[N]. 中国社会科学报,2017-08-23.

综上，充要条件是衡量文题相对、相应的标准。或大，或小，则需压缩或扩充。项目申报时，A 达到学科前沿，是 X 的充要条件，足以保证 X 选题成功；B 又能满足时代之需，是 X 的充分条件；A 与 B 双管齐下，能达到立项的全部条件，X 更能立项。如例 224：

| 224 | 中非命运共同体视域下来穗非洲人健康融入问题及对策研究 | 社会学 |

例 224 是饱和式组合，可逆向审题。"问题及对策"是前因与后果关系，算是常规模式。再向左，"来穗非洲人健康融入"涉及健康中国的战略，具体到广州，则涉及来华人员，而其中非洲人成为国内一大特色，反映了当地现实管理问题。将此问题置于全国，乃至世界视域下，则可向左进入"中非命运共同体"这一时代语境，自然上接中国的国际关系战略。这主要反映了国家之所需（B）。

再看对学科前沿（A）的反映。例中"融入"成为该选题的主要问题，即焦点，也是重点研究对象。弄清问题之所在，再定解决之对策。当下中非关系是大事，国内提出健康中国也是大事，且是涉及广州百姓幸福更为具体的细事，可以说后者是前者的具化，天然融入了学科前沿问题。整体上则有利于将 X 中的 A 定位于学科前沿。广州与非洲的关系全国皆知，国策"中非命运共同体"的加持更是强调与突显，不加则可隐含。为求选题醒目，简洁有力，入眼就见核心关键词，在去"问题"之后不如改为：

224a　来穗非洲人健康融入问题及对策研究
224b　来穗非洲人健康融入及对策研究

40. 前沿后重式（BA）是主流构题法？如何细分？

承第 39 问修改，发现 X=A+B 之中，A 因其是前沿而居核心地位，B 因其次要地位或可省略，如改例 224a 与 224b；或可将 B 移于题首，作为引子或背景，见例 224。那么，可归纳出选题的主流构题法，即前沿后重式 BA 式。

初读题目，有两个重心，前重或后重，题首术语往往有抢先意识，首入眼

二、选 题 篇

帘，引起关注，中间一般是过渡，或能引起关注，阅读心理一直趋向后面，因而一边引起关注，一边又被后面入眼的新内容挤兑与替代，心中总期待再现下一个词语，尽管不一定是新词新语，直至"研究"类标题用语出现。一旦读完"研究"类词语，认知上出现一回流，旋即回溯重读或回想起"研究"类词语之前最后出现的词或语。因此，"研究"类词语之前最近的内容会成为另一个重心或焦点。往往是前焦点为次，后焦点为主，整个标题呈后重式。

依上所述，含有首重点的学科前沿 A 与含有末重点的时代所需 B 组合成了整个标题的 X，即 A+B=X，二者的组合还可出现排列，按顺序又分 X=AB 式与 X=BA 式。以申报与审报项目的现状与历史察之，BA 式为多，AB 式为少，二者之中前者以 A 为重，即 $X=_BA$；后者以 B 为重，即 $X=_AB$，此时 B 可能成为一个新的研究视角。B 有时属于应用性研究，旨在为国家提供对策。

$X=_BA$ 式应是选题的重点，即研究的重心往往落脚于学科前沿 A。学科前沿是研究的本体，是刚需，如前所述，是选题的充要条件，自然成为主流的构题模型。综观国内及国际学术研究，前沿 A 为主，在题中显重；时需 B 为次，在题中显轻，有时轻到融于前沿，使得前沿暗含时代之需。$X=_BA$ 构题法呈现为五类舶来的题目构式：

第一类：基于 B 的 A 研究

第二类：B（之）下 A 研究

第三类：B 视角下 A 研究

第四类：面向 B 的 A 研究

第五类：B 与 A 研究或 A 与 B 研究

第一、二、三类是新视角、新背景、新方法、新材料等的选题，如例 225 的"实现中华民族伟大复兴"属于新背景；而例 226 要研究"汉语二语口语产出模型"，采用了好几个维度，以显示研究视角出新，可又不能一一罗列，以免碎了选题，只好概括为"多维视界"，也就借用了西式"B（之）下的 A"。

225　实现中华民族伟大复兴的国家体育治理方案　　　　体育学
　　　与行动策略研究

226	多维视界下汉语二语口语产出模型研究	语言学
227	面向学术搜索的查询意图研究	图情文献学
228	经济与生态双重目标下林下经济发展中农企协同机制及政策优化研究	管理学

第四类是突显研究目标，比前三类显生动些，尤其是以"靶向"代替"面向""以……为目标的""面向"之类的选题：如例 227 研究的是"查询意图"，可谓图书情报领域的老生常谈；若面向"学术搜索"，则带新意，顺势采用"面向 B 的 A 研究"。例 228 的"经济与生态双重目标下"既是国际背景，也是中国目标。

第五类是常见但也较容易吃亏的选题，它所显示的是关系研究。假若 A 与 B 是并列关系，那么二者平分秋色。若非平等却仍设为平行关系，则掩盖了 A 的重要性，要继续炼题，炼出反映主次关系的标题结构。若二者是施受或陈述关系，就有必要点明关系或启用动词，使题意显豁，因为在此不是拟制文学篇名，而要显真意。如例 229—232：

229	西南少数民族龙文化的创造性转化与中华文化认同研究	民族问题研究
230	内蒙古自治区经济现代化与中华民族共同体建设研究	民族问题研究
231	上海合作组织的新发展与"上合命运共同体"的构建研究	国际问题研究
232	中国现代文学早期英译与国家形象建构研究（1919—1949）	中国文学

例 229 倘若是对创造性转化与中华文化认同平分用力，体量相当，原题拟得就无问题；若以前者为主，后者为辅，或前者为内容，后者为目标，只是略微涉及，则需改造。例 230、231 同理。例 232 中现代文学指 1917—1949 年的文学，语义重复；若将国家形象建构定为中国现代文学早期英译的目标或结果，则有三种修改方案。例 229—232 部分标题试改稿如下：

229a 西南少数民族龙文化创造性转化与中华认同研究

二、选 题 篇

229b　始于中华认同的西南少数民族龙文化创造性转化研究
229c　基于民族认同的西南龙文化创造性转化研究
231′　上海合作组织新发展与"上合命运共同体"构建研究
232a　形塑中国的现代文学早期英译研究
232b　靶向中国的现代文学早期英译研究
232c　现代文学早期英译形塑中国研究

41. BA 式构题法何时可变为 AB 式？渐成何"题"统？

BA 式构题法是时兴的舶来品，用得久了，会产生审美疲劳。那么，BA 式构题何时可变为 AB 式？

第 40 问列出了几种构题模式，但笔者不太赞成总用前三种题型。改革开放以来，这几种题型舶自国外，流行一时，不仅外语界或涉及国外研究的学术界因新鲜而频频使用，后来也影响到人文社科其他学界，以及理工学界。以 2019—2021 年立项的国家社科基金年度项目和教育部人文社科研究一般项目为基数，"B（之）下"结构占比 19%。原来"视域下""维度下""视角下""体系下""形势下"系列中又出现"双重异质性下"式表达，尤其是 B 用动词的比例有所增加，如"引领下""驱动下""分化下"……

一种时尚流行一阵，或许可淡出视界，或会渗入个别学人的思维，成为一种惯性，仿佛欧化为一种常态，比如有人就爱用这几类题型，还沉于其中。眼前就有部分学人意识到要反模式化，想突出新意，要突显 B，于是巧妙地将 BA 式的 B 后移，从语形上将"基于 B 的""B 之下""B 视域下"缩短为 B。这样一是简化了标题长度，二是利用前焦点突显 A，同时利用 B 的简短也顺便突出一下 B，但因 B 的简短而表明其比重并不大，巧妙地显示了自己的"小九九"。行家一见，也知 B 在此虽居"AB 研究"中的主位，但信息量并未以次充主，更未喧宾夺主。这种调整可渐成新的"题"统，可避害趋利。如例 233—237：

233　俄语历史语法教学的新文科阐释研究　　　语言学
234　中欧贸易与投资关系的跨学科研究　　　　国际问题研究
235　跨学科学术视野中的上海抗战传媒史　　　新闻学与传播学

236　比较视野下十六、十七世纪德国与中国的　　世界历史
　　　梦文化研究

237　敦煌相书与古印度相书比较研究　　　　　中国历史

例 233 原先是"新文科视域下俄语历史语法教学研究"，后面吸取了经验与建议，避用了"B 之下 A 研究"格式，重点突出了当下教育改革的趋势。例 234 同理，当然，以上两例仍不简洁，可炼如下：

233′　俄语历史语法教学新文科阐释研究
234′　中欧贸易与投资关系跨学科研究

例 235 所用的跨学科方法其实多数研究都采用，点出此法无非是强调，增加显示度。"学术视野中的"平白多出了一些字，实为"上海抗战传媒史"，说不定最终成果就是同名专著，再次证明项目申报选题与最终成果篇名的差异。其实，完全可以改成例 234 的格式，既避其冗长，又防止项目与专著篇名相混，或许更加高端上档次，甚至连"跨学科"也可省去，以求简洁。例 235 可炼如下：

235a　上海抗战传媒史跨学科研究
235b　上海抗战传媒史研究

例 236 实际上就是比较德中梦文化，表达形式较松散，将视野或方法提前以突出，可以，但也有更简洁的表达，见 236′。例 237，"相书"为前后对比项所共有，完全可以提取公因式。例 236—237 可炼如下：

236′　16—17 世纪德中梦文化比较研究
237′　敦煌与古印度相书比较研究

42. 前沿与时需化合式（AB）构题中前沿如何折射时需？

如前所述，最充盈饱和的构题模式是 X=A+B，此时 A 与 B 还是物理状态，呈离散状，A 与 B 共存于一题，关系是并列的，只是有平等或主次之别。与其

二、选 题 篇

相反，若是化学状态，呈聚汇状，就是学科前沿与现实需求的天然融合，选题含有 A，也融有 B，二者在空间上并未分立，而是合一，往往需仔细剖析才能看出前沿背后的时需，常常是 B 隐在 A 后，即学科前沿 A 折射出时代所需 B，可图示为 A/B。

A 对 B 的折射也分显性与隐性两种。显性折射，指明显含有时需的词语，A 既用作学科术语，又是时代关注的对象 B，如例 238，气候变化是当代国际问题，英语诗歌如何反映这一问题，二合一，即可构成选题。究之，可为中国文学提供案例与借鉴，这是其当代价值之所在。

238　当代英国气候变化诗歌研究　　　　　　外国文学
239　晚期罗马帝国与周边"蛮族"关系研究　　世界历史

隐性折射是这类选题的主体，指不用时需词语，A 既用作学科术语，又能代替时代关注的对象，如例 255 所涉虽是 14—19 世纪初英国海外贸易冲突史，却可以史鉴今，以外鉴中。例 47 所及港澳宗教风险防范与化解问题，已蕴涵了国家安全，不言而喻，将国之大事潜含于宗教学问题研究。再如例 239，大国与周边关系是永恒的话题。晚期罗马帝国与周边"蛮族"是何关系，探索的结果可比之于其他大国的兴衰，时代之需隐于其中。又如例 240—242：

240　中国武术外译话语体系构建研究　　　　　　语言学
241　印度议会涉藏提案研究（1947—2019）　　　 国际问题研究
242　"一带一路"背景下西藏建设面向南亚通道研究　国际问题研究

由上可知，兼顾且融会 A 与 B 是最佳选题方式。如例 240，中国话语体系构建近来一直颇受重视，需要将其和细化的具体研究领域进行融合式研究，如"中国武术话语体系构建"是需要拓展的方向之一。若从中国文化走出去看，武术是中国文化的第三大名片。二者合一，更是前沿与时需相融！与其同期立项的还有例 294，一中一外，均能满足学科前沿与现实急需。不过，有时因时需比较隐蔽或过于熟悉，也有可能被审读者忽略，如例 665 后来将"俄译"改为"汉俄对比与翻译"就包含中国文化走出去之时需——对外翻译，可能业内人士会忽略翻译语对方向调整所蕴含的国策，业外人士尤是如此。

显性折射可隐化，最明显的是将表示时需的显性词语略去，如例 241。例 242 更是如此，既是对中央第六次西藏工作座谈会"把西藏建设成为国家面向南亚开放重要通道"的顶层设计的贯彻落实，又是西藏自治区对"一带一路"建设的积极参与，既是与孟中印缅经济走廊的对接，更是构建环喜马拉雅经济带、推动西藏开放型经济跨越式发展的重要举措。为此，2017 年 5 月，西藏自治区人民政府还通过并发布了《西藏面向南亚开放重要通道建设规划》，在此前景下，原题可以舍去"'一带一路'背景"：

242′ 西藏建设面向南亚重要通道研究

43. 前沿独立式（A）构题法适用哪类项目或学科？

前沿独立式选题，指选题中除"研究"之类，所剩短语为 A，即学科前沿。前沿独立式选题首先是不给选题"戴帽"，不在 A 前面加上 B 类性质的定语，如"基于……""……视角下"。

"前沿+研究"是前沿独立式选题的主流，但有学人连"研究"类用语也断舍离了。如例 243 涉及方言，方言要编制地图，直接用了"地图集"，但未用标题用语"编制"。所谓地图集，即多幅地图的汇集，其设计原则、编制体例、地图内容、规定比例尺、分幅系统、装帧形式等都要统一，这些地图集近似于地图册，是方言研究的成果形式之一。而同年报项获批的有"山东省汉语方言地图集""江苏境内汉语方言地图集的编制研究"，后者就叠用了"编制"与"研究"。不过，地图集或地图册多用于图书名，偶见于项目标题，常用于后期项目。例 244—248，缺标题用语，总有不像项目标题的感觉。例 244 因其涉及抗战而吸引了评委关注。即便是例 248，也仿佛差口气，标题的生命气息明显不足。

243	广东客家方言地图集	语言学
244	日本文学与延安	外国文学
245	宗教与美国法律外交	宗教学
246	海南东南沿海史前文化与南岛语族考古	考古学

二、选 题 篇

| 247 | 行政区划调整、市场分割与区域一体化发展 | 应用经济 |
| 248 | 中国医疗援外有效性 | 国际问题研究 |

前沿独立式（A）构题结果便是光杆标题，此类标题为人文学科界，尤其是文史哲三界偏爱，这类选题人文学科明显多于社会科学，前者强调个性，拟题也容易彰显个性。如例249是常见带标题用语"研究"之类的选题，位居首列，旨在用作参照系，以便分析后面的标题。例250—255，是史学界或其他学界涉史论著的标配。例256则完全是单篇论文的标题，"从……到/看……"也很少用作专著标题。例257似有语病，"促进城乡融合"是动宾短语，而"'扩权强县'改革路径选择"是偏正短语，前后是联合关系，二者无法形成同质结构并列。若是理解为"促进城乡融合与'扩权强县'改革+路径选择"，末尾不加"研究"二字，仿佛意犹未尽，形式上也不完整。

249	波斯文《迹象与生命》译注与研究	中国历史
250	圣经中译本史	宗教学
251	全真道学术史	宗教学
252	延安声音媒介史（1937—1947）	新闻学与传播学
253	中国对偶修辞通史	语言学
254	汉传佛教医疗社会史	宗教学
255	英国海外贸易冲突史（14—19世纪初）	世界历史
256	从明清佛教感应录看佛教中国化	宗教学
257	促进城乡融合与"扩权强县"改革路径选择	管理学

其实，光杆式标题主要用于后期资助项目申报，尽管后期资助项目也重问题意识，却与其他项目不同，因问题已基本解决，作者常常直抒己见，单刀直入命题，所以后期资助项目的篇名就是书名，不一定都用"研究"类词语，标题用语反而精彩纷呈。如例258—262：

258	制度变迁的阶级分析	马列·科社
259	法治型党组织建设	党史·党建
260	社会变迁与人性转型	理论经济

| 261 | 环境产权论批判 | 法学 |
| 262 | 街头秩序的生成：鲁磨路城管执法的日常实践 | 社会学 |

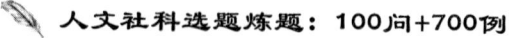

44. 理论生题"家学渊源"，撼人之题何处不胜寒？

由理论生题，可直接与理论接轨，显得有来头，有依靠，至少是理论正确。所拟之题易留深刻印象，究其因，一是源自理论本身，可求助本学科及其他学科，利用演绎法，共性下嫁特性，甚至是个性，顺藤摸出了选题，由来有自；二是旁观理论发展，向历史要选题，从学科史、理论史、思想史纵观问题，由果追因，有充分的理论自信垫底，可迅速定题。譬如，例 263 不仅研究中国古代史的基本概念，还向上研究概念所共同形成的范畴，显出了要素与层次。又如例 264 仅研究比较政治学的学科范畴，旨在夯实基本概念的研究。

| 263 | 中国古代史学基本概念与范畴研究 | 中国历史 |
| 264 | 比较政治学的学科范畴研究 | 政治学 |

由理论生的题常用如下词语：科学、学科、理论、思想、史料、范畴、原理、机理、机制、类型、起源、形成、理论化、范畴化、方法论、基本概念、谱系，等等，一眼看去如望东岳，显得高大上，底气足。例 265 研究汉语修辞学理论，将研究核心锁定于"新言语行为分析"，大小兼顾，宽窄相宜，便于掌控；另如例 266—269：

265	以"新言语行为分析"为核心的汉语修辞学理论研究	语言学
266	存现范畴的类型学研究	语言学
267	中国档案史史料学	图情文献学
268	机器翻译漏译三维语境判断机理研究	交叉综合研究
269	人民主权学说的谱系研究	政治学

概念、范畴、类型、原理等是某论某学的基本概念，往往成为从理论上寻

二、选　题　篇

题的抓手。如例266从类型学角度研究语言的存现范畴，前者是研究理论视角，后者是语言本体研究，均具理论性。例267立于学科建设，所建的是中国档案史史料学，以"学"立项，少不了风险，因为以项立学，免不了被学界怀疑是否夸大，一般不建议如此作为。例268机译问题主要是技术界研究的重点，其漏译就是误译，如何依语境作出判断，仅靠技术难以解决，其"机理"研究便更具理论性了。例269所究的人民主权学说就是理论，拟题者要为其建立谱系，显示了研究的理论性。例268—269还可优化如下：

268′　机器漏译三维语境判断机理研究
269′　人民主权学说谱系研究

撼人的理论借题正因是向人租借，仿佛理论寻租，首倡者有点新意，后来者渐乏新见，独创性更是渐借渐少，直至因熟而俗了。为此，不要总是定于最高处，一定要了解学界研究动态，尤其是理论被借的动态，不能人借亦借，人云亦云，否则就是东施效颦，为人耻笑不打紧，题被人否才致命。处于学科、理论、思想的前沿，可以借用其先进继而展开演绎研究，为此要选用好理论术语，如例664的选题，问题产生于现实，可以改造，起初试用"故事"，后改为"叙事"，这样现实与理论也结合起来了。又如例270—271：

270　西方影像哲学研究　　　　　　　　艺术学
271　中国经济史学起源和形成考察　　　理论经济

由大到小，由高向低，由早到晚，分别由学科向理论继而向思想躬亲，不能总是在学科层。最初可以借用学科，后来应多借用其理论，再后来就只宜借用思想了。或是从学科、理论、思想的结构上，逐层向下探清问题的底层，再由低向高，一步步地立题，有万丈高楼平地起之态势。如例270，可以理解为对西方影像的哲学思考[①]，由对具体影像的哲学阐释可以逐步走向影像哲学，成为哲学的一个分支。例271考察的对象是中国经济史学的起源与形成，申报

---

① 南野. 影像的哲学：西方影视美学理论[M]. 北京：中国传媒大学出版社，2009.

者探源流，考结果，均属于该学科的本体研究，给人感觉具体实在，有落地感。这样，远与近、高与低两相结合，均可催生选题。

45. 现实酿题最能催生选题？动人之题如何低开高走？

前一问所论选题与炼题，好比是"抬头看路"，有启明星相照。本问则论及"埋头拉车"，需脚踏实地，实事求是。这类选题申报，必须头脑清醒。人间学问的清醒，在于掌握底层逻辑，靶向顶层认知。这一低一高之间恰如经济学用语"低开高走"所描写的规律与格局。

现实酿题，始于现实问题，常涉及一批用词，如现实、现状、现象、现代、实施、实现、实地、实体、实践、实效、亟待、亟须、急需、突发、灾难、疑难、风险、应急、底层、困惑、迫切性……这些词语一入眼帘，就有现实感，接地气，对策明，再经研究者理性化提升，基于立地性，而增顶天范，看似低开，却在走高。如例272—274：

272	东北地区长期超低生育率水平研究	人口学
273	"港人治港"的政治与法律机制研究	马列·科社
274	全球体育战"疫"的中国方案研究	体育学

例272，"长期""超低"足以反映选题的价值。例273是2019年获批的项目，聚焦于"港人治港"的政治机制与法律机制，符合2019年的时需，也表明理论研究可以先于现实需求，一旦有时需，理论可以提供相应的依据，加以预测。不过例272—273还可简化如下：

272′　东北长期超低生育率水平研究
273′　"港人治港"政治与法律机制研究

例274放眼全球体育界的战"疫"行动，要提出中国的应对方案，极具现实意义。本可直接写抗疫，却特地加引号，仿佛借南方某地方言"疫""日"不分，仿用了"抗日"的构词模式。继续优化，"的"字可略：

274′　全球体育战"疫"中国方案研究

二、选 题 篇

相对而言，顶理论之天的选题可能撼人，而接实践之地的选题可能动人。理论是灰色的，实践或现实之树长青。理论可以远望，但终究要指向实践。因此，现实最能催生选题。那么，如何低开高走？实践之题可以高大上，始于实践触悟，要从中悟出高大上的理论元素。选题的低开高走，比喻选题起于式微，通过提炼，得以提升，成功立题，也能成功立项。

每年现实选题热点完全可以通过网络得以了解，有相应机构发布，也有热心的网友奉献。譬如国家社科基金项目2021年度课题指南"新增主题TOP50"及各学科热点方向均由大数据整理出来，正式发布的课题指南出现了部分新词新语，如"疫情""双循环""百年历程"。前一术语不言而喻。其中术语"双循环"在2020年5月14日中共中央政治局常委会会议上提出（"深化供给侧结构性改革，充分发挥我国超大规模市场优势和内需潜力，构建国内国际双循环相互促进的新发展格局"）。此后，"两会"、十九届五中全会又多次提及，自然成为国是。术语"百年历程"因建党100周年，更是热中的热点。

这些现实主题成为选题的新视角或新视点，有助于学子学人结合一己之长，从现实出发，应对国家与现实的需要，找到原点，提出具体的选题。如例275—277：

275　粮食和生态"双安全"下农户响应与政策优化研究　　应用经济
276　脑机接口的哲学研究　　　　　　　　　　　　　　　哲学
277　阶层流动"内卷化"与社会焦虑研究　　　　　　　　社会学

例275—277均可算是热点或现实性选题。例275是一极具现实感的选题。首先是"粮食和生态"均涉安全问题，"农户响应"是基层向上的诉求，而"政策优化"是上级主管向下扶持。前者的双重安全与后者的双向互动体现了一种良好的关系，很能打动审读者。为求术语化，使题目更为紧凑，可去引号，如：

275′　粮食与生态双重安全下农户响应与政策优化研究

"脑机接口"是国内外的热门，而对其进行哲学思考，却相对冷门，一热一冷，反差较大。例276可删"的"字（但为防止语义切分有误，也可保留"的"字）。

87

276′　脑机接口哲学研究

例277涉及的"阶层流动"指人们在社会阶层之间的流动，也是社会充满活力的内因。阶层流动的"内卷化"与社会焦虑构成因果或是相反关系：前者取自生活流行语，所以加了引号，力求术语化，临时获得社会学术语地位；后者则是前者引起的反应，是更深层的社会问题。

46. 题源枯竭时，何不向方法（论）寻题，广开题路？

学术创新常提方法创新，既指全新自创，更指借用新的方法研究所选的问题。方法，亦称"方""法""道""术""谋略"等。希腊语"方法"指沿着正确的道路前进，是解决问题的门径、程序、手段等，具有获取、检验、运用、发展理论的职能。方法有自发的，也有自觉的，方法自觉驱动者可顺利进入科研快车道。方法论即关于方法的理论与学说，是从普遍意义上研究方法的概括性知识，其最底层是具体而细致的方法。

由上可知，方法是最有用的学问，采用不同的方法会产生不同的选题。方法具有工具论意义。它是理论工具、分析工具或研究手段，可为选题广开门路。从理论或实践中产生选题一旦受阻，不妨大胆尝试从方法（论）切入。借刘大白《旧梦》之"与其向梦里寻诗做，何如向诗中寻梦做呢？"，可以大声说"何如向方法中寻选题做呢"。请见例278—282：

278	赫哲族全面建成小康社会实证研究	民族问题研究
279	马来西亚多元族群关系民族志研究	民族问题研究
280	民主观念如何影响民主稳固研究	政治学
281	阐释学视域下的陈寅恪史学研究	中国历史
282	法律方法论视角下我国法律统一适用之研究	法学

例278对赫哲族全面建成小康社会进行实证研究，"实证"研究是当下流行的方法。例279对马来西亚多元族群的关系展开民族志研究，"民族志"是正受青睐的研究方法。例280仍是研究方式方法，只是不应用疑问副词"如何"入题，完全可以改为280′：

二、选 题 篇

280′ 民主观念影响民主稳固研究

例281是在阐释学视域下研究陈寅恪史学,也可拟作281′。类似的还有"中国经典阐释学研究""中国儒学阐释学研究"等,其中阐释学用作方法或视角。

281′ 陈寅恪史学阐释学研究

方法或方法论有时本身成为研究对象,也算是向方法(论)求题的成功之范例。如例439即是对政治学研究方法本身的发展、演化与政治学前沿的探索。其他如例283—290:

283	中外同学科期刊跨遴选体系联合排序方法研究	图情文献学
284	改革开放40年来中国重要经济立法的方法论研究	法学
285	维特根斯坦实践哲学方法论研究	哲学
286	经验科学视角下西方经济学方法论演进研究	理论经济
287	社会科学方法论前沿问题研究	哲学
288	海外华裔学者重构中国艺术史的方法论研究	外国文学
289	计算机辅助梆子戏唱腔研究	艺术学
290	国际海洋划界方法论视角下习惯国际法规则的实证研究	法学

例283具体研究排序方法。例284不仅涉及具体的方法,还要从理论上研讨方法。例285研究维特根斯坦的实践哲学方法论。例286研究西方经济学方法论的演进过程。例287不只是研究社会科学的方法论,而是专挑其前沿问题加以研究。例288可以理解为研究海外华裔学者重构中国艺术史的方法论,也可理解为从方法论角度研究海外华裔学者重构中国艺术史。例289利用计算机研究梆子戏唱腔,是现代技术与传统艺术的"双术"式研究。以上部分题目还可进一步炼题如下:

284a 改革开放以来中国重要经济立法的方法论研究

284b 40年来中国重要经济立法的方法论研究

284c 40年来中国重要经济立法方法论研究

288′ 海外华裔学者重构中国艺术史方法论研究

289′　梆子戏唱腔机助研究

一般而言，方法在标题中是隐性的，即不明示研究方法，但当方法成为创新点、新的切入点、新视角之类时，可以将其入题显化。如例290，海洋划界的规则、原则与方法常常是相融的，通常主要包括以下三种方法或原则：自然延伸原则、中间线（或等距离）原则、公平原则。现在和平解决国际争端的方法包括政治方法与法律方法。前者主要包括谈判、协商、调解、和解、调停和斡旋等；后者主要指严格依照国际法原则和规则解决争端，如国际司法裁判和仲裁等。该题"的"字可略。

290′　国际海洋划界方法论下习惯国际法规则实证研究

47. 理论、现实与方法如何排布，频出新题？

理论、现实与方法三种选题要素，如同化学元素可合成不同的新物质，同样可以组配各种新的选题。理论可以指导现实，产出选题；现实可以酝酿理论元素，升为选题；方法或方法论则贯穿于理论与实践，实践提升为理论必经方法论的抽象，理论躬亲于实践必以方法论为先导。

理论、现实与方法三者可以二元排列组合，产生6种选题路径，三者取其二组合：①理论与实践、实践与理论；②理论与方法、方法与理论；③方法与实践、实践与方法。前两类常见，常采用"B之下的A研究""A与B研究"等格式，如例291—296：

291	翻译地理学的理论构建及实践研究	语言学
292	体态律动音乐教学体系的中国化实践研究	教育学
293	汉语"超词形式"关联词语的体系建构、理论探讨及词典编写	语言学
294	中国武术话语体系本土构建研究	体育学
295	族际政治整合的理论与实践研究	政治学
296	我国《价格法》修订的重大理论与实践问题研究	法学

二、选　题　篇

第 1 类，先理论后实践是拟题的主体，实践是受理论指导的行动。例 291 研究目标是构建翻译地理学的理论，同时兼及实践。例 292，体态律动音乐教学体系产生于西方，如何中国化，实为理论与中国现实结合的践行研究。又如例 293 中汉语"超词形式"关联词语的体系建构与理论探讨属于理论层，词典编写属于实践层，后者是基于前者的编纂实践。例 294，"中国武术话语"是实践，其"体系本土构建"是理论研究。例 295、例 296 均直接使用"理论与实践"的关系式。例 291—292 可删"的"字：

291′　翻译地理学理论构建及实践研究
292′　体态律动音乐教学体系中国化实践研究

第 2 类，方法与理论，可分为方法在理论之前或之后，之前一般用"基于……""在……视域下""……下"的格式，非用不可时便用，但不要套用；之后则是与研究紧密结合，成为研究的一种类型。例 208 专门研究领域学术观点库构建的理论与方法。又如例 297，其模型构建采用的是实证法。例 298，重在研究其哲学基础，附带方法论的创新。例 299，评价理论与实现机制均属于理论层，此外还研究其方法体系。例 300 仍是理论与方法的结合，因为实证研究仍属于方法研究。

297	口译学能测试任务模型构建实证研究	语言学
298	中国特色社会主义文化自信的哲学基础及方法论创新研究	马列·科社
299	我国科技人才评价理论、方法体系与实现机制的创新研究	图情文献学
300	我国固定资本服务核算的理论、方法及其实证研究	统计学

第 3 类，只研究方法与实践的选题较少，尤其是高水平书文与高级别项目极少止于方法与实践的研究，只因担心审读者认为缺乏理论高度。如例 301—304：

301	基于数据挖掘的《切韵》系韵书微观比较及方法论研究	语言学
302	牛顿科学方法论文献编译及研究	哲学
303	语境主义解悖方法论研究	哲学
304	面向藏文 Web 的搜索策略研究	交叉综合研究

例 301，微观比较是具体的行为，继而进行方法论研究。例 302 先对牛顿科学方法论文献展开编译，再进行研究。例 303，先是对语境主义解悖，解决悖论、消解悖论，进而升至方法论，加以哲学考量。例 304 的亮点首先是"面向藏文"，其次是 Web 技术与通常的"搜索策略"的结合。

除二元组合外，也可三元排列组合，产生 3 种选题路径，三者全取组合：①理论、方法与实践；②方法、理论与实践；③方法、实践与理论。如例 85 是对 R&D 核算的理论、方法与实务衔接的体系化研究，又如例 305—308：

305	我国数字经济增加值核算理论、方法与应用研究	统计学
306	旧石器时代装饰品相关理论、方法与实践的系统研究	考古学
307	考古层位学理论、方法与实践研究	考古学
308	理论、方法与实践——汉语反义同源及相关问题研究	语言学

例 305—308 为理论、方法、实践的顺序组合。实践有时以"应用"替代，如例 305。有时对三者整体研究，常用"系统""综合"之类的词概括，明示研究的性质，如例 306。例 308 获批的是教育部项目，若是申报国家社科基金项目，一般不用副标题，或需改造。例 305—308 部分题目试改稿如下：

306a　旧石器时代装饰品相关理论、方法与实践系统研究
306b　旧石器时代装饰品相关理论、方法与实践系统化研究
308′　汉语反义同源理论、方法与实践研究

48. 照搬挪用"指南"偶尔可为？风险何在？

这个问题仅针对设有选题/课题指南的项目申报，有些情况不在此之列，如

二、选 题 篇

教育部项目、国家社科后期资助项目均不设指南。国家社科基金重大项目属于招投标项目，是国家征集选题之后，公之于众，全国招标，题目不得更改，必须同题竞争。其他级别或类型的选题/课题指南则不必如此，此时选题尤需小心。直接挪用各级指南所定之题，偶见获批，但风险潜在。

直用指南选题，何人可为？何人不能为？消极视之，前者可能是不会者，无题者，也可能是偷懒者，被迫申报者，因此全国范围内选题完全相同是巧合，与指南同则不是巧合。积极视之，指南拥戴者，与之共情者，也会成为直接借用选题成功之人。

若是申报人所选之题差别不大，只选其一；若是差别较大，则可并立，二者同时获批。如例309—311均取自国家社科基金项目2019年度课题指南"统计学"第3题"我国环境政策效应的测度与评价研究"。只有前一例进行了改造，后二例直接套用，结果同题获批，属于少有的现象。

309　我国环境税政策有效性统计测度研究　　　　　　统计学
310　我国环境政策效应的测度与评价研究　　　　　　统计学
311　我国环境政策效应的测度与评价研究　　　　　　统计学
312　区域全面经济伙伴关系（RCEP）的税收协调问题研究　应用经济
313　区域全面经济伙伴关系（RCEP）的税收协调问题研究　应用经济
314　相对贫困识别和长效治理机制研究　　　　　　　　社会学

例312、例313均原封不动地取自国家社科基金项目2020年度课题指南"应用经济"第54题，前一项获批者是首都经济贸易大学的曹静韬，后一项获批者是广西财经学院的刘卫。一南一北，同题获批。例314与国家社科基金项目2020年度课题指南"社会学"第83题完全相同。例566则是充分吸收了其中的主要成分改造而成。例312、例313中，RCEP是"区域全面经济伙伴关系协定"（Regional Comprehensive Economic Partnership）的外语简称，并列入题用作指南选题，本身就存冗余，完全可去RCEP与"问题"；"的"可去之，若嫌语义不太明晰，也可换作"之"。

312a　区域全面经济伙伴关系协定税收协调研究

312b　区域全面经济伙伴关系协定之税收协调研究

为何多人项目申报，同题能批？题同论证不同，各有特色，如重大项目常产生"双黄蛋"，即同一题两家同时获批，国家社科基金年度项目也偶见二人甚至多人同批现象。因为各级项目若有选题/课题指南在，有"目"共睹，你可以选，他自然也可以挑，就免不了冲突。撞题时何人可胜出？不出反常，多半是牛者胜，强者胜，长者胜。

49. 妙思改造"指南"是主流，何以见得？如何实操？

改造，即改旧造新，使已有事物改变以适应新的需要。改造项目指南一直是各级项目申请的主流，何以见得？以何为证？直接选用指南的选题有利，更有弊，详见第 48 问，不赘。如何改造？可归为增、减、移、换、分、合六法，六法之效通过申报前后选题/课题指南与获批结果的对比最能见分晓，详见表 14。

表 14　原题改造对比

手段		原题与改题
增	原题	我国税收政策效应的测度与评价研究
	改题	中国环境税政策效应的测度与评价研究
减	原题	我国税政策效应的测度与评价研究
	改题	中国税政策效应评价研究
移	原题	工业化、信息化与跨越式发展研究
	改题	信息化时代新工业化与产业结构跨越式升级研究
换	原题	汉语失语症研究
	改题	翻译失语症研究
分	原题	中等收入群体消费水平提升研究
	改题	靶向中等收入群体的消费提振与升级研究
合	原题	我国环境税政策效应的测度与评价研究
	改题	中国环境税政策效应测评研究

选题改造策略中的"增"与"减"是第一对范畴。所谓增，即增加，指根

二、选题篇

据选题之需为原题增加必要单位,如表14中增加"环境"二字,增了内涵,缩小了外延,便精准报项了。所谓减,即删减,指根据选题之需删减原题中不必要的单位,如表14中减少了一个研究对象,即"测度",连环删了"的""与"两个虚词,减了内涵,扩大了外延,同样是精准选题。

选题改造策略中的"移"与"换"是第二对范畴。所谓移,即转移,指根据选题之需在原题中转移相应的单位,如表14中国家社科基金项目2002年度课题指南中有"工业化、信息化与跨越式发展研究",申请者对其改造获批为"理论经济"重点项目,将"信息化"作为时代背景,还加上了"时代"二字。所谓换,即替换,指根据选题之需在原题中交换原有单位,如表14中"翻译失语症研究"就是受国家社科基金项目2012年度课题指南第23题"汉语失语症研究"的启发而获批的,巧用"翻译"替代了"汉语"。

选题改造策略中的"分"与"合"是第三对范畴。所谓分,即拆分,指根据选题之需将原题拆成若干单位,如表14中将"提升"拆分为"提振与升级",化熟为生,形成陌生化,吸引了审读者。所谓合,即整合,指根据选题之需将原题若干单位合而为一,如表14中将"测试与评价"合为"测评",简明扼要。

六法之中各法可以组合,可二合,如"增+换"等;可三合,如"增+换+分"等;较少用四合以上,越往上难度越大。如例315—316:

315　国家治理现代化视域下"长期建疆"方略的实施　　社会学
　　　机制和路径研究
316　体育非物质文化遗产建档标准研究　　　　　　　　体育学

国家社科基金项目2021年度课题指南"社会学"第1题是"国家治理现代化的理论研究",例315是一位政治学人对其改造而立的项,成为跨学科改造成功的范例。与指南相比,获批项目将"国家治理现代化"转为视角,增加"'长期建疆'方略的实施机制和路径",既可理解为将"理论"具体化为"'长期建疆'方略的实施机制和路径",也可理解为将"国家"分解为各省、自治区、直辖市,在此仅取"(新)疆"。该例由短改长了。例316则相反。国家社科基金项目2022年度课题指南"体育学"第65题是"中国体育非物质文化遗产传承与创新发展研究"。例316的拟题者据之改造,去掉"中国",保留"体育非物质

95

文化遗产",将"传承与创新发展"的一般性要求换作具体的"建档",且不是整个建档工作,而是先为其制订"标准",这也是相当精准的立题了。

整个改造以学科内改造为主,跨学科和跨年度改造为辅。本学科改造,如例671"靶向中等收入群体的消费提振与升级研究",由国家社科基金项目2021年度课题指南"应用经济"第65题"壮大中等收入群体战略研究"改造而得。跨学科改造则见于例566"相对贫困的标准、识别与治理研究"。国家社科基金项目2020年度课题指南"社会学"第9题"现阶段我国城乡相对贫困标准制定研究"、"管理学"第83题"相对贫困识别和长效治理机制研究"、"统计学"第49题"相对贫困评价、测度及治理研究"均涉及相对贫困,拟题者从三个选题中摘录"相对贫困、标准、识别、治理"四个术语,合成了新题。

年度指南选题改造还可分当年与跨年。前者较多,不论。后者如例177"翻译失语症研究",该题于2014年获批,却借自2012年,是对"汉语失语症研究"的改造。

50. 自主选题凭智勇双全才能日趋"受宠"?

平时的研究以及各级项目申报的选题多少都带有自主选题性质。对比国家社科基金项目年度课题指南选题与获批项目可知,完全相同者有,但很少。部分相同者占一定比例,或多或少与指南相关者占绝大多数。完全独立者约占15%。再以教育部项目、国家社科基金后期资助项目为例,则属于完全自选,因为无选题/课题指南,可谓是100%的独立选题。

由此可见,自主选题一直占比很大,只是因项目类型而存异。这也应该是学者自立的本领,成为国家鼓励学术独立创新的方向。正因为如此,自主选题才备受青睐,也日趋"受宠"。为此,学子学人须自力更生,自主自觉发掘选题,所凭之据应是自身的智与勇。

智,在此指学人学子深度耕耘,深刻求智,精准靶向学科前沿,产出非凡的私想。勇,在此指学子学人独行学坛,勇于探索,勇于表达,敢于冒尖,敢为人先。智与勇合而为一,就是大胆出智,独自立题。如例317—320:

317 乡村振兴背景下传统乡村文化的再乡土化研究 马列·科社

二、选 题 篇

318	广东出版史研究（1912—1949）	新闻学与传播学
319	退役军人就业多层次社会支持体系研究	管理学
320	高校体质弱势学生身体素养支持体系研究	体育学

经查，就"传统乡村文化"的议题，2019—2021年立项的国家社科基金年度项目与教育部人文社科研究一般项目仅见1项，国家社科基金项目2019年度课题指南仅在"中国文学"列出1条选题，即第19题"中国乡土小说与当代乡村文化建设研究"。那么例317的申请者从社会学跨科参考中国文学的可能有，但很小，因此"乡村振兴背景下传统乡村文化的再乡土化研究"极可能是自选成功的一例。例318是2021年的获批项目，查国家社科基金项目2021年度课题指南"新闻学与传播学"只有第71题"中国现代图像新闻出版史研究"与其相关，虽说同涉"出版史"，却只是非常宽泛的关系，例318完全可能是申报者基于自己多年扎实的研究成果而自行设立的项目。例319"退役军人"在国家社科基金项目2022年度课题指南"管理学"中无相关选题，涉及就业倒是有"新就业形态从业人员失业保险问题研究"，几方对证，可以认定拟题者是基于自己的研究直接提出了选题。例320的"体质"等术语未在国家社科基金项目2022年度课题指南"体育学"相关选题中出现，可能是申报人自主选题。

三、炼题篇

（一）炼题机制

51. 炼题九字诀形成"三字经"？

1972 年，毛泽东根据中国面临的国内外形势与国家的社会主义性质，提出了"深挖洞，广积粮，不称霸"的方针[①]。本问仿之，提出"深发掘，扩视野，稳定题"九字诀。炼题不妨遵循这九字诀，可形成炼题"三字经"。

深发掘 意为基于坚实的学科基础，深入发掘选题之源，追至学科前沿。深与高呈辩证关系，深入钻研，达至高度，究之愈深，显之愈高。好比是字母 T 的一竖，纵深贯通，顶天立地。如例 321，从史的角度研究中国当代体育研究史，相当于要写《中国当代体育学史》，这属于本体研究，一旦写成，可能是学界常翻常读的一本专著。

321　　我国当代体育学术的历史演进研究　　体育学

例 321 还可炼题如下：

321a　　我国当代体育学术历史演进研究

321b　　我国当代体育学术史研究

扩视野 意为扩大选题视野，向外广为联通，登高望远，视野开阔。放眼全国全球，满足学科发展之需，兼及时代与国家之需，好比字母 T 的一横，左右开弓，广开外援。如例 322，中东剧变已十余年，该地区出现了治理危机、

---

① 陈夕. 中国共产党与三线建设[M]. 北京：中共党史出版社，2014：277.

发展困局、安全困境、大国博弈、地缘冲突等问题，中东的整体样态已变，中东的历史进程已受深刻影响。在此背景下，北非政治及伊斯兰教发展状况如何，身为中国学者，研究国际宗教问题，是我们观世界，进而应对世界的窗口。

322　中东剧变以来北非政治伊斯兰发展研究　　　　宗教学

稳定题　这三字讲究选题的稳定性，旨在稳操胜券，好比字母 T 中一横一竖的结合。以竖为本，竖与横交叉，可看作学科前沿欲突破现实需求，表明突破创新；竖再纵深向下，深深扎根于学科土壤，不易松动。例 323，中国饭碗端得稳不稳，粮食安全根基牢不牢，取决于中国粮食产业质量的高低，这是国策问题，是永恒的国是。粮食产业高质量发展的统计测度与实现路径，则是统计学研究的专业问题，二者合一，铸就了一个学科的研究选题。

323　中国粮食产业高质量发展的统计测度与实现路径研究　　统计学

炼题三字经，总体上是基于学科刚需与现实急需，双管齐下。向上仰望，可见高度；向下俯视，可见深度；左顾右盼，可见广度。三者共同聚焦所选问题，炼题无处不在，论文、专著、项目的选题本身如何能做到"选题九字诀"？表 15 展示了炼题三字经的运用，反映了选题讲演炼题的多样性。

表 15　选题讲演炼题案例

序号	选题	题解
1	一题夺目？	古人云：一叶障目，不见泰山。如何反其道行之，做到一题夺目？项目申报之魂，藏于一题之选。选题有道，只有循其结构，兼及功能，千锤百炼，方能出彩。
2	擒"项"先擒"目"	项目申报，选题最为重要。所选题目由何构成？各自该如何破解？又如何协调提炼？能否从形式或/和功能角度对所选的题锤炼再三，使其满足学科前沿或/和现实亟需？不妨以整个人文学科为例，面对面聊聊。
3	如何为课题张"目"？	课题最重要的是问题意识，申报者受竭尽全力为其张目，即炼题。那么，炼题有何机制？如何步步推进？如何步步深入？应从何角度提炼？何时采用单打？何时采用双打？诸多问题，期待与学友们小聚一聊。

续表

序号	选题	题解
4	项目选题艺术	选题于获批有多重要？选题的提炼如同将一坨泥炼成青花瓷，要有新术语，或有动态感，或有褒贬观，或有价值判断，均体现了非凡的艺术。
5	题好成多半	良好的选题是项目成功的一半，甚至是一多半！尤其是在三五分钟浏览、半个小时评审申报书的关键时刻。如何在题目中体现选题的框架或/和功能，均体现了非凡的拟题艺术。
6	讲好选题的故事	以项目选题为分析对象，例说选题的提炼，揭示一坨泥炼成青花瓷的过程。
7	有的放矢炼选题	各级项目最重要的是选题，如何从形式或/和功能角度对所选的题自我反省，使其满足学科的前沿或/和现实的需求？不妨以整个外文学科为例，与大家一起说说。
8	炼题内外攻，报项立首功	凡项目申报，选题最重要。学科前沿是选题的必要条件，现实需求是其充分条件。炼前者是主练内功，炼后者是辅练外功，内外功兼练是项目获批的充要条件。所以，向内攻前沿，向外攻时需，内外夹击合炼入境，或能十拿九稳，为项目申报立下首功。
9	像泥炼成瓷那样炼题	题好成亮点，好的题目吸引读者。有了问题，产生选题，呈现为一个命题，最终成为一则标题。最初的问题仿佛是一坨泥，如何打磨冶炼，炼出像青花瓷样的精品？以什么样的内部结构和外部光彩赢得评委的青睐？这便是泥炼成瓷要讲的炼题故事。
10	选题+过题，部级与国家级项目双提	问题到命题，重在选好题。一好遮三丑，题不好，论证得"不错"，偶然会被人看中。所以，最难莫过于选题，教育部项目尤其如此，胜在过目难忘。国家社科基金项目双眼过目，哪怕略显文弱，还有精致的论证补救。若能炼好题，则事半功倍。
11	选题之妙：铁棒如何磨成针	选题从萌芽到定型，需要反复打磨提炼，铁棒如何磨成针，需从不同角度、不同侧面磨砺。炼题可分结构与功能两大环节，可以每个环节单练，更可以双练。第一个环节是必备要素，第二个环节是可增要素，二者如何协调好，是选题出彩、最终出炉的关键。
12	项目选题如淘宝？	选上好题，如同淘到了宝。好选题与你有多远？有何结构？有何功能？如何发掘选题的内涵？如何发挥最大功能？怎样才能选得精当？让咱们像屈原问"天"那样一起来问"题"。

三、炼　题　篇

续表

序号	选题	题解
13	选题：由似而是？	学术研究未选题时，啥都是问题，见题是题。及至后来，亲见知识，不断地发现入处，找到切口，钻入结构，开始解构。此时，见题似题而非题，却在不断地构题。最终得个休歇处，依前见题只是题。
14	活页最新书写方案	2021年以来，国家社科基金项目申报活页有哪些变化？如何应对？如何内容求精、形式求显、篇章上更成系统？如何突显"私"想，做到升级换代？诸如此类的问题，均涉及宏观与微观思考，是提升竞争力所需用心之所在。
15	新题新炼出新意	每次撰文，每本著述，每年报项，每个人都会力求选题出新；题目初定，不断地修改锤炼，旨在出新。立意如何出新而不奇葩？内容如何出私而不怪异？形式如何多样而不花哨？不妨以2021年以来国家社科基金项目申报为例，说此"三新"。

52. 何谓炼题机制？炼题何为？学人炼题宜成"瘾"？

机制，指事物各构成要素的结构关系与运行方式。循之，炼题机制则指提炼题目的环节及其运作方式，换言之：①炼题由哪些步骤组成；②炼题如何且为何如此展开。与机理相比，机制重点在"制"，表示规则、功能、关系和运作方式。机理重点在"理"，表示原理、道理、理论。

宏观看，炼题机制分两大要素：学科前沿+时代所需。前者为内功，课题的硬核，是学子学人的童子功，是埋头问学的看家本领；后者为外功，课题的外围，是学子学人对现实需求的关注，是抬头看路的问学外援。由此可知，炼题以学科前沿为主，时代所需为辅。前者是选题之必选项，以示必然，舍此研究基本不能成立；后者是选题之可选项，以示或然，有之亦可，无之亦可。多数选题无此附加，有之，有时更为显要。因此，选题结构可列为如下等式，其中括号表示或然：

选题=学科前沿+（时代所需）

前沿与时需，内功与外功，炼题时重在炼前者，再辅之以后者，偶尔反向操作。学科前沿炼内功，旨在出新、精、尖，炼题或可暂告一段，可以撰文著书获项。如果有必要或需要，在时代所需阶段再显其高、大、上。炼题机制详见表16。

表16 炼题机制："学科内功"与"时需外功"之一

序	功	目标	机制
Ⅰ	学科内功	新、精、尖	具体机制
以上足以独立立项；若需，再续。			
Ⅱ	时需外功	高、大、上	具体机制

炼题是为了立题。题是文眼、书眸、项目之魂。身为学子学人，炼题要随时随地操作。如上课讲课会看到说到题目，看书读报会遇到标题，撰文要拟题，著书要立题，项目要报题。有时还要细心设计章、节、目各级标题，以形成思想脉络，织成智网，创立标题层级系统。如例324—325：

324　论辩证逻辑的本质　　　　　　　　　哲学
325　黄梅戏与长江中下游流域文化关系研究　艺术学

炼题应像编辑一样养成职业习惯。据邓晓芒回忆，例324是他投《逻辑与语言学习》的原稿题目。时任主编张建军见来稿，非常感兴趣，但不同意邓氏观点，便将题目修改如下：

324a　辩证逻辑的本质之我见
324b　辩证逻辑本质之我见

论文发于该刊1994年第6期。在张氏看来，该文仅表述一种观点、一种意见而已，不能称作辩证逻辑的本质[①]。

例325则全面梳理地域文化对黄梅戏的滋养与促成，同时关注黄梅戏对所处地域文化，尤其是对皖江文化的影响与反塑。原题虽用了"关系"，但是何关系，并未明示。"长江中下游"也是一泛化概念，申报者身处安徽，主要想

---

① 邓晓芒.哲学史方法论十四讲（第2版）[M].重庆：重庆大学出版社，2014：167.

三、炼　题　篇

研究黄梅戏与安徽的关系，所究对象实指长江中游与下游的交界处，用"长江中下游"显大。若想精准研究，该题还可雕琢，用"皖江"显精。

325a　黄梅戏与长江中下游文化互动研究
325b　黄梅戏与皖江文化互动研究

53. 炼题机制"十"级而上？两大步，十小步，步步为"赢"？

以任何事物均含结构与功能为据，炼题过程，往简里说，可按结构与功能二分，结构提炼相当于炼学科前沿，功能提炼相当于炼时代所需；往繁里说，可分十级以上，甚至是二十级以上。不过，分得过细不免有繁琐之弊。据选题经验、前沿与时需的结构，在此仅说十级，似乎仍可算作健步，可拾级而上。

如表16所示，炼题机制分两大步，恰如阔步之迈；再分十小步，宛如款款而行，步步为营，环环相扣（表17）。因前沿是基础，显得更为重要，时需是外援，位居次要，因此作为内功的学科前沿占六步，作为外功的时代所需占四步。前六步足以独立立项，若需，再续。

表17　炼题机制："学科内功"与"时需外功"之二

序	功	符号	目标	机制
1	学科内功	·	新、精、尖	养原
2		↑		求新
3		↔		拓展
4		▼		聚焦
5		↓		掘深
6		~		灵动
以上足以独立立项；若需，再续。				
7	时需外功	☉	高、大、上	滴水映日
8		<		丰盈精准
9		>		锤炼精练
10		●		泥炼成瓷

十步构成十级，具体如下：

103

第一级：养原机制，以·象形，表示育好选题种子，以达第一次陌生化。

第二级：求新机制，以↑象形，表示炼题上向突破，追求各种创新，以达第二次陌生化。

第三级：拓展机制，以↔象形，表示炼题横向拓展，以达第三次陌生化。

第四级：聚焦机制，以▼象形，表示炼题聚焦于一点，以达第四次陌生化。

第五级：掘深机制，以↓象形，表示炼题下向发掘，以达第五次陌生化。

第六级：灵动机制，以~象形，表示炼题增加动感，以达第六次陌生化。

第七级：滴水映日机制，以⊙象形，表示前沿与时需结合，以达第七次陌生化。

第八级：丰盈精准机制，以<象形，表示将时需炼得更充分，以达第八次陌生化。

第九级：锤炼精练机制，以>象形，表示将时需炼得更精准，以达第九次陌生化。

第十级：泥炼成瓷机制，以●象形，表示将时需与前沿完美结合，以达第十次陌生化。

前六级为主导机制，后四级为辅助机制，二者合成十点；若能求得"十全"，也就能"十美"。当然，读者诸君也可加入个人心得，丰富之。

54. "新、精、尖"与"高、大、上"，炼题如何兼及内、外循环？

"新、精、尖"，即新颖、精辟、居前沿；"高、大、上"，即高端、大气、上档次。炼题讲究"新、精、尖"与"高、大、上"，也只是大致的概括。前三字为主，是内核，属于本体提炼；后三字为辅，是外在，属于末端。做好新、精、尖，可炼题的内循环；炼好高、大、上，可炼题的外循环。"新、精、尖"可以与"高、大、上"合成，前后分明，或新与高组合，或新与大组合，或精与档次组合，或尖与高端组合；也可以兼顾，前者包含后者，二者不分，同一术语既新又高，既是前沿又是时需，等等。

学科内循环，指发掘学科前沿的潜力，不断释放学科内需潜力，做扎实的研究，提升学科发展的终端需求；要建立学科全局观，学科内分工又整合，破除内在互动的藩篱，发掘内在要素并加以重组，夯实学科内基础，打好学科的

三、炼 题 篇

组合拳；不断提高学科内的自主创新能力，基本问题要牢牢掌握在本学科手中。如例 326—329：

326	中亚佛教与伊斯兰教交流史（7—18 世纪）	宗教学
327	南岭走廊传统村落祠堂文物文献史料征编与研究	图情文献学
328	敦煌习字杂写类文书与敦煌社会日常研究	中国历史
329	纸背户籍所见元代差民体制研究	中国历史

例 326 研究中亚佛教、伊斯兰教两大宗教千年交流史，是典型的内循环式选题。例 327，看似只征编与研究南岭走廊传统村落祠堂文物文献史料，其中的征编就是实践前沿，是整个研究的基础，这个工作体量大，耗时长，是夯基式工作。例 328，敦煌习字杂写类文书与敦煌社会日常是方式、载体与内容的关系，与例 329 相似，可向后者学习体现其间的逻辑。可炼题如下：

328a 敦煌习字杂写类文书所载敦煌社会日常研究
328b 敦煌习字杂写类文书所记敦煌社会日常研究

时需外循环，既指学科自身当下的需求，更指学科之外能服务的方方面面，如借鉴国内外先进的理论、方法等，为学科前沿寻找新的视角，或满足国家及各层机构的需求，为学科前沿研究确定服务的对象等。如例 330—331：

| 330 | 第三次分配促进共同富裕的社会支持体系研究 | 理论经济 |
| 331 | 基层社会矛盾聚合治理机制研究 | 政治学 |

例 330 要寻求社会支持体系，这是具体的研究对象，旨在发挥第三次分配对促进共同富裕的积极作用，因为共同富裕是社会主义的本质要求，是中国式现代化的重要特征。拟题者将其中的关系先变成主谓短语"第三次分配促进共同富裕"，再限定研究的核心"社会支持体系"，与其构成偏正短语，最后加上"研究"二字，大题告成。

炼题如何兼及选题的内、外循环？学科内循环和时需外循环，二者不是矛盾，而是互为辩证。学科内需是学术研究增长的原动力，学科发展自然主要靠内动力，取决于内需，而不能靠外在，能确保选题的质与点，所聚焦的是研究的新、精、尖，落脚于某个点。时需外循环能刺激研究提高量与面，满足时需，旨在找准服务对象，满足国家与地方的时代需求，为智慧寻找市场。如例331研究基层社会矛盾聚合治理，既关注中国基层社会矛盾，在基层化解矛盾，创建和谐，以满足国家安定要求，也采用多种力量聚合，共同解决矛盾，揭示其间的运行机制。

内循环，炼硬功，炼给力；外循环，炼软功，炼借力。内外循环的结合，会因学科不同而有别。历史学、哲学、文学、艺术学、教育学、语言学等人文学科实打实的学科自身研究，功能不显，以学科独立于世，比如史学界"加帽子"少，历史学科选题多直接以核心问题"搜集""整理"为基本，即可立题。管理学、经济学、法学、社会学等社会科学，比较容易与社会和国家的需求挂钩，常加"基于……""……下"之类的限定，以时需明确视野与背景，以前沿聚焦问题与对象。如例332—339：

332	文人画与明代诗学视觉审美观念研究	交叉综合研究
333	基于儿童哲学的朱子蒙学研究	哲学
334	面向智慧图书馆的儿童分级阅读多模态资源智能推荐研究	图情文献学
335	生产要素错配的测度及其优化对策研究	理论经济
336	美国制造业回流政策实施效果对中美双边贸易关系影响研究	应用经济
337	通用行政法典编纂问题研究	法学
338	全球华侨华人网络对中国企业海外投资广度、深度与效率影响研究	管理学
339	新时代高等教育学生增值评价研究	统计学

55. 炼题机制如何破解活用？何人何时逐步推进，何时提档加速？

炼题机制的内涵见第52问，"X 研究"是标题模式，据其结构可知 X= A +（B），据 A 与 B 的关系，X 可分为：

（1）B 在前且次要的关系式，即 $_BA$；

（2）B 在后且次要的关系式，即 A_B；

三、炼　题　篇

（3）A在前且包含B的关系式，即A（B）；
（4）B在前且包含A的关系式，即B（A）。

所谓炼题机制，正是循上述各种关系而进行的灵活破解，炼题的环节或步骤总体上是：先炼前沿，后炼时需，先内后外，先主后次，最后合炼。整个研究工作如此，项目申报过程也大致如此。

整个炼题过程多半要"划江而治"。主流的炼题机制操作顺序是：先炼学科前沿，在其内，需按第52问及表17所示的六步骤步步推进，再炼时代所需，在其内，需按四步骤步步推进。此一推进机制能夯实基础，以明学科内条件与自家实力，之后再明方向、谈服务，以满足外部需求。这类炼题多半是基于已有前期研究基础，再呼应时代所需，多属于基础型研究。如例665，就是学术新人在研究积累期或训练炼题全过程时，一步步推进炼题而获批的。详尽的十步炼题详见第91—100问。若遇学术高手或时间紧迫时，则需提挡加速。

活用炼题机制更体现在时需主导式、跳级提速式、同步提炼式。时需主导式炼题表现为选题炼题之初先立时代所需，再回望已有基础，多属于应用型研究。实际上它是前述主流操作顺序的反向行为（表18）。

表18　炼题机制："学科内功"与"时需外功"之三

序	功	符号	目标	机制
1	时需外功	·	高、大、上	养原
2		☉		滴水映日
3		<		丰盈精准
4		>		锤炼精练
以上不足以立项，需再提炼前沿。				
5	学科内功	↑	新、精、尖	求新
6		↔		拓展
7		▼		聚焦
8		↓		掘深
9		~		灵动
10	时需外功	●		泥炼成瓷

107

跳级提速式炼题是飞跃式或跨越式炼题，具有弯道超车的优点。提速以快捷为便，不走前述寻常步骤，既能在六小步前沿炼题中省去一些步骤，也能在四小步时需炼题中略去一些步骤，跨过相应步骤，直炼所需环节（表19）。

表19　炼题机制："学科内功"与"时需外功"之四

序	功	符号	目标	机制
1	学科内功	·	新、精、尖	养原
2		↑		求新
4		▼		聚焦
5		↓		掘深
以上足以独立立项；若需，再续。				
7	时需外功	⊙	高、大、上	滴水映日
10		●		泥炼成瓷

注：空白表格表示所略去的步骤。

同步提炼式炼题是同步式或相融式炼题，这类炼题多半炼前沿本身且涉及时需，一石二鸟，提炼较为省心，结果也最凝练。如例665本用"俄汉"，后换作"汉俄"并非简单的词语换序，而是国家对外翻译战略的体现。又如例340：

340　港澳地区多语多文制的历史与现状研究　语言学

例340，因回归中国后，港澳两地的语言生态环境发生了变化，存在使用多种语言多种文字的现象，其发展过程以及现状如何，都需研究。例340也是直接由国家社科基金项目2021年度课题指南"语言学"第6选题"港澳地区多语多文制研究"演绎而生。其获批者并非来自粤港澳，也非首都，而是西部，说明申报优势不一定在于地域，而在前期基础。标题本身还可以简明如下。

340a　港澳多语多文制历史与现状研究

340b　港澳多语多文制嬗变研究

340c　港澳多语多文制发展研究

三、炼 题 篇

56. 炼题时内攻与外攻各有何目标？内外夹"击"，更能中的？

由前可知，题目可含内外两部分，那么提炼内部的学科前沿就是练内功，转称为"内攻"，旨在"发掘结构"。提炼外部的时代所需则是练外功，转称为"外攻"，旨在"提升功能"。

简言之，内功是专业素养与专业技能，练就瞄准长远的内功，可成大器，反言之，欲成大器，必先修"内功"，夯实基础。"学如弓弩，才如箭镞。"意即学养积淀深厚，才华方能如箭射得更远。勤修内功，练就过硬本领，厚积旨在薄发，跬步旨在千里。修炼"内功"，始于点滴，脚踏实地，日积月累，"天下大事，必作于细"（《道德经》第六十三章）。内功修为显高低，内功越深厚，眼光越独到，出招就越精准。腹有诗书气自华，苦练内功题自发！参照内功，炼题的"内攻"即不断地提炼选题的前沿性，从内部发掘其潜力与实力，如例43"翻译变化机理论"，展示了发起内攻的过程（表20）。

表20 选题练内功过程

选题	章		节		目
翻译变化机理论	第一章	翻译矛盾论	第一节 第二节	供需矛盾破解 形义矛盾转化	略
	第二章	翻译变化观	第一节 第二节 第三节 第四节	翻译观选析 翻译的变与化 翻译观二分 翻译变化观思辨	
	第三章	翻译变通转化论	第一节 第二节 第三节 第四节	原作变化论 语际/思维转化机理 语际/思维变通论 译语变化论	
	第四章	小句中枢转化机理论	第一节 第二节 第三节 第四节	小句居转化之轴心 小句瞻前顾后理解机理 小句跨语中介转化机理 小句左顾右盼表达机理	
	第五章	句群中枢变通机理论	第一节 第二节 第三节	句群居变通之轴 句群内变通机理 句群外变通机理	

例43是国家社科基金后期资助重点项目，当年拟题者申报时，虽说也有从选题到书稿的章节思考取向，但更多是在推进书稿的写作中，不断地由节聚拢归纳出章，再由章聚拢归纳出选题，最终取"变通"之"变"与"转化"之"化"构成了整个选题的灵魂——变化，这一炼题过程完全是在翻译机理层面上展开的。又如例341—343：

341	老年人失能状态评估和长期护理需求研究	统计学
342	学术资源配置公平、效率与影响因素研究：学者、大学与区域的多层嵌入	交叉综合研究
343	明末外销青花瓷的产地研究	交叉综合研究

炼题有时要兼练外功，"好风凭借力，扶摇上青云"。有了内功，再借外力，释放创造活力，发挥选题的效力。外功补练显效应，外功越全面，视野越广阔，接招就越灵活，选题就越能游刃有余，服务面就越宽。参照外功，炼题的"外攻"即通过不断地提炼选题的需求和现实性，从外部提升其影响与作用，了解国家所需，明晰学科前哨，倾听实践之声，做好为国为社会为学科的"外功"。如例344—346：

344	碳排放双控下高耗能制造业转型升级研究	应用经济
345	促进共同富裕的税收政策体系研究	应用经济
346	面向红色叙事的档案数字编研研究	图情文献学

例344涉及21世纪初以来最重要的环保话题之一，服务于碳排放的双控正是高耗能制造业转型升级研究，这是其研究的动机。例345研究税收政策体系，目标就是促进共同富裕。例346若是研编档案数字就太泛，将其目标缩至红色叙事，即可因特色而立项。不过，其"编研"与"研究"重复"研"字，宜改。

346′ 面向红色叙事的档案数字研编

炼题要夯实内功，强化外功。内功是外功的前提与基础，内功修为有出新与前卫能力，外功修炼有适应与服务能力。修好内功，练就外功，内外功夹击，

三、炼　题　篇

或物理式地组为一体，A与B左右相邻，相互融洽，无违和感，或化学式地融为一体，化大为小，聚小成大。如例347—351：

347　出版视域下面向东盟国家的国际传播能力　　新闻学与传播学
　　　提升路径研究
348　预测心智视野下的群体智能研究　　　　　　哲学
349　国有企业打造重大原创技术策源地的融资　　管理学
　　　决策研究
350　第三次分配的供给侧研究　　　　　　　　　理论经济
351　数字经济对碳排放影响统计研究　　　　　　统计学

例347、例348完全是物理组合式，外功在前，内功在后。例349、例350看似物理组合式，二者去"的"可转为化学化合式。只不过例349去"的"后，语义不易切分，保留"的"或许语义更明晰。例351是化学化合式，学科前沿与时代所需融为一体了，比如例351的A与B均是专业内容，而B"碳排放"正是国家乃至世界关注的话题。此题也可改为351′。

347′　面向东盟的国际出版传播能力提升路径研究
348′　预测心智视野下群体智能研究
349′　国有企业打造重大原创技术策源地融资决策研究
350′　第三次分配供给侧研究
351′　数字经济影响碳排放统计研究

前沿之炼往往多于时需之炼，即炼内功多于炼外功。有的学人"不求题内、反求题外"，这不是本书的主张。精力或目标过于放在外功，看似高、大、上，实为假、大、空。不炼内功，不趋向学科前沿，过度费时于"成功学"，实为本末倒置，终究难成科研大器。

57. 构题如何依"法"渐入佳境？机关何在？

构题依"法"，指按学人皆知的构词法去构题与炼题。具体操作是：可按前缀、词根、后缀、词尾依次展开拟题与炼题，而一般是先定词根，再加前缀、

111

后缀、词尾，或加后缀、前缀、词尾，或加词尾、前缀、后缀。不论如何入手，都可以灵活拟题与炼题。总体上由局部走向全部，由单要素走向多要素，由词或短语走向更复杂的短语，选题逐渐长成。

由上可见，构题法是以关键术语为轴心，仿"词根""词尾"可拟"题根""题尾"。题根是构题的中枢单位，它左顾前缀，右盼后缀，最后以词尾"研究"之类续之。题尾还有变化，详见第71问。具体而言，大致可分三类。

前加式构题 即按"题根→前缀+题根+题尾"的程序左向构题，有时所加的是复杂前缀。如例352，内卷成为一种社会现象，各行业各领域均存在，因此其构题过程可能如下：

（1）依内卷现象定其过程研究"内卷化"为核心概念，抓住社会热点与焦点；

（2）锁定教师教育领域，缩至成长过程；

（3）城市教师虽也值得研究，但农村教师更能吸睛，更能反映问题的重要性与代表性。

此外，查阅国家社科基金项目2019年度课题指南，仅"语言学"第87题"新时代外语教材体系与教师发展研究"涉及"教师"二字，而"乡村"出现21次，且未与例中其他词共现，例中其他词均未出现。这表明例352是拟题者自选获批的项目。

352	乡村教师专业成长内卷化研究	社会学
353	变译伦理系统建构研究	语言学
354	农民收入问题研究——提高农民收入的农村公共产品供给研究	应用经济

后加式构题 即按"题根→题根+后缀+题尾"的程序右向构题，有时所加的是复杂后缀。如例353先定以"变译伦理"为题根，在业内率先提出这一新概念，其加后缀的分析过程详见第92问。

前后双加式构题 即按"题根→前缀+题根+后缀+题尾"的程序双向拓展构题，有时所加的是复杂的前缀或后缀。下面剖析例354。国家社科基金项目

三、炼　题　篇

2002年度课题指南提供的选题是"农民收入问题研究"，申报者可能会思考：问题，到底是何问题？哪方面的问题？拟题者大概依此逐步展开：

（1）农民收入+研究（词根+词尾）

（2）提高+农民收入+研究（前缀+词根+词尾）

（3）农民收入+农村公共产品供给+研究（词根+后缀+词尾）

（4）提高+农民收入+农村公共产品供给+研究（前缀+词根+后缀+词尾）

（5）提高农民收入的农村公共产品供给研究（合成规范选题）

可是当年所立项的题目是"农民收入问题研究——提高农民收入的农村公共产品供给研究"，该题虽立，题目却略显冗余：冗余之一是用了副标题，当时允许用破折号，不可问责拟题者；冗余之二在于主副标题重复，显得不规范，完全可以只用后者。

58. 构题法有何神功？以"文"化题，何奇之有？

顺着上一问，可以发现：依人人都懂的构词法，仿拟出"构题法"。灵活运用构题法，产生长短不一、变化多端的选题。掌握了选题组配的模式，进而掌握选题炼题规律，如同三原色，可幻化出七彩世界。

任何研究，如同事件，可由"十何"构成，即何时、何地、何人、为何、用何理、何法、研究何对象，有何私想、有何价值与创新。任何选题，均可从中理出所需的要素，且按构题法拟题炼题。以此为据，研察国家社科基金项目2018年度课题指南，以年度获批项目中涉"文"选题再证之，可发现其命题模式，详见表21。

表21仅列出几个构题要素，时间由古至今，均取"时段"一维。空间由乡至城、由中而外、由内而外、由地而空等，均对文化进行二维定位。从类型学角度对文化进行辖定，涉及民族、城乡、工农业等。与分类相关的文化内部要素涉及文化的思想、范式、遗产等。文化与其他事物的关系，涉及社会、环境、传播等，与文化相关的行为涉及比较、重构、演进、可持续发展等，研究文化的各种视角、方法、理据等涉及美学、生态学、管理学等。

113

表21 2018年与"文化"相关的选题模式

A	B	C	D		E	F
时间	空间	分类或限定	文化		主/被动行为	理据、方法等
			内容要素	外部关系		
两汉	农村……	国家……	自信	与中华文化	继承	社会学
明清	党内……	国有……	自觉	与齐鲁文化	建设	人类学
早期	内地……	政治……	范式	同源与……	变迁	考古学
史前	闽台……	工业……	思想	认同与传承	比较	哲学
当代	甘青……	农业……	历程	与社会	适应	经济学
宋代	村落……	企业……	认同	与自然	传承	传播学
20世纪	都市……	体育……	语境	与传媒	重构	发生学
新世纪	城市……	传统……	符号		建构	目的论
青铜时代	过程中	彩陶……	遗产		交融	发展观
冷战时期	赣闽台	过渡……	资源		传播	辩证法
新石器时代	东南亚	草原……	旅游		互动	……
……以来	中华……	海洋……	驱动力		演进	
……	中外……	民族……	软实力		影响	
	中西……	审美……	开发模式		融入	
	水下……	词臣……	生产模式		共享	
	宁夏……	跨……	发展路径		实现	
	西藏……	新……	保守主义		可视化	
	丝绸之路	回族……	创意产品		主流化	
	一带一路	黎族……	……		……	
	河西走廊	……				
	华南地区					
	贫困地区					
	……					

据表21，完全可以按A、B、C、D、E、F序列，选取六大要素之下的任一项，按序排列，可构成千上万个有关中国文化研究的选题（图3），再从中依据各种信息大浪淘沙，最终确立最适合自己的选题：

A1B2C3D4E5F6　　A1C3D4E1F6　　B2D4E1F2　　A4B2E5F4　　A5D4E3F1　　A6D4E1
A2B3C3D4E4F5　　A3C3D4E2F5　　B3D4E2F3　　A4B3E4F3　　A5D4E4F2　　A6D3E2
A2B4C3D4E3F4　　A3C3D4E3F4　　B4D4E3F4　　A4B3E3F2　　A5D4E5F3　　A6D2E3
A3B5C3D4E2F3　　A3C3D4E4F3　　B5D4E4F5　　A4B3E2F1　　A5D4E6F4　　A7D1E4
············

图3　组合后可排列的选题

三、炼　题　篇

同样以涉及文化的选题为切入口，现列举 2017 年获批的部分国家社科基金项目，见例 355—368：

355	农村现代化进程中孝文化的作用机制与传承路径研究	马列·科社
356	中国共产党党内政治文化建设研究	党史·党建
357	内地新疆籍维吾尔族流动群体文化适应研究	社会学
358	闽台祠神信仰同源性与文化认同研究	民族问题研究
359	丝绸之路游艺文化交流研究	中国历史
360	早期中国饮食文化在西方的传播研究（1500—1700）	世界历史
361	中国史前"丝绸之路"彩陶文化的考古学研究	考古学
362	云南民间道书传播与民族文化关系研究	宗教学
363	基于关联数据的南海水下文化遗产文献资源共享和可视化检索研究	图情文献学
364	近代报人作家与都市文化建构研究	中国文学
365	马修·阿诺德的文化保守主义及其中国影响研究	外国文学
366	海南归难侨六十年语言与文化适应调查研究	语言学
367	中国品牌国际传播中的文化符号生产与认同机制研究	新闻学与传播学
368	文化强国战略背景下体育文化代际冲突研究	体育学

其中部分选题或可再优化精准，或可再造，形成不同的新选题，见例 355′—363′：

355′　农村现代化进程中孝文化作用机制与传承路径研究
357′　内地新疆籍维族流动群体文化适应研究①
358′　闽台祠神信仰同源与文化认同研究
360′　中国早期饮食文化西传研究（1500—1700）

---

① "维族"应作"维吾尔族"。——作者注

115

361′ 中国史前"丝路"彩陶文化考古学研究
363′ 南海水下文化遗产文献资源共享与可视化检索研究

（二）炼题程序与策略

59. "见题是题"，如何识其特征察其表？

仿第 10 问的禅宗故事可得炼题境界一："初观选题时，见题是题"。

此为观题的第一境界，产生于选题之初，以最朴素、真实的方式观题与选题，基于主观经验，通过直接感受与观察形成对选题的认识与看法，以印象式散论为主，未予以理论化阐发。这一阶段，选题者初识选题世界，只是在看，他能看见，但未能看出、看全、看透。题就是一个题，是一个混沌的对象。

见题是题，所能看到的是外在的特点——特征，所以初始标题往往较粗。炼题多从察其外在特征入手，如短语长短、字数多少、语形繁简、所含术语多寡、术语新旧生熟等，由此入题，展开形义互证。① 现以 2013 年获批的教育部人文社科重点研究基地重大项目为例，其最初的题目是"公示语俄译研究"，最终练就的题目如例 369 所示：

369　境内俄语服务窗口语言生态与中国形象重构研究　　语言学

基于社科研究的大方向与自己的学术储备，拟题者开始审查初始标题存在的问题，可通过对研究对象"公示语俄译"形义互证来揭示（见表 22 步骤 1）。形义互证每个轮回包括由形察义（考察标题形式所反映的意义）和由义究形（验察标题意义所对应的形式）。

表 22　炼题步骤："见题是题"察其表

步骤	提炼对象	炼题过程	发现所得	境界
1②	内部结构提炼	公示语俄译研究	太泛、太窄、太小	见题是题

---

① 李丹，黄忠廉. 国家社科项目炼题符号学路径解探[J]. 外语电化教学，2018（5）：51-56.
② 表 22—表 24 的炼题步骤综合排序，表 23、表 24 的步骤同此说明。此类表全书同此说明。

由形察义I "公示语俄译"为偏正短语,据知网,国内公示语外译研究从2005年开始逐步引起关注,英译研究较多,已处于高原状态;其中现象研究较多,原理研究不足。2012年拟题者准备申报时,俄语界相关研究刚起步。"俄译"在外语界显得术语陈旧,研究内容过泛、过窄、过小。

由义究形I 研究对象"公示语俄译",形式上由"公示语""俄""译"三个词语并列构成,"俄""译"分别是俄语、翻译的缩写。语形上三个简单词语罗列,形式单调,字数过少,显得空泛。

通过初始标题形义互证,可发现语形单薄,语义缺乏新意,"公示语"在外语界已有一些研究,审读者易产生审美疲劳。"俄译"术语陈旧,泛泛而谈,不够具体,为下一步改进留下了空间。在修改中可分别对研究对象不断地形义互证,实现术语化出新。

60. "见题似题1",从形义界面如何究其里?

继续仿第10问的禅宗故事可得:"及至后来,亲见知识,有个入处,见题似题。"

"似"与"是"不同,指"相像",介于"是""非"之间,含有不确定之意。所谓"似题",实亦"非题",即不是最终较为完善的题。基于不同的炼题视角,选题者从各个侧面观察、分析、描写选题,可谓"面面观",是观题的第二境界。这一过程主客合一,好比盲人摸象,不同视角的细致研察极大深化了对选题的认识,但也导致了认识碎片化,见题似题,但又不是真正全面的题。不过,从第一眼看题到纷繁中看题,境况已大变。

"见题似题"因涉及学科前沿与时代急需两方面,因此可分两步走,第一步为"见题似题1"。仍以例369最初的原题"公示语俄译研究"为例,细察该题形与义反复互证过程,以求其术语化理据,"见题似题1"主要是练选题学科的内功,详见表23。

以初始标题形义互证查缺漏为基础,摒弃陈旧术语,应是研究对象的术语化方向,从了解国内外相关研究的最新动向入手,深挖细化。标题所瞄准的炼题方向为:复杂短语级术语+标题用语,可通过形义互证,由浅入深,逐步验察,反复提炼。

表 23　炼题步骤："见题似题 1"察其里

步骤	提炼对象	炼题过程	发现所得	境界
2	内部结构	公示语俄译不规范研究	明确化；忌用"不"，不够词化	见题似题
3		公示语俄译失范研究	陌生化；指出当下存在着问题	
4		文明服务窗口俄译失范研究	服务窗口升为文明服务窗口	
5		精神服务窗口俄译失范研究	升为精神服务	
6		俄语服务窗口俄译失范研究	用语言开展精神服务	
7		俄语服务窗口文明生态研究	避俄，失译；升至文明生态高度	
8		俄语服务窗口精神生态研究	具体化，是精神生态，非自然生态	
9		俄语服务窗口语言生态研究	具体化，升至双语服务战略	

由形察义 II　将"俄译"具体为"（俄译）不规范"，缩小研究范围，定向深入探讨（步骤 2）。

由义究形 II　"不规范"形式上为"不+N"，此结构相当于形容词，否定词"不"一般不入术语（"不结盟"等例外），否则显得不正式，需改进。所以将"不规范"改为"失范"，语形为 VN，加入动词更显生动。经过一轮形义互证，"俄译不规范"术语化为"俄译失范"（步骤 3），研究对象更为明确，接下来对"公示语"进行形义互证。

由形察义 III　初始标题形义互证显示，研究对象"公示语"相关研究较多，审读者易产生审美疲劳。以明晰公示语研究范围为基础，可寻求同义表达。公示语服务于公众、旅游者、海外游客、驻华外籍人士、在外旅游经商的中国公民等。其食、宿、行、游、娱、购等行为与需求的基本公示文字信息内容都在公示语研究范畴之内。公示语类似于"文明服务窗口"（步骤 4），还可进一步具体为"精神服务窗口"（步骤5）、"语言服务窗口"（表 23 中未列）、"俄语服务窗口"（步骤6），这四种表达逐步细化、缩小研究对象，较之"公示语"更为具体、形象、避俗、扣题。

由义究形 III　从"公示语"到"俄语服务窗口"，由三字名词短语改为三个名词组成的六字名词短语，属陌生化的术语化炼题，达到了推陈出新、吸引眼球的效果。此时出现"俄语服务窗口"与"俄译失范"语形前后重复的问题，仍需形义互证，继续术语化炼题。

由形察义Ⅳ "失范"即"失去、丢掉规范"，与"不规范"同义，却能达到陌生化效果。同时在语义上可查询与"失范"类似的术语，通过查阅与公示语翻译规范、质量相关文献可知：公示语翻译，是对外宣传中的翻译问题之一。公示语翻译质量对提升城市品位，改善城市形象至关重要。[①]可见公示语翻译与城市生态有关，故可将"失范"上升为"文明生态"（步骤7）。这样可省略"俄译"，避免与"俄语服务窗口"中"俄语"相重。又因文明生态"广义指人类文明发展的一个阶段。是继工业文明之后的人类文明新形态。狭义则指文明的一个方面，即相对于物质文明、精神文明、政治文明和社会文明而言，人类在处理与自然的关系时所达到的一种文明性状。是生态伦理最高价值目标"[②]，包含范围较广，可从"文明生态"具体化为"精神生态"（步骤8），但范围仍较广，针对性不强。

该研究主要涉及语言问题，可进一步具体化为"语言生态"（步骤9），即把语言规范看作是标定语言生态位的一项工作。语言生态位强调语言在语言生态系统中占有适当的位置，这种适当的位置要求语言必须是规范的，语言的内在结构要素（如语音、词汇、语法等）必须在规范化、标准化的前提下发挥各自的作用[③]。据知网，国内语言生态于2004年提出，获关注较少，近几年逐步成为研究热点，2012年申报时还是较为前沿的研究方向。将研究对象从"俄译"术语化为"语言生态"，研究对象更为明确，紧扣了学术动向。

由义究形Ⅳ 研究对象从"公示语俄译"到"俄语服务窗口语言生态"，标题从5字扩充为10字。题目不宜过短，一般不少于6字，字数较少时通常题目内涵大而空泛。语形上由三字增改为五个词，完全摒弃了初始的三个名词，

---

① 杨永和. 我国新世纪公示语翻译研究综述[J]. 外语教学, 2009（3）：104.
② 王会, 王奇, 詹贤达. 基于文明生态化的生态文明评价指标体系研究[J]. 中国地质大学学报（社会科学版）, 2012（5）：28.
③ 冯广艺. 论语言生态与语言国策[J]. 中南民族大学学报（人文社会科学版）, 2013（3）：161.

形式改为由五个简单名词组合而成的复杂名词短语。研究对象炼为结构紧凑的复杂短语是炼题术语化的方向。

经过四轮形义互证，研究对象达到了陌生化、具体化及前沿化的要求。

陌生化即强调术语的语义或形式有异于常理、常形或思维惯性，有超常之处，给审读者产生异样感或新鲜感，以刺激其视网膜，冲击其心理，主要表现为不用熟词或常规术语。例369用"语言服务窗口"代替"公示语"，用陌生化提升了研究对象。

具体化指选题不可只给出较大的研究范围，而应聚焦宏观问题的某一侧面、某一层面，剥茧抽丝，逐层深入。如同挖地窖，往下挖呀挖呀挖，越挖越深越宽，以小见大，做透做到底。

课题申报时往往项目级别越高，越是要求具有典型性，但不要求大题大做，反而是小题大做（重大项目例外）。本例从"俄译"到"俄译不规范"再到"俄译失范"，再到"文明生态""精神生态""语言生态"，即为具体的炼题术语化过程。

前沿化可通过选题无人涉足、学科前沿、老题新究（新材料发掘，或新技术、新方法运用）、海外引介（新理论、新观点的引推）等方式来实现。例369研究对象最终术语化为"语言生态"即抓住了当时的研究新动向。

61. "见题似题2"，由价值入手如何显其用？

炼题除了向内挖掘题的内涵外，若需要，还可炼其价值、意义、作用等，将学术研究与时代、社会、国家等需求结合起来。这便是"见题似题"的第二步，简称为"见题似题2"。

世间万物彼此相联，其间联系千丝万缕。"见题似题2"主要从选题的价值或功能角度搭建与选题结构的关系。选题内涵与各种价值之间有关系自然好，没关系也无妨，不必"强说愁"。若是能在看似无关中察出关系，那就极为重要，可提升选题的价值。仍以例369的原题"公示语俄译研究"为例，细察其提炼价值的过程，"见题似题2"主要是炼选题的外功，顺带也炼学科的内功，详见表24。

三、炼　题　篇

表 24　炼题步骤："见题似题 2"察其里

步骤	提炼对象	炼题过程	发现所得	境界
10	功能兼及结构	俄语服务窗口语言生态与国家形象研究	与对外交流和文化走出去相结合	见题似题
11		俄语服务窗口语言生态与中国形象研究	界定是中国形象	
12		中国俄语服务窗口语言生态与中国形象研究	中国，限定是国内公示语俄译	
13		境内俄语服务窗口语言生态与中国形象研究	境内，就不涉及港澳台，本来也少	
14		境内俄语服务窗口语言生态与中国形象建构研究	建构，显示动态	见题只是题
15		境内俄语服务窗口语言生态与中国形象重构研究	重构，更多重内涵，更上层次	

扩充研究对象　通过形义互证术语化炼题，"俄译"术语化为"语言生态"。"语言生态"具备内外价值，对内关系到读者对服务窗口俄语的理解与反馈，对外涉及俄语服务窗口所展示的国家形象。故研究内容可扩展为"语言生态与国家形象"（步骤 10），可与对外交流和文化走出去相结合，题目的价值得以提升。另因该题主要研究国内语言现象，研究内容再炼为"语言生态与中国形象"（步骤 11）。

精确研究范围　通过形义互证术语化炼题，"公示语"术语化为"俄语服务窗口"，因研究语料取自国内，服务范围明确为"中国俄语服务窗口"（步骤 12）。进一步细究发现，港澳台地区俄语服务窗口少见，难以搜集语料，"中国"所涵盖的范围大于本题的研究范围，需改进，宜考虑更为确切的表达"境内"（步骤 13），因此改为"境内俄语服务窗口"比较准确。

价值参照下形义再次互证　经过上述提炼，标题的价值明确提升了，这时可在鲜明的价值指导下，再次应用形义互证提炼，炼出更为准确的选题，可见表 24 的"功能兼及结构"部分。

由义究形 V　"境内俄语服务窗口语言生态与中国形象研究"语形为几个

121

实词与虚词的组合，虽为复杂的并列结构，细品显得单调，尚存再次提炼修改的空间。题目为求鲜明，可加入其他词性的词，如动词、形容词等，以增加题目的灵动性。因研究对象经历多次形义互证术语化提炼，这里不再减名词，而是加动词"建构"（步骤14），语形不再单一，题目显得生动。

由形察义 V 研究从现象描述、规律总结上升到如何"建构""语言生态与中国形象"，变被动研究为主动研究，大幅提升价值。还可进一步挖掘语义，"建构"重在分析现有语言生态、中国形象如何形成，是从无到有。"重构"（步骤15）表明已有建构，伴随中国形象的发展与国内外需求的变化，还需趋利避害，重新塑造，两次修改动词，使语义表述更精确，选题价值更上一层楼。

形义互证是炼题的必经之路，当形义互证不能完全奏效，或研究对象跟踪现实生活时，可考虑从价值或功能视角炼题。在聚焦研究对象的基础上提升价值，能深挖内涵，以小见大。例369运用扩充对象的方式将"语言生态"扩展为"语言生态与中国形象"，通过动词修改加入"建构"或"重构"，拓展了研究的广度与深度。

62. "见题只是题"，玄览全题如何得正果？

最后仍类比第10问的禅宗故事，可得："而今得个休歇处，依前见题只是题。"

"只"，意为"仅仅""唯一"，甚至可以引申为"纯粹"，强调限于某一对象，相当于英语的only、merely。历经前面"见题是题""见题似题而非题"两个境界，继续向前该如何认识选题？缘何认为"见题只是题"？这实为对选题的通观，即总体、全面、辩证地看选题。炼题至此，可以合理有效地回答到底选什么样的题，或者选题到底确立为何物。

行至炼题的境界三，实际上已今非昔比。从例369炼题最终结果"境内俄语服务窗口语言生态与中国形象重构研究"回望最初选题"公示语俄译研究"，可知，"公示语俄译研究""见题是题"，落脚于现象；而"境内俄语服务窗口语言生态与中国形象重构研究""见题是题"，则落脚于本质。选题的初心只是将其视作整体加以认识。经过境界二"见题似题1""见题似题2"，借助

三、炼 题 篇

各种学理从不同视角切入观察，到了境界三，欲将它看穿、看透，透视选题的方方面面，进而看清、看出本质，得到最终的选题。

境界二"见题似题"阶段，如例369历炼了15回，各种炼题视角虽是必用工具，但均是双刃剑，任何学人都不可能同时从众多视角切入，即便多点展开，也难以面面俱到。通常人们选择了某一视角，就无法兼顾其他，对选题的认识均为片面的一孔之见。因此，多一个视角，就多一次透视选题的机会。每次从不同角度观察选题，所见之"题"都不是真正的选题，而是带有研究者主观认识的选题。

到了境界三"见题只是题"，选题已是主客间性的统一，是对选题认识主观与客观的融合。此时对境界二观题所得洗尽铅华，撇开一切枝节，直奔选题的本质。去繁甚至是去"烦"，从务实到务虚再次回到更高层级的务实。正如郑板桥书斋联所云"删繁就简三秋树，领异标新二月花"，以最简笔墨表现最丰内容，以少许胜多多，这样才能以创造性思维自辟题路。又如：

原题：中国大学生学术词表创建与应用研究
改题：非英语专业大学生通用学术词表创建与应用研究

当时炼题采用的方法是步步进逼，层层剥笋。明白了"创建与应用"不必动之后，主要改其前的研究对象。本研究是为国家服务，"中国"可以不用。"学术词表"非常值得做，但与拟题者（外语教师）的初心相左，宜点明是"英语学术词表"。"大学生"所指很泛，包括英语专业与非英语专业，前者有自己的专业，其学术词表不是问题，不具代表性，只有非英语专业大学生才是绝大多数。即便是非英语专业大学生，也因其学术词汇涉及各个学科，几十上百种也是研究者所无法掌控的，因此可定为"通用学术词表"。最终所得的题才是精准的，可行的。

由此可见，进入境界三"见题只是题"，还应补充另一个"休歇处"——选择制高点，只有立于高端，观察问题才能广角，才可对题"玄览"。观题何以至道？求助于"玄览"！首先是远眺、远观、综观，其次是同于览冥，即居玄以览物。前者如观山，后者是入思，经由各种"见题似题"之后保持虚静心境，进入大彻大悟之境，最终达到"大明"。

63. 炼题如何由复杂命题缩为复杂概念？复杂度如何执持？

炼题的表述过程大致是：
先有多种想法→
　　选出一种→
　　　用片段表述→
　　　　用复杂语句表述→
　　　　　用简单语句表述→
　　　　　　用复杂短语表述→
　　　　　　　用简单短语表述。

这一表达链是可见的语表形式，而形式反映内容，它所呈现的是丰富的思想演变过程：
复杂命题→
　简单命题→
　　复杂概念→
　　　简单概念。

落到笔头则是由大到小的言语单位到语言单位：句群→复句→单句→短语→词。

炼题的复杂度取决于思考的层次与维度。思考某个选题，大致要问三层问题：

（1）what 层：常问何谓、何处、何时、何人、几何、何种等；

（2）how 层：常问如何、怎样、以何、何以等；

（3）why 层：常问为何、何为、缘何等。

what 类问题容易回答，属低层问题；how 类问题较难回答，属中层问题；why 类问题难以回答，属高层问题。往往是后两层问题可以转化为课题，但不一定完全按"句群→复句→单句→短语→词"程式依次压缩，偶尔也可跳步压缩。不论是按步炼题，还是跨步炼题，都是由繁趋简，逐步明晰化的。如例 370：

370　"美国社会主义例外论"研究　　马列·科社

例 370，"X 研究"中 X 整体作术语，且用引号标示，如同英语把句子整体用作一个词，整体使用，增加了术语的复杂性。其产生过程可能如表 25，集中表达一个思想，可用句群，也可用复句，例 370 就没用句群。此前两位学者论及该选题，二人相距近百年，思想观点却相近，均可概括为小句；两个小句可合并为"美国社会主义例外"，再缀以"论"，加上引号，成为专名。

表 25 复句炼向短语的过程

复句		小句		复杂短语
1906 年桑巴特[①]	2000 年李普塞特[②]	1906	2000	
美国没有社会主义，因为美国工人阶级对资本主义、对美国的政府制度和非同一般的公民融合持赞同态度，在美国成功运转的两党制度下新的政党包括社会主义政党很难发展壮大，美国工人阶级的激进主义潜力被美国资本主义所提供的物质报酬所吞没，美国工人阶级可以获得更大的发展机会，开放的边疆地区的存在削减了工人的战斗性等。	美国社会主义失败，究其因，是美国两党制使第三党难成气候，美国社会主义政党与工会长期不和，种族、语言和宗教造成美国工人阶级的异质性或多样性，美国文化具有反国家主义与个人主义传统。	为什么美国没有社会主义？	为什么社会主义在美国失败？	美国社会主义例外论

再看国家社科基金重大项目"中国翻译理论发展研究"，选题产生的过程可能是"句群→复句→单句→短语→词"程式（表 26），因为复杂短语是国家社科基金重大项目公开招标的题目，其炼题过程可能三步走：句群压缩为复句，复句压缩为小句，小句压缩为复杂短语。几年后结项，复杂短语还可进一步压缩为简单短语"中国译论通史"。其反向过程则是重大项目中标之后不断丰富构建其整个研究框架的过程。

[①] 高建明，蒋锐. "美国社会主义例外论"研究——从桑巴特到李普塞特[J]. 当代世界社会主义问题，2015（2）：30-51.
[②] 许宝友. 从桑巴特到李普塞特的美国社会主义例外论——国外名家论社会主义（四）[J]. 科学社会主义，2005（1）：65-70.

表 26　句群炼向短语的过程

句群	复句	小句	复杂短语	简单短语
中国译论发展了约 2000 年，近 40 年来，受西方冲击，发生了质变。翻译学科刚刚确立，急需理论支撑，因此传统译论源流与当代译论现状成其需要梳理的首要任务。如何厘清中国译论发展史，因其工程浩大而被问题化了，将呈现为大小问题构成的问题系统，整部中国译论发展史将是"问题化或重新问题化的历史"。中国译论发展既要吸收外来，更要究清本来。中国译论发展以中国为主，以西方为辅，前者突出自我，力求守正；后者融会国际，力求圆通。二者相合，外圆内方，内外有别，正可构成立中融西的中国译论发展脉络。	如何以中土为观照、以西方为参照，描述和书写中国译论发生与发展的历史，兼及揭示其规律，旨在重整国故，续写中国译论史？	以中土为观照，以西方为参照，书写中国译论发生与发展的历史。	中国翻译理论发展史	中国译论通史

64. 选题篇名如何篇章化？如何与研究内容互动互哺？

选题，最终要落脚于标题，具体而言将变成文章、专著、项目的篇名，因为它与已有文稿（如后期资助项目）或拟想的文稿（如书文与年度项目）相关，可见篇名具有双重身份，既是篇章重要而有机的组成部分，又具有相对的独立性与完整性[①]。

选题篇名的篇章化，指所要研究的议题充当篇名时发生变化的过程，是将信息由"篇"层逐步削枝去叶浓缩为"名"层的过程。平常的表达是按词、短语、单句、复句，甚至句群逐步延伸与增量的。由第 63 问可知，选题定名则是反其道而行之，所遵循的正是篇名的篇章化策略，一是话题策略，二是称名策略，三是实词策略。

话题策略　即篇名在篇章化过程中尽量突出篇章的话题。无论是撰文，还是著书，或是报项，命题时关涉文章、专著、项目的全篇。对全篇而言，篇名无疑至关重要。立于全篇看，篇名相当于篇章的话题，而篇章正文内容相当于

---

① 参见刘云. 汉语篇名的篇章化研究[M]. 武汉：华中师范大学出版社，2005：103-111.

三、炼 题 篇

展开的框架。篇名只是书文与项目的起点，是"目"，正文才是更为具体的展开。由正文反观篇名，篇名就应该简缩或隐含话题，成为探究正文的窗口，篇名的隐含和简缩又反增了话题性。此时，往往是学术论点、价值、创新等成为篇章的话题，以其立题，即可成为篇名。如例341要研究两大问题：老年人失能状态评估与长期护理需求，前者是老年人失能状态需要评估摸底，后者的长期护理又是一大需求，二者均为老年化时代非常突出的问题。拟题者将两大话题去粗取精，用两个短语高度概括，并肩而立，铸成选题。

称名策略 即篇名在篇章化过程中尽可能用名词或名词性短语。选题的篇名，除"研究"之类外，本质上是专名，具有称名作用，旨在称说已然或未然的篇章。因此，篇名尽量选用名词和名词性短语。为减弱篇名的陈述性和描写性、增强称名性，常将动词变为动名词，或变换词序以降低陈述性。学术篇名常以简明恰当的词语反映特定的重要研究内容，如理论、思想、方法、机制、对策等。如例371—372：

371 法国理论在美国的创造性误读与重构研究　　外国文学
372 高耗能制造业升级的转型金融支持研究　　应用经济

例371，中国学人研究法国理论在美国创造性误读与重构，这种鼎足视角本身就构成话题。加之"误读""重构"由动词转为名词，又带立场，鲜明地反映了拟题者的价值取向，更有称名化效果。例371中"的"可略去。

371′ 法国理论在美国创造性"误读"与重构研究

按常规，例372中的X日常说法是"金融支持高耗能制造业升级转型"。这是主谓短语，若加句号则是兼语句。为使具有描写性的语句转为称名性的短语，拟题者将其改造为偏正短语。不过，该题似有改进空间。

372′ 高耗能制造业升级转型金融支持研究

实词策略 即篇名在篇章化过程中，尽量保留实词，省略虚词。该策略与篇名的话题性相关，因为篇名要揭示篇章的内容，审读者一见篇名就能顾名思义，借以了解内容。这就得依赖实词，因为虚词多起语法作用，很少负载实际意义。如例 371 中的虚词"在""与"必用,"的"就可省略。又如例 373 就全用了实词,无一虚词,而例 374"下""及"必用。

　　373　新中国铁路技术自主化进程研究　　　　　　中国历史
　　374　数字营销背景下消费者福祉困境及其治理研究　管理学

　　任何选题的篇名若具称名性,又兼话题性,较多集中使用实词,便是最佳选题。为此,好选题需经锤炼才能篇章化,这些炼题手段大致包括隐含、省略、移位、转换。如例 375—378：

　　375　语图符号学视域下的中医药图像研究　　　　交叉综合研究
　　376　自然资源综合减量化利用（CRUNR）的　　　管理学
　　　　 测度、影响因素和绩效的理论与实证研究
　　377　财政金融政策协同支持乡村振兴研究　　　　应用经济
　　378　中美科技竞争的驱动逻辑、演进态势及对　　　国际问题研究
　　　　 我国经济安全的冲击研究

　　第一,隐含。有的词语可见于篇章,却不大见于篇名,需据语义与标题求简求明的修辞效果而隐藏起来,不必再说。如例 375,所谓语图符号学,即研究语言与图像的关系以及作为符号的语言和图像呈现世界的学问,将其作为视域考量中医药图像,至少在术语上是相重了,有必要隐去前者。

　　375′　中医药图像研究

　　第二,省略。与隐含不同,省略指省掉,略去不必要的词语。如例 376 的"自然资源综合减量化利用"与 CRUNR 是同义重复,适于行文,不适于题目,理由详见第 33 问。"理论"多余,可去;"实证"作为方法可以保留。

　　376′　自然资源综合减量化利用的测度、影响因素和绩效实证研究

　　第三,移位。即将某个词移出原位,置入新位。如例 377,财政金融政策协同"支持乡村振兴","支持"二字较虚,最终实际行为是"振兴",换言之,"支持"可隐,"振兴"可直接前移,得 377′。

三、炼 题 篇

377′ 财政金融政策协同振兴乡村研究

第四，转换。篇章化过程中可以实行词性转换，使篇名更具称名性。名词的称名性高过动词，动名词的称名性高过动词，拟题时多使用名词与动名词，为此常需将动词转为（动）名词。如例378主要研究"中美科技竞争的驱动逻辑、演进态势"，顺便研究二者如何"冲击我国经济安全"。因前二者是名词短语，逼得动宾短语"冲击我国经济安全"改为偏正短语"对我国经济安全的冲击"，修改的关键在于将"冲击"由动词转为了（动）名词，结果使该题的称名性增强，描写性减弱。此外，"我国"宜改为"中国"，以求一致。

378′ 中美科技竞争的驱动逻辑、演进态势及其对中国经济安全的冲击研究

下面以某篇文章为例，简析藉篇名化提炼课题名称的过程。
原题：数字驱动中国式现代化建设[1]
改题1　数字驱动中国式现代化建设研究
改题2　中国式现代化建设数字驱动研究

该文有四个观点，分别见于4个意义段：①数字驱动实现巨大人口规模的现代化；②数字驱动实现物质精神相互协调的现代化；③数字驱动实现人与自然共生的现代化；④数字驱动实现全体人民共同富裕的现代化。这就是文章的篇章内容，或称内容框架，其中任何一个均不足以担起标题的重任，只有对4个小标题进行归纳，合称为"数字驱动中国式现代化建设"，全由实词缀连而成，再加上"研究"二字，便是一个不错的满足话题策略的选题。若从称名策略角度考虑，通过带宾语"中国式现代化建设"的主谓短语"数字驱动"向"研究"的工具性转化，整个选题的称名性则更强，更像选题的篇名，见改题2，其构词模式与例379—380也极其相近。

---

[1] 唐晓彬，何柱烨. 数字驱动中国式现代化建设[N]. 环球时报，2023-06-27.

379	中国式现代化道路的哲学研究	哲学
380	"双碳"目标下我国制造业出口产品质量升级的数字化驱动研究	应用经济

只不过，例379—380仍不简洁，据实词策略似可优化为：

379′	中国式现代化道路哲学研究
380′	"双碳"目标下中国制造业出口产品质量升级数字化驱动研究

65. 长而绕的标题如何"点烦"、求得简而明的效果？

标题之长，主要缘于复杂的短语。分两种，一是长而能懂，一是长而难懂。"句从古短，字以世增"（明曾异《与赵十五书》），虽说是汉语发展规律之一，但是一般的标题，尤其是项目的标题要长而有节，长而能懂，不能让人费解。因此，长而绕是炼题亟须攻克的难题。

标题冗余不清，杂糅套叠，究其因，实为思维不明，表达不清，没能理出头绪，因为考虑不成熟，既想这样说，又想那样说，造成结构与意义混乱。有的标题虽经反复思考，也能懂，但费时费力，对此最需去冗余以突显主干，去虚留实，采取杨绛借自唐代刘知几的"点烦"术[①]，对标题进行"芟芜杂"式处理。炼题时可以剪枝去叶，以避重去冗，求得研究对象的紧凑，如例88去掉枝叶后则是"上海老人长三角异地养老可行性提升与实现路径研究"。再如例381—383：

381	长江保护立法研究	法学
382	大数据时代京津冀区域政府信息资源整合与共享模式研究	政治学
383	无锡、保定22村村庄经济的90年变迁研究（1929—2018）	理论经济

[①] 杨绛. 失败的经验（试谈翻译）[J]. 中国翻译，1986（5）：23-29.

三、炼 题 篇

例 381 是简洁且信息丰富的标题。"长江"划空间,"保护"显价值,"立法"定学科,三合一,既有学科之重,又显时代之需。以此为参照,由例 382 可知,数据是信息的具体表现,经加工处理便成信息,信息经数字化转变成数据,得以存储与传输,而大数据技术是信息技术最核心的一种。由此观之,例 382 中"大数据"与信息相关且相重,取其相重的核心部分即可。"京津冀区域"中"区域"可省,如党的二十大报告提出要"推进京津冀协同发展",指的就是京津冀区域协调发展。至此例 382 原题可改为 382′。

382′　京津冀政府大数据资源整合与共享模式研究

又如例 383,据题意,1929 年—2018 年,共 90 年,那么"90 年"与"(1929—2018)"就重复了,二者只需其一,可改为 383a 或 383b。

383a　无锡与保定 22 村村庄经济 90 年变迁研究
383b　无锡保定 22 村经济变迁研究(1929—2018)

因虚而多而重的字、词乃至短语,或重形,或重意。有时是必重的,无法删减所重的单位,如例 92 研究当代宗教社会学的"理论争鸣"与"话语权之争",其"争"字必重。对枝叶过多、长而绕的标题,则需修剪枝蔓,去虚存实,具体做法是删减,所删对象是先字后词,最后是短语。如例 384—386:

384　中国共产党革命话语体系中的概念建构与　党史·党建
　　　当代启示研究
385　校园足球实践与新型足球学校建设研究　　教育学
386　绿色"一带一路"背景下制造业出口的环境　应用经济
　　　传导机制与政策优化研究

减字删词是最基本、最常见的精炼之法。如例 384,"中的"可取其之一,"研究"去之无妨;"建构"已半标记化,可直接用作标题用语。2019—2021 年共 87 个国家社科基金年度项目与教育部人文社科研究一般项目用"建构"作标题用语,大致分两种,一是直接以"建构"收尾,二是建构与其他词并行使用,如"建构与研究"等。不过,例 384 用"与",不如"及"好,因为"当

131

代启示"不可能与"概念建构"平分秋色，用"及"能反映前主后次的逻辑比重。

384a　中国共产党革命话语体系中概念建构及当代启示
384b　中国共产党革命话语体系的概念建构及当代启示
384c　中国共产党革命话语体系概念建构与当代启示
384d　中国共产党革命话语体系概念建构及当代启示

例 385，"足球"似乎省不得，除非将"足球学校"改为"体校"，但可能会有违申报者初心。又如例 386，"绿色"与环境语义密切相关，或蕴于后者。"一带一路"多数时候可免其后的"背景下""倡议下"之类；而"绿色'一带一路'背景下"已蕴涵于"环境"，去虚留实，让"制造业出口……"关键词首入眼帘。"的"因术语化而省，于是可得更简明的选题。

386a　"一带一路"制造业出口环境传导机制与政策优化研究
386b　制造业出口环境传导机制与政策优化研究

短语由字词构成，减字删词一多，就升级为短语删减。如例 387—389：

387	中俄美三边关系与大国竞合中的世界秩序研究	国际问题研究
388	传播学视角下儒家经典的"经典化"过程研究	新闻学与传播学
389	基于机器学习的"双碳"目标下多元协同环境治理体系模型构建、结构测度和优化路径研究	管理学

例 387，可用缩略语"竞合"压缩"合作竞争"，可用"三边"对"中俄美"语义强调；若不想强调，也可省去"三边"。"中的"有两选，若选"中"，会与前面的"中"相重，因此最好选"的"，可得 387a，也可继续简化成 387b。

387a　中俄美关系与大国竞合的世界秩序研究
387b　中俄美关系与大国竞合世界秩序研究

至于例 388，"经典"在短短的标题中出现两次，"经典化"因后缀"化"含动态"过程"之意，规约"经典"必须保留，只能将"儒家经典"简称为"儒典"。若避"A（之）下 B 研究"套路，原题还可简化为 388a、388b、388c。

　　388a　儒家经典传播的"经典化"研究
　　388b　儒家经典传播"经典化"研究
　　388c　儒典传播"经典化"研究

　　相对上述二例，例 389 达到所要求字数的上限，即 40 字。标题长，是对真正的研究对象采取双重限定，即"基于机器学习""'双碳'目标下"。研究对象是核心术语"多元协同环境治理体系"，"双碳"因"环境"似可省略。"模型构建、结构测度和优化路径"则是通用术语，也是具体的三个研究问题。若不是为报重点项目，不妨只做其一，或其二。可炼题如下：

　　389a　基于机器学习的多元协同环境治理体系模型构建研究
　　389b　基于机器学习的多元协同环境治理体系结构测度研究
　　389c　基于机器学习的多元协同环境治理体系优化路径研究
　　389d　基于机器学习的多元协同环境治理体系模型构建与结构测度研究
　　389e　基于机器学习的多元协同环境治理体系结构测度与优化路径研究
　　389f　基于机器学习的多元协同环境治理体系模型构建与优化路径研究

66. 标题长短受"气口"切分？如何流畅显节奏？

　　标题长短适宜，以项目为例，规定最长不过 40 字。笔者认为最好不过 20 字，15 字为最佳上限。目治行为不妨以耳治为镜。播音员播音为何好听？原因之一是他们懂得播报留气口，即知道在语流中留出换气的地方。虽说播音以句子或句群为一个完整的语义单位，而标题多以复杂短语为语义单位，但二者道理相通，不妨借"气口"来规约或优化标题的节奏。

　　标题的长短受气口切分的影响。一个标题过长，在语速较慢而需间歇处可从容换气，此时需用"大气口"。例 330"第三次分配促进共同富裕的社会支持体系研究"，虽只有 20 字，去"的"也成立，但细读发现，不去可能更好。在"第三次分配促进共同富裕""社会支持体系"之间要作语义切分，用"的"可在此略作停顿，换气续读。

若文字密集或速度极快，只能在适当的地方急速吸气，要用"小气口"。譬如例 350"第三次分配的供给侧研究"全名不长，去"的"语流也顺畅，用"的"则因语形短而显急促，稍作停顿也无妨。又如例 579"乡村振兴的文化力驱动研究"的逻辑关系是"文化力驱动乡村振兴"，形成了"3+2+4"的节奏。为取得陌生化效果，突显"文化力驱动"，便将其前移，同时为避免切分成"乡村振兴文化"和"力驱动"，特改为"4+3+2"的节奏，在"乡村振兴"之后加"的"，形成小气口，即"乡村振兴的文化力驱动"。其实，不加"的"，更添一种陌生感，重读一遍，或许印象更深。

汉代以降，五言七言诗成为最基本的形式。中国人从小吟诗，二二一与二二二一分别成了五言与七言诗基本且经典的声律节奏，化石般地印在中国人的脑际。拟题炼题若不循此理据，就念不顺嘴，听不悦耳，缺乏韵律美。每个选题都有生命流淌的节奏，炼题有时也需体现节奏，找到大小气口。如例 390—394[①]：

390	一体推进不敢腐不能腐不想腐的路径研究	党史·党建
391	海南岛民族交往交流交融研究	民族问题研究
392	新时代健全干部容错纠错机制研究	党史·党建
393	干部不担当不作为的治理优化研究	党史·党建
394	晚清民国时期中俄文学互动与互鉴研究	外国文学

例 390 是一现实选题，其"一体推进不敢腐不能腐不想腐"由"三不"一体推进思想改造而来，其根源是党的十八届四中全会正式提出的"形成不敢腐、不能腐、不想腐的有效机制"。该题的气势在于三"不"连用，否定意义强烈。"腐"又正是我党严防极反的对象，"敢""能""想"又依次降低了心理能愿的程度，给人产生极强的印象。三者内在关联："不敢腐是不能腐、不想腐的前提，重在惩治和震慑"，"不能腐是不敢腐、不想腐的保障，重在制约和监督""不想腐是不敢腐、不能腐的防线，重在教育和自律"[②]。若对"三不"另加引号，更引人关注。不过，"一体推进"若后移与"路径"结合，语义会

[①] 例 390 中"不敢腐不能腐不想腐"应作"不敢腐、不能腐、不想腐"，余同。
[②] 秦斌. 健全"不敢腐、不能腐、不想腐"一体推进机制[N]. 学习时报，2022-07-12.

三、炼题篇

更紧密，气势更足，语流更顺，如 390′。例 391 之"交往交流交融"、例 392 之"容错纠错"、例 393 之"不担当不作为"亦具同类效果。

390′ "不敢腐、不能腐、不想腐"一体推进路径研究

393′ 干部不担当不作为治理优化研究

同理，例 394 去"与"字可得 394′。

394′ 晚清民国中俄文学互动互鉴研究

大小气口赋予标题以音乐性。单音节、双音节词和多音节词恰当调配，使之匀称，形成均衡节奏，在尊重语义完整的前提下尤其要考虑双音化以及临时双音化效果。如例 395—397：

395	故宫博物院藏藏文古籍整理研究	图情文献学
396	天一阁藏明代方志所见宋代地方文献辑考	图情文献学
397	新发现英国国家图书馆藏藏文历史文献整理与研究	中国历史

例 395，首先是"藏藏"除了语形上相邻重现外，语音上还得前 cáng 后 zàng 分读，增加了识别的负荷。其次是"故宫博物院藏"虽是六字，却无法构成 2+2+2 的双音，只能切分为"故宫博物院+藏"，读下来就不协调。不妨将前"藏"依其义，增字构成"所藏"；"所"后要求接动词，认知期许一致，论理上更能认可，可得新的标题 395′。

395′ 故宫博物院所藏藏文古籍整理研究

与此相反，例 396 可改为 396a 与 396b，其中"天一阁藏"构成临时的二二式节奏，但因"天一阁"与"明代方志"是空间与事物的关系，略去"藏"也可。若加上引号，则更明晰。若不特别强调图书馆的档次，例 397 也可改为 397a、397b。

396a 天一阁明代方志所见宋代地方文献辑考

396b "天一阁"明代方志所见宋代地方文献辑考

397a　新发现英国馆藏藏文历史文献整理与研究

397b　新发现英国馆藏藏文史料整理与研究

67. 字字珠玑求"文气"？如何咬文嚼字？

文气，本指作家的精神气质，也指该气质在作品中的表现，后泛指有文化，很文雅。用于选题则指标题字字珠玑，言简意深，凝练有力。

文气吸睛　人文社科自带文气，是才气的外化。文气不等于故作斯文，而是对问题深入思考后的精确表达。如作家中人们都爱钱锺书、汪曾祺、余光中、董桥等，文气就是其作品引人注目的因素之一。

标题文气最能征服有文化的审读者，成为吸睛的资本，能带来愉悦。仿佛说妙龄女郎肤美，"猪油般"总比"凝脂般"逊色不知多少个等量级。拟题亦是同理，文化底蕴丰厚者会多赢一份好感。标题所求的文气坐实于其字、词、语。请看例398—403：

398	"以文化人"的理论蕴涵和战略指向研究	马列·科社
399	汉代公羊学之解释学研究	哲学
400	明清时期甘宁青地区多民族互动交融研究	民族问题研究
401	清代新疆地区民族交流交融研究	民族问题研究
402	精准扶贫视野下西部地区特殊教育均衡发展实证研究	民族问题研究
403	制度治党的百年进程及时代擢升研究	马列·科社

先说炼字　拟题之重，首在用字，实词不必说，虚词也不可小觑。标题表联合关系时，"和"不如"与"文气，拟题者多爱用后者。2019—2021年国家社科基金年度项目与教育部人文社科研究一般项目立项者用"与"者9461项，用"和"者990项，后者几占前者的十分之一。如例398，"和"可换作"与"，理论对战略，蕴涵对指向，两两搭配，对应出彩。

398′　"以文化人"理论蕴涵与战略指向研究

例399用"之"而非"的"，巧妙表达了汉代公羊学的研究视角。本不必用虚词联结，因前后两个"学"毗邻，读来重复反而不美。若用"解释"，却

三、炼　题　篇

不如"解释学"来得重要，未显研究视角与程度，只剩下一种研究行为了。

再说炼词　汉字多是单音节，双音节词占比越来越多，三音节词及以上也有，但较少，多半又归入短语了。多音节词构成的短语本身就带节奏，为文气又增色不少。如例400，"时期"可省，可仿例401的"清代"。

400′　明清甘宁青多民族互动交融研究
401′　清代新疆民族交流交融研究

例402与例400可同省"地区"，反映书面语的简洁风格。"特殊教育"或可用缩略语"特教"。例403可去"的"，"擢升"一般指职位的提升与调动，而"提升"更指精神层，一般指提高等级、职位、质量、水平等，尤其是与时代搭配后，语义指向"制度治党"，肯定是指治党水平的提高。可见，拟题者想用词文气，却用得有所不当，事与愿违。

402′　精准扶贫视野下西部特教均衡发展实证研究
403′　制度治党百年进程及时代水平提升研究

末说炼语　语即短语或结构。文气的标题多用简练的短语。为了文气，有时还会用古汉语的某些结构，比现代汉语要简洁得多。如所字结构等，它由助词"所"与及物动词构成，指称行为所支配或关涉的对象。如例404—405：

404　甲骨卜辞所见人与动物权力关系研究　　　中国历史
405　中国西部扩大南向开放的路径抉择研究　　理论经济

例404就用了所字结构，即"所"加在及物动词"见"前面，其中"所"字为指示代词，指代其后看见的对象，不过例中直接加上了对象"人与动物权力关系"。"所见"还可用"所记""所载"等替代，反映材料或文献与研究对象的关系。

案例精析　国家要加大向南亚开放的力度，身为智库一分子的学者有何作为？例405的选题过程值得细品：

405a　我国西南部扩大向南亚国家开放的路径选择研究

137

405b　中国西南部扩大向南亚国家开放的路径选择研究

　　405c　中国西部扩大南向开放的路径选择研究

　　405d　中国西部扩大南向开放的路径抉择研究

　　405e　中国西部扩大南向开放路径抉择研究

　　题405a用"我国"，比较主观，以一己之力无法代替一国之主，宜去主观性，讲究客观性，用"中国"更好，详见第76问。题405b，"西南部"似乎准确，却不如"西部"更符合国家战略。"向南亚国家"具体而准确，但不如"向南"有概括性，更不如"南向"有味，更专业化，也更陌生化。因为"向南亚国家"是介宾短语，具有动感，富于生动性而乏术语性，而南向指"向南而去的方向"，虽含动词义，却更名词化，其术语化程度更高。更重要的是，只指明方向，不涉具体国家，更具概括性与方向性，更显国家层位的思考。题405c，"选择"过平，若是全面比较后慎重做出挑选，加之国家层面站位较高，语体色彩自然就要庄重，既政治正确，又符合学科之需，何不用"抉择"？！因为"抉择"有"挑选""选择"之意，所选的却是更具代表性、非此即彼、能决定事物方向的对象，多用于书面或较正式的场合。譬如电视剧《抉择》，讲的便是1937—1949年日本帝国主义铁蹄践踏文明古城北平、中国学界泰斗为"南迁"或"留京"作出重大抉择的历史故事。题405d虽是获批项目，若去"的"，则能确保"研究"之前的短语术语化，语义内涵更紧密，不留疏松空间，换言之，405e显得更为标题化。

68. 标题字数、形、义等何所忌？

　　凡事守规，才能行远。懂规之后，再加以活用，能创造胜出的机会。著书、撰文、报项对标题均有相应约定，有隐性的，也有明文的。

　　显性忌讳　标题拟定所忌太多，大话少说，只说实实在在可控的内容。以2023年国家社科基金项目申报为例，申报书规定"应准确、简明地反映研究内容，一般不加副标题，不超过40个汉字（含标点符号）"，从中可知三大信息：①标题不超过40字；②忌用副标题；③涉标点符号限用，主要指与副标题相应的破折号。请看例406—411：

三、炼 题 篇

406	河湟社火研究	社会学
407	六艺"象"论	中国文学
408	我国婚姻挤压的时空演化特征——基于空间聚类分析的实证研究	人口学
409	高水平对外开放下拓展"一带一路"第三方市场投资合作的动力机制、效应评估与路径优化研究	应用经济
410	城乡融合视角下城乡间隙空间的生态环境治理现代化研究——以关中城市群为例	管理学
411	反身性视角下区域一体化发展的多尺度关系网络建构和跨尺度互馈机理研究——以长三角地区为例	理论经济

标题力求简明，国家项目申报也作出了要求，不提倡用副标题，如例406、例407就符合规范，算是最短最简标题之一。不过，课题名称最好能彰显问题意识与导向。否则，季羡林的《糖史》当年若报课题，可夺项目标题之冠。同样按规定，例652长达36字，接近规定的极限40字！去掉括号及其他内容后压缩为26字，如"上市公司环境、社会与治理共生发展机制及其制度优化研究"。

若设副标题，在大标题之下，一般得用破折号。按要求，破折号不建议用。申报书规定"一般"不加副标题，但还是有加副标题的情况。如例408是2019年获批的国家社科基金项目，属于"漏网之鱼"。2019—2021年，共294个国家社科基金年度项目与教育部人文社科研究一般项目用了破折号，教育部未明确禁用副标题，但至少国家社科基金项目评委们认为有时可以用。例408打破了副标题与破折号的一般规定，可去副标题。

408′ 基于空间聚类分析的中国婚姻挤压时空演化实证研究

例409则超出了40字符，长达42字符，严重超标，原因之一是"高水平对外开放下"完全可略，"一带一路"已含其意。之二可能是研究的点较多，"动力机制""效应评估""路径优化"三点并举，足以拿重点项目。作为一般项目，完全可以三选二。另，"合作"不常与"拓展"搭配，倒与"深化""强化"等搭配。

409a　深化"一带一路"第三方市场投资合作的动力机制与效应评估研究
409b　强化"一带一路"第三方市场投资合作的动力机制与路径优化研究

例 410，以地方城市（群）为例，可以贯穿论证过程，用破折号违反了一般不用副标题的规定。可去"城乡融合视角下"，因后面重复了"城乡"，或可将地方城市融入正题。"关中"取广义，涉及宝鸡、铜川、渭南、杨凌、商洛、运城、临汾、天水、平凉、庆阳等城市；取狭义，涉及西安、宝鸡、铜川、咸阳、渭南。可据二者再提升，分别可得选题410b 与410c。

410a　城乡间隙空间生态环境治理现代化研究
410b　二线城市城乡间隙空间生态环境治理现代化研究
410c　三线城市城乡间隙空间生态环境治理现代化研究

例411 超过40字，"以长三角地区为例"可去，或融入正标题，题长均可降至27字内。过长标题可修改如下：

411a　区域一体化发展多尺度关系网络建构与跨尺度互馈机理研究
411b　长三角一体化发展多尺度关系网络建构与跨尺度互馈机理研究

隐性忌讳　这不是文件规定的，是常识或行规所忌。如语义明显重复，实为语形上的字、词、语的复用。如例406 显得平淡，问题意识不显。例407 未分清年度项目与后期项目拟题的差异，以"论"代"研究"，倒像书名，适合作后期资助课题名称。又如例412—415：

412　我国《计量法》修订中的若干重大问题研究　　法学
413　《民法典》生态环境损害赔偿规则的适用研究　法学
414　民法典中隐私与个人信息的二元保护模式研究　法学
415　当代宗教哲学"恶的难题"探微　　　　　　　　哲学

例412 赘用虚词"中的"。例413 也可去"的"。例414 可对"民法典"加书名号而去"中""的"。例415 则未分清项目与书文标题的界线，标题用

三、炼　题　篇

语混乱。四者或可改为：

412′　我国《计量法》修订若干重大问题研究

413′　《民法典》生态环境损害赔偿规则适用研究

414′　《民法典》隐私与个人信息二元保护模式研究

415′　当代宗教哲学"恶的难题"研究

69. 标号与点号如何活用"潜规则"？

对标点符号的使用，有明文规定者可视为"明规则"，无明文规定者则可视为"潜规则"。"潜规则"下的标点符号，可按约定俗成的惯例使用。

标点符号分标号与点号。点号表示书面语言的停顿和语气，分为句末点号（句号、问号和叹号）和句内点号（顿号、逗号、分号和冒号）。标号则指标点符号中非点号部分，即引号、括号、破折号、省略号、着重号、连接号、间隔号、书名号、专名号等。标号常用如引号、冒号、括号、斜杠、连接号、一字线、破折号、书名号等。现择要略说，先请看例416—420：

416	外国艺术理论中的观看问题研究	艺术学
417	我国大城市居民婚姻行为的新特征、成因、影响及趋势研究	人口学
418	隆钦巴《法界宝藏疏》译注、研究	宗教学
419	（俄汉）抗战翻译语境适应机制及其价值研究	语言学
420	南方丝绸之路（川滇段）宗教壁画与文明交流互鉴研究	民族问题研究

引号　引号表示引用、特定称谓、特殊含义、讽刺和嘲笑、突出强调。第1种不用于标题，第4种少用。由此观例407，可知《诗》《书》《易》《礼》《乐》《春秋》"六艺"均含有"象"，基于"六艺"展开解读，可以析"象"，可以识"象"。拟题者以后期常用的书名形式申报了年度项目。他只有用引号将"象"突出强调研究对象，才能与"论"形成双音，构成完整的标题结构。再看例416，"中""的"可二选一；而"观看"本是日常词语，入艺术界转

141

为术语，若加引号，更能术语化。

416a　外国艺术理论中观看问题研究

416b　外国艺术理论的观看问题研究

416c　外国艺术理论"观看"问题研究

416d　外国艺术理论"观看"研究

顿号　其用法明了，不赘。所联对象三个以上时用顿号，如例 417。两个之间一般用连词，较少用顿号，所以例 418 的顿号最好换作连词，如"与"。有时顿号是必用的，如例 14，顿号不能略，用它可以明晰分隔"法""检"两个概念，与其后"差异"内在一致。例 113 因顿号两次使用增加了标题长度，也可去之。

418′　隆钦巴《法界宝藏疏》译注与研究

书名号　其用法简明，不赘。例 413、例 414 均涉及《民法典》，前者用了书名号，可直接与后面内容搭配，表明出处；后者不用书名号，用"中"以示出处。

括号　其用法简单，不赘。例 419 巧用了括号，表明语种范围，既指明翻译的方向性，也便于项目评审时投送于己有利的俄语评审专家。例 420 可将其中的括号去掉，直接点明是丝绸之路的川滇段，"南方丝绸之路"也可简称为"南方丝路"，而文化常用"交流"，文明常用"互鉴"。综上可得如下两种修改方案。

420a　南方丝绸之路川滇段宗教壁画与文明交流互鉴研究

420b　南方丝路川滇段宗教壁画与文明互鉴研究

一字线/半字符　一字线多用于连接两个或以上名词或时间，表走向、起止与递进关系，如广州—深圳、10—20 年代、6 月 1—4 日、34—58 页、问题的提出—描写—分析—解决，等等。半字线/短横则多用于连接相关的词语或数字、字母等，以示其间隔关系，构成意义特殊的词组或代号，如李-杨多项式、时间-空间变量、CN11-00877、图 7-12，等等。又如例 421—422：

三、炼 题 篇

421　苏联—俄罗斯政治转型研究　　　　　　马列·科社
422　"产—才—城"适配视域下长三角人才一体化　管理学
　　　发展的协同机制研究

例 421，苏联与俄罗斯之间既非走向，也非起止，更非递进，至少可视为两个时段。转型是二者的间性，是一种历史转型，完全可简化为 421a；为防止与 1917—1922 年苏维埃俄国的简称"苏俄"相混，不妨采用方案 421b 与 421c。

421a　苏俄政治转型研究
421b　苏联向俄罗斯政治转型研究
421c　苏联与俄罗斯政治转型研究

例 422，"产—才—城"与后面"人才"字重；一体化含多个要素，一般为二、三元素，如"产城一体化""产才城一体化"，因此"—"不必用，正确用法是"-"，最好用"、"或不用。再者，一体化，即三要素相互作用与适配，原题可以优化如下：

422a　长三角"产才城"一体化发展协同机制研究
422b　长三角产才城一体化发展协同机制研究
422c　长三角"产-才-城"一体化发展协同机制研究

可以活用的标点在使用组合上主要有三种：单用、并用、三连用，四连少见，不然会生怪异。单用最多，例略。并用较多，如例 418 顿号与书名号连用，例 53 是引号与半字线连用，例 338 是顿号与连词的合用。三连用虽有，但很少见。

（三）研究"研究"

70. 标配"研究"永居题末？有何其他适配用语？要防不当之用？

"研究"是标题用语，意为探求事物的真相、性质、规律等，是只能放在标题末尾的标题动词[①]。"研究"现已名词化，可用于论文、刊物、栏目、专著、项目的篇名。"X 研究"是正宗或拟题格式主体，自不必多说，比如 2019—2021 年国家社科基金年度项目与教育部人文社科研究一般项目立项总数为 21 970 项，以"研究"结尾者 21 404 项，约占比 97.42%；以其他词语结尾者 566 项，仅占比 2.58%。

"X 研究"格式，可派生几种变体，见下第 4 列：

423	关于中国抗日战争开端问题的研究	中国历史	关于 X+的研究
424	关于社会生产过程的系统研究	理论经济	关于 X+的+定语+研究
425	城市社会的时间地理学研究	社会学	X+的+定语+研究
426	现代汉语隐蔽性施事定语之研究	语言学	X+之研究

"研究"本是动词，因作标题用语，成为标记词，被名词化了。因其兼有动词与名词义，因此在拟题过程中，常利用其动词或名词的性质，与其他实义词同作标题的标记手段，并举而立，这类适配词语有：构建、整理、编纂、建设、反思、启示、翻译、译注、编制等，如例 427—429、例 436 等。这类同性质的实词并列有时不分前后，可以互换，如例 431 的"研究"与"整理"有先后顺序，先研究，后整理，也可调整为"整理与研究"。有时则需分清前后逻辑，不能互换，由申报者自定，如例 432—433 等，其中"研究"与"建设"、"研究"与"翻译"似乎不能互换。与例 429 对应的也曾立过项，如"西北闪米特语国王铭文的译注与研究"。与例 433 相反，"萧伯纳中后期戏剧研究与翻译"也是曾立过的项目。有时相应的两个动词之间可用连词，也可不用，如例 434，既可用"编制与研究"，也可只用"编制研究"。

| 427 | 《纳尔逊·古德曼哲学文集》编译与研究 | 哲学 |

[①] 尹世超. 标题用语词典[C]. 北京：商务印书馆，2007：377-388.

三、炼　题　篇

428	鲁迅原创词汇综合研究与词典编纂	中国文学
429	欧洲中世纪博物学文献研究与译注	世界历史
430	民国时期唯物史观派中国原始社会研究之反思	中国历史
431	近40年文学理论知识生成机制的反思性研究与文献整理	中国文学
432	百年中国书话重要文献整理研究与数据库建设	中国文学
433	《劳特利奇叙事理论百科全书》的翻译与研究	外国文学
434	教科书认知负荷指数的编制研究	交叉综合研究
435	日本"倭玉篇"系列字书研究及资料库建设	语言学
436	甲骨文所见地名体系的构建与研究	中国历史

"研究"也有不当之用。"研究"使用不当也曾偶见，主要是与其他标记词语义重复、同词重复等。如例437—440：

437	东盟各国传播"一带一路"差异化研究及启示研究	新闻学与传播学
438	美国著名智库网络影响力研究及启示研究	图情文献学
439	政治学研究方法发展、演化与前沿探索研究	政治学
440	民国时期条约理论研究之研究	中国历史

例437，"启示"多用于标题末尾，表示启发提示，使有领悟，其后一般不再缀加"研究"，否则，有赘疣感。例438同理。例439叠用了近义的标题用语，"探索"意为多方寻求答案，旨在解决问题，与"研究"的内涵相近。例440所用"研究的研究""研究之研究"之类更是少见而显怪异，是典型的叠床架屋，可删"之研究"；或将"研究之研究"理解为学术史，可改为"史"，则更像后期资助项目的篇名。

437′　东盟各国传播"一带一路"差异化研究及启示

438′　美国著名智库网络影响力研究及其启示

439′　政治学研究方法发展、演化与前沿探索

440a　民国条约理论史研究

440b　民国条约理论史

71. "研究"之外，有无渐成新趋势的"备选"？

随着研究的深入，"研究"之外其他标题用语的类型化程度越来越高，形态越来越丰富，创新式用语就越多，就越有机会成其替代品。就目前的观察而言，呈增长趋势的其他标题用语包括："考"类、"编"类、"释"类等组合，还包括其他使用较少的词以及零标记。常规标题用语"论""探""析"等在此不论。如例441—445：

441　宋代至清代法律与社会关系探析　　　　中国历史
442　资本的生产过程的数学分析　　　　　　理论经济
443　康德历史哲学新论　　　　　　　　　　哲学
444　刑事诉讼进程调控论　　　　　　　　　法学
445　二阶段归因论　　　　　　　　　　　　法学

"研究"的备胎不只是其同义词或近义词，更是对"研究"的具体化与生动化，也是学人应该关注的文章修辞学内容。在此领域，文史哲较为讲究，因为人文学科强调主观与个性；社会科学主客观兼顾，居中，或侧重特性；自然科学强调客观与共性。学科特点在标题用语方面可见一斑。

"考"类　此类为第一大类。考，即推求、研究，包括考、考X、X考，前者单用较多，如例446；中者包括考论、考证、考录、考究、考察、考辨、考量等，内容更丰富，如例448—452等；后者用得不多，如例453—454等。以使用较多的标题用语为例，其义是极为丰富的，如考辨意为研究辨别；考察意为实地观察调查或细致深刻地观察；考订意为考据订正；考录意为考究研究与记录；考释意为考证源流与解释；考源意为探求来源；考证意为研究文献或历史问题且据之考核与说明，等等。

446　安徽医籍考　　　　　　　　　　　　　图情文献学
447　"一带一路"沿线出土梵语文献所见　　　世界历史
　　　古代中亚各国社会及政治文化考

448	宋诗汇评与考证	中国文学
449	明代女性作家考录	中国文学
450	古希腊演说辞的史料整理与考辨	世界历史
451	当代中国"死亡话语"及发展考察	语言学
452	宋代动植物图像考论	中国历史
453	文学地理学视域下中日古代跨境诗歌图考	中国文学
454	《宋史·乐志》乐辞及律调谱通考	中国文学
455	我国社会救助立法的政策语境考量	法学
456	《广韵》疑难释义丛考	语言学

因"考"居于题末，用"考"的标题其前内容一般不长，所考对象较简。如例447有30字，其所考对象过长，用单音节"考"，节奏上不和谐。"中亚"自然包含"各国"，不妨改为447′。

447′ "一带一路"出土梵语文献所见古代中亚社会及政治文化研究

再如例453，"文学地理学视域下"可去，后面的"跨境"已含其义，去掉前面的限定，453′更像标题，"考"前内容紧凑，与"考"更相配。

453′ 中日古代跨境诗歌图考

"编"类　此类用得较多。编，即编辑、编撰等，包括编、编X、X编。与"编"相关的词，如表编辑与绘画的编绘（如例 457—458）、按史实发生时间编排的编年史、表简单扼要编著的编类、将材料编排成初步稿本的长编（如例459—460），等等。

457	清代西南地区土司地理考释及地图编绘	中国历史
458	明清至民国时期贵州政区地理研究与历史地图编绘	中国历史
459	孟森年谱长编	中国历史
460	孙犁年谱长编	中国文学
461	高校文博专业《石质文物保护基础》教材编撰	考古学
462	《犹太宗教大辞典》编纂	宗教学

"释"类 此类也常见。释，即解释、阐释等，包括释、释X、X释，如释辨、释补、释粹、释读、释考、释论、诠释等。如例463是对台湾少数民族社区营造的部落历史性说明与解释；例464是用文字对唐宋羁縻府州制度史料予以解释；例465对荷马史诗《奥德赛》从历史与文化双重视角予以分析与理解；例466对康德《判断力批判》解释证明；例467是对《冰心日记》整理过程中所存问题注疏和考证；例468是对历时久远的阳明诗赋注释考证；例469从中国少数民族哲学典籍中提取主要部分，等等。

463	台湾少数民族社区营造的部落影像与历史诠释	民族问题研究
464	唐宋羁縻府州制度史料辑证注释	中国历史
465	荷马史诗《奥德赛》的历史文化解读	世界历史
466	康德《判断力批判》诠证	中国文学
467	《冰心日记》疏证	中国文学
468	阳明诗赋编年笺证	哲学
469	中国少数民族哲学典籍提要	哲学

合用类 将考、编、释、辑、评、录等单音词，调研、出版、总校、启示、校勘等双音词，单与单、双与双、单与双两两组配，形成内涵更为丰富的标题用语，也是拟题炼题重点之所在。如何尺幅千里反映研究的性质，字里乾坤，不可小觑。如例575，对《传习录》与王阳明其他单刻本和稀见孤本文献进行全国性调研、影印出版与总汇总校，分三个阶段，三项工作。请再看例470—476：

470	《十三世达赖喇嘛传》译注	民族问题研究
471	清代宋诗选本辑评	中国文学
472	汉代五崔集辑校	中国文学
473	中国聋人大学生英语档案袋研制	语言学
474	谶纬辑佚史研究与谶纬文献的重新校理	中国历史
475	《史记》版本叙录	中国历史
476	要件事实论视野下《民法典》合同编的解释与反思	法学

例470是对《十三世达赖喇嘛传》的翻译与注释；例471是对清代宋诗选

本的编辑与评论；例 472 是对汉代五崔集的编辑与校订；例 473 是对中国聋人大学生英语档案袋的研究与制作；例 474 是对谶纬文献的再次校订与整理；例 475 是对《史记》版本的简单介绍；例 476 是对《民法典》合同编的解释与反思。

散用类 此外，还有一些未成类的词语，既有名词性的，也有动词性的。单用较多，如"史、撰、年谱、报告、建设"等，其中，"史"即历史；"年谱"即用编年体记载个人生平事迹或某领域事业发展的书文；"报告"即以书面形式向上级或社会所做的陈述，等等。如例 477—484：

477	中国文献学史	图情文献学
478	美国中国现当代文学研究史	中国文学
479	中亚佛教与伊斯兰教交流史（7—18 世纪）	宗教学
480	《汉书·艺文志》解题新撰	图情文献学
481	向警予年谱	党史·党建
482	汉宣帝杜陵、许皇后少陵考古调查勘探报告	考古学
483	清代流人文学编年与数字地图平台建设	中国文学
484	清水江文书全文数据库建设	民族问题研究

零标记类 即不带"研究"类标题用语的光杆标题，详见第 16、43 问。如例 485—490：

485	古书系统中诸夏族群传说与文化记忆	中国文学
486	中美民间科技交流的缘起、实践与叙事（1971—1979）	中国历史
487	朱熹《论语》学阐释：问题与新意	哲学
488	元身份的政治寓意与中国共同体建设的历史逻辑	社会学
489	白裤瑶的宗教信仰与生活秩序	民族问题研究
490	风险投资市场匹配结构理论	应用经济

72. "研究"如何研究？如何细化"研究"的内涵？

本问仅以"研究"为例，其他标题用语或半标题化词语（如"构建""及其应用"等）或许也可作类似思考。当前对"研究"细分渐成趋势，显示研究工作的细化与精深，多涉及学科、性质、程度、方法、视角等类型。

由各学科切入　以学科为研究的切入点，尤其可做交叉学科研究；若在本学科内，有时则略显多余。如例491—494：

491　"数字货币"本质的哲学研究　　　　　哲学
492　进化视域下合成生物技术的哲学研究　哲学
493　越南境内汉墓的考古学研究　　　　　考古学
494　乡村人居环境的人类学研究　　　　　社会学

上述四例均由学科切入。前二例由哲学切入技术，属于跨学科研究。例491对最新货币形式的本质展开哲学考量，不过，"哲学"二字虽能彰显学科视野，却略显多余，可以免用，见491′。

491′　"数字货币"本质研究

例492研究合成生物技术，既置于进化视域，又取哲学视角，完全可以拟作例492a与例492b。此二例取代了"哲学视域下的……研究"的模式，比其更好，让"数字货币""合成生成技术"先入读者眼帘。二例中"的"字必用，以达分隔"本质""生物技术""哲学"的目标，以免前后形成一个概念。

492a　合成生物技术的哲学与进化论研究
492b　合成生物技术哲学与进化论研究

例493"的"字可省，因为暂无"汉墓考古学"之类。因是对越南汉墓进行考古，冠以考古学，颇似叠床架屋，"学"字也可略去，见493′。

493′　越南境内汉墓考古研究

例494，因学科大，研究对象较小，不能"没大没小"，为此需加"的""之"以示区分，见例494b；换个角度思考，"人类学"因"人居"而可省略，若一定加上，则旨在强调。

三、炼 题 篇

494a 乡村人居环境之人类学研究
494b 乡村人居环境人类学研究
494c 乡村环境之人类学研究
494d 乡村人居环境研究

方法彰显创新 即在"研究"前面加上方法的类型，或是方法论本身的研究，如例495；或是采用各种方法研究某个问题，如其他各例。方法分三种，有哲学方法、一般方法、具体方法，常用后两种，详见各种方法论图书。又如例495—496：

495 新时代科技创新方法论研究　　　　　　哲学
496 民国清华留美生职业发展量化研究　　　　中国历史

标题对"研究"的限定词常有：量化、描写、专题、眼动、实证、库助、追踪、初步等。如例297对口译学能测试任务模型构建采取了实证研究。例667对我国当代农村籍大学生阶层自我定位的追踪研究，其"追踪"具有方法意义，就是按其踪迹或线索追寻，对所究对象持续展开观察、记录、分析、对比和综合研究的方法，探察学生阶层自我定位的言行或心理的发展过程。依例499可知，当代民主模式中西方均有特色，其治理效能如何，拟题者要作一番比较，其"比较"或"对比"就是研究方法。该题还可改进为"当代民主模式治理效能中西对比研究"。

497 不同背景母语者汉语WH疑问句二语加工的眼动研究　语言学
498 出土西夏文药方语言文字专题研究　　　　　民族问题研究
499 当代中西方民主模式的治理效能比较研究　　　政治学

突出性质程度 性质是事物所特有并区别于他事物的根本属性，广义上指特性、特质、特征、属性、特点等。特性指人或物所特有的性质；特质指特有的品质；特征指特有的象征、标志等；属性指事物所具有的性质；特点指人或物所具有的独特之处。这类性质有时会有程度划分，发轫或终结，典型或一般，深层或表层，等等。如例431以"反思性"限定"研究"。再如例500—501：

151

500　利用神经网络进行甲骨卜辞字体分类的初步研究　　语言学
501　社会情感能力视角下乡村学生校园欺凌的防治研究　教育学

例500是不常见但开始受人关注的"初步研究"。正式研究之前有时需做初步研究，权当实验或试验田，因此初步研究具有工具性或方法论意义，可预测研究的可行性，为正式研究修正意见、改进方法、调整样本数、调节标准、重选受试、优化流程、重采数据、完善解决方案、扩缩研究范围、增减研究任务等提供更充分的依据。初步研究麻雀虽小，却肝胆俱全，可以小见大，由始见终，以投入少、规模小的点式研究获得初步结果，以免正式研究费时费资费力，旨在完善改进后续规模大、投入多的课题，甚至是获得更高级别的课题。

选取各种视角　最明显的是标题带有"视角、视域、背景、条件、约束、倡议、发展"之类的字眼。如例157对文学与哲学关系做了宏观研究。又如例501取社会情感能力的视角研察乡村校园学生之间欺凌的防治问题。校园欺凌主要指向学生，"学生"二字可省，"的"可去。如：

501′　基于社会情感能力的乡村校园欺凌防治研究

73. 文章、著作与项目标题用语有别？语出有方，出何经典？

人文社科研究有三项主要活动：撰文、著书、做项目。按其结果论文、著作、课题的最终名称考量，其标题有相对独立性，也有交叉性。如例502—504：

502　新中国新闻摄影70年　　　　　　　　　新闻学与传播学
503　魏晋南北朝乐府歌诗表演及文体综论　　　中国文学
504　会馆与传统戏曲在新疆近代社会的传播　　中国文学
　　　（1884—1949）

论文标题用语可用的词语最多，涵盖面相对较窄，用词宜小，常用初探、浅说、小考、释疑、新议之类，如"辨源"，指辨别根源或来源，就较少用于著作与项目。如例503，所谓"综论"，意为综合论述，书文均可用，项目少见。如郑珊珊《日据前期台湾女性汉诗综论——以〈汉文台湾日日新报〉为中心》(《清华大学学报(哲学社会科学版)》,2022年第4期);程石泉《中国哲学综论》(上海古籍出版社,2007)。

大概文学类学者在学术规范上较为灵活,与学科和学人有关,可显自身特色。不过,文学是艺术,文学研究则是学术,在标题用语上也应遵循规范。

  505 宋代《诗经》佚著辑考   中国文学
  506 宋诗汇评与考证   中国文学
  507 "清欢"观念与宋代美学面向研究 中国文学
  508 《文选》五臣李善二家注论衡 中国文学
  509 麦积山石窟第74—78窟考古报告 考古学

专著篇名用语比较正式、宏观,可用数量相对较少,如研究、探索、集萃、规范、广记、缩印本、图集之类。意为改正文字谬误的"订讹"、意为做事诀窍或问题解决途径的"门径"可用书名,若对象较小,也可用作论文名,却少见于项目名。例502中"70年"用来计算年数,见于书文,多用于各类后期资助项目申报。

项目标题用语相对更少,且越来越固化,常用研究、调查、趋势、前景、绘制、创建、价值等。譬如"调研""报告"多作书文之名,即便用于项目,也多见于考古学之类,如例509。再如例504,可作书名,作为项目名称用得少,或显另类。

上述总结出自《标题用语词典》[①]。为助各位习用,本书从中特选了一批标题用语,又加入了新的用语,详见附录一和附录二。

(四)前沿及时需单炼

74. 核心研究对象何以词化语化术语化?四字格如何妙用与慎用?

所谓词化,指词的形成过程,即自由组合关系的短语固化为词,既指某些

---

① 尹世超. 标题用语词典[M]. 北京:商务印书馆,2007.

词组经长期使用而逐渐凝固为词,也指其临时变化成词。

词化术语 核心研究对象可以词化,也可(短)语化,最终达到术语化。词化是提炼核心研究对象的基础,量上少于语化,因求言简意丰,也最难。词化是对短语或单句的简略,多半采用汉语中现存的词,也有汉语词典所无而临时简化的。如例 666 将"在西方世界的翻译与传播"临时词化为"西传"。再如例 510—512:

510 科技风险诱致型邻避冲突生成机理及治理研究 政治学
511 欧盟国家间边界和领土争端研究 国际问题研究
512 "中非友谊"背景下中国人与尼日利亚人的 社会学
 跨国婚姻研究

例 510 是术语信息密度极高的选题,风险、诱致、邻避、冲突、生成机理、治理均为术语,或具特定内涵,或带褒贬,或高度凝练,再由一般性的词语"科技"与连词"及"串联成题。例 511,国家间边界不正是"国界"?为了文气简洁,可改为:

511a 欧盟国界与领土争端研究
511b 欧盟国界与领土之争研究

语化术语 语化,就是使句子或较长的短语实现名词性范畴化,或动词性范畴化,即变成较短的短语。如例 512 研究"中非友谊"背景下中国人与尼日利亚人的跨国婚姻,如此陈述尚可,若以此为题,则欠精炼。缔结婚姻肯定是人类的行为,跨国婚姻自然是人际行为。选题背景也可省略,时代意义由"尼日利亚"隐含。于是可得如下精简方案。

512′ 中国与尼日利亚跨国婚姻研究

语化基于词化,其结果仍比词长,形态更丰富,语义关系也较词更松散。如例 513—514:

513 "大别山 28 年红旗不倒"原因研究 党史·党建

三、炼 题 篇

514 中国共产党人口思想史研究（1921—2021） 人口学

例513立题无可厚非，若为显示动静相间，"原因"改为"溯因"更妙。其中"大别山28年红旗不倒"本是一个句子，反映党史事件，将其加上引号，而成了一个复杂短语，临时变成了党史术语。例514使用了时段"1921—2021"，正好是一百年，完全可以语化为"百年"。

513′ "大别山28年红旗不倒"溯因研究
514a 中国共产党百年人口思想史研究
514b 中国共产党人口思想史百年研究

四字格慎用 短语之中，四字格是汉语表达的优势手段，可以妙用，不能滥用，总之慎用。尤其忌用成语，因为成语是成熟甚至是陈旧的语言，创新时常用成语就会变成陈词滥调，不利于选题出新。但是成语可以改造，或可仿用，或可自创四字格，利用主流四字模式，装入新鲜内容。如例5，将"粤西濒危曲种的保护及当代传承研究"中的"保护及当代传承"提炼为四字格"固本拓新"，既简练，又略带新意。再如例515—516：

515 疫情常态化背景下疫苗犹豫特征及应对研究 管理学
516 思想建党和制度治党同向发力研究 党史·党建

例515的"犹豫"是反映心理的词，也是日用词语，因世界卫生组织免疫战略咨询专家组率先将其用于医学。"疫苗犹豫"意指一种受到多种因素影响接种疫苗的行为，即从完全接受到完全拒绝之间的行为，这也是通俗词语术语化的典型。例516，思想上建党与制度上治党是中国共产党的两种举措，拟题者可能想表达做一件事时两个方面同时进行或两种方法并用，汉语可用成语"双管齐下"，项目申报者借用了物理学概念"发力"表"用力"或"发挥作用"之意，甚至可以将其理解为生活用语，同时用"同向"表示二者一起作用的方向，既避免了因使用成语"双管齐下"而产生熟即俗的不良印象，又两次借用物理学概念构建了鲜明的形象。该题若要更显突出，也可加上引号。

515′ 疫情常态化背景下"疫苗犹豫"特征及应对研究

516′　思想建党和制度治党"同向发力"研究

75. 术语新颖度如何判定？哪些路径可自证其新？

术语出新是选题出新之本。所谓术语新颖度，指术语新奇或别致的程度。新颖，本指植物刚萌生的小芽，后引申为新鲜、别致，有创新感。选题新颖，也体现了选题的创新性，主要体现为新战略、新领域、新学科、新理论、新思想、新观点、新思路、新问题、新方法、新材料、新推进、新突破等[①]。

术语根据新旧可分为三类。全然不知的术语，危险，用之也是冒险；全然已知的术语因熟而缺乏新意，难以引人关注；知而不详的术语，具诱人的魅力，人们才想一探究竟。

自我判断某个术语是否新颖，招数可分大小类：三大类（词典类、网络类、亲知类）；五小类（专业词典、语文词典、专业网络、综合网络、亲知类），现以例665中"比译"为例。

词典类　词典能收编较为稳定的词语，其编纂、印刷、发行前后需若干年，词典修订期有的较短，有的则较长，有的则不再修订，因此词典常常落后于术语的增长。以纸质或电子词典为准，查看其中是否收录了该术语，又分专业词典、语文词典两小类。

专业词典　专业词典也叫专科词典，即汇释某学科或某领域的专业词语、专名和术语的词典，如《医学词典》《简明法学辞典》《石油地质辞典》《计算机词典》等。以"比译"为例，查阅《语言学词典》《中国译学大词典》等之后，未发现收录。

语文词典　又称语言词典、语词词典，指主要收释普通词语的词典，如《现代汉语词典》《同义词词典》《反义词词典》《汉语大字典》等，以其为工具，查找"比译"，也未发现。

网络类　网络因其便捷而能较快跟踪、收录各种信息。可以网络为准，查看其中是否收录了某术语。网络类工具又可分为专业网络、综合网络两小类。

[①] 黄忠廉. 人文社科项目申报300问（第二版）[M]. 北京：科学出版社，2022：181.

专业网络　在此特指为某一领域特定用户提供服务的专门用途网络，如中国知网就是向海内外读者提供中国学术文献、外文文献、学位论文、报纸、会议、年鉴、工具书等各类资源统一检索、统一导航、在线阅读和下载服务的网络。从中查找"比译"一词，偶见文献用到，也有含义不明的用法，需要用户加以识辨。

综合网络　即综合性的互联网，能为大众提供更加便捷、更加智能化的信息，如 Baidu、Google 等。可在其中查找"比译"，就在输入"比译"的前一秒，或许就有新的信息输入此类网络搜索引擎，因此它比专业网络更能证明某术语的新颖度。

亲知类　前两大类和四小类均为外在的途径，可谓书上网上得来，虽不能说书上网上得来"终觉浅"，却是容易学得搜得。亲知类则指拟题者亲身见过、听过或做过，是通过其亲历得来的知识或经验，是其躬行的"亲知"。这往往是选题的绝招，或独门绝技，是其智慧或经验的宝藏之所在，表现为百科知识、百事百闻、生活经验、行业视野，甚至是"道听途说"。比如术语"比译"曾用作中国英汉语比较研究会的前身，即 1990 年 7 月于井冈山成立的"英汉比译学会"，其中"比译"意为"比较与翻译"。初心可贵，可以史为据旁证"比译"能简明地反映"比较与翻译"之意。

76. 拟题何以求客观避主观？何时体现主观性？

拟题所追求的客观，指不依赖于人的意识而存在的一切事物，其存在不以人的意志为转移，既包括有形的，也包括无形的。拟题所规避的主观，指人的意识所支配的一切。除非是专门研究主观性问题，多数选题以中立客观的立场研究问题，因为对客观所做的判断既含客观性，也含主观性。随着观察的深入，客观性似乎会越来越占据主位，但也难以达到绝对的客观。如例 596，研究孤独老人对陪伴机器人的情感偏好，"偏好"就能体现人的主观性，拟题者的选择也具有主观性。又如直接含主观色彩（例 280），甚至是"主观性"的选题（例 517）。再如根本不带主观，不必使用"我国"之类词语的选题（例 519）。

517　20 世纪艺术史叙事中史学家的主观性与　　艺术学
　　　个人情感研究

| 518 | 艾滋病感染者低效主观社会参与的预警介入机制研究 | 交叉综合研究 |
| 519 | 碳转移视域下我国省际碳补偿机制研究 | 应用经济 |

另以大家不太注意的"中国""我国"入题为例，略论拟题的主观性。项目申报拟题中"我国""中国"虽并存使用，但区别巨大（详见表27）。若从语文、全球观、全国观考量，"我国"一词使用率还可降低，才更显客观与科学。

表27 国家社科基金项目课题指南使用"中国""我国"对比

指南与获批		中国		我国	
		数量	占比（%）	数量	占比（%）
国家社科课题指南[1]	选题总量	13 898			
	含术语数	1532	11.02	311	2.24
获批国家与部项目[2]	获批总量	21 970			
	含术语数	3118	14.19	1010	4.60

注：1. 指国家社科基金项目2019—2021年度课题指南。
2. 指2019—2021年立项的国家社科基金年度项目与教育部人文社科研究一般项目。

2019—2021年立项的国家社科基金年度项目与教育部人文社科研究一般项目无一用"我国"，全用"中国"，虽无太大参考价值，也可以旁证。但用"中华"者246项。"中国"是中华人民共和国的简称，一般偏政治和地理；"中华"是中国与华夏的合称，一般偏文明和文化领域，用之可带情感。

1949年，"全国美协"成立。1953年，全国美协会议决定将其改为"中国美协"，以便对外直接交流，翻译也会语义明晰。因此，在问学中要分清用词的主客观性。如例670"中国文论"就不能用"我国文论"，否则术语性不强。例667中"我"或"我国"也不常用，不然所有或多数项目都可加"中国"或主观性更强的"我国"，因为国家社科基金项目所涉的研究就是立于或服务于中国。又如例520—529：

| 520 | 英国档案文献所记中朝关系史料整理与研究（1875—1910） | 中国历史 |
| 521 | 我国中小企业重整制度重构研究 | 法学 |

三、炼 题 篇

522	我国退捕上岸渔民可持续生计研究	社会学
523	积极应对人口老龄化的中国方案研究	社会学
524	维吾尔族中华认同意识的形成发展及其与其他民族的交往交流交融研究	民族问题研究
525	铸牢中华民族共同体意识视角下西北民族地区生态移民社区建设与民族交往交流交融研究	民族问题研究
526	地方政府治理与我国金融风险形成机理研究	应用经济
527	贸易摩擦背景下美国技术安全立法走向及我国应对策略研究	法学
528	朝鲜半岛形势发展新趋势及我国应对策略的国际法问题研究	国际问题研究
529	中非命运共同体理念下构建我国对非洲安全合作升级版的对策研究	国际问题研究

客观研究所钟情的对象，有情不露，有时需控制，怕失客观。如例520是客观地研究文献典籍中的事物关系，用词无明显的主观情态。例523则有所不同，涉及世界性老龄化问题，其中"积极"是中式表达，"应对"本是采取措施、对策以应付出现的情况，态度肯定是积极的。换言之，已含其前的限定意义，如"应对严峻挑战"。用"中国"，暗中对应"世界"，拟题者以词显之，无非强调，只是当代人习焉不察罢了。以简绳之，不妨对上述部分例子作一修改：

521'　中国中小企业重整制度重构研究

522'　中国退捕上岸渔民可持续生计研究

523'　人口老龄化中国应对方案研究

525a　西北地区生态移民社区建设与民族交往交流交融研究

525b　西北生态移民社区建设与民族交往交流交融研究

528'　朝鲜半岛形势发展新趋势及中国对策的国际法问题研究

529a　打造中国对非洲安全合作升级版的对策研究

529b　中国对非洲安全合作升级版创制研究

529c　创造中国对非洲安全合作"升级版"对策研究

159

529d　创建中国对非洲安全合作"升级版"对策研究

标题多数力求客观化。从术语学角度看,"中国"是术语,"我国"一般不是术语,偶尔术语化,或作临时术语。此外,申报者拟题较易受选题/课题指南影响,其作用可见一斑。因此编写组编写指南时应提高术语化要求,力避主观,追求客观,以学科与学术为主。在中外比较语境下命题尤其要注意。如例530—533:

530　境外宗教渗透与我国意识形态安全问题研究　　　　　马列·科社
531　新时代我国扶贫模式创新及世界意义研究　　　　　　马列·科社
532　社会组织市场化转向与自我造血实践研究　　　　　　社会学
533　推进我国民营企业创新能力提升的路径及政策研究　　理论经济

主观性有时可以存在,但要力避不显科学性的主观化,尤其是面向世界时,这一问题极为明显。如带"我国"的论文、专著及项目标题英译时就必须转换,因此拟题伊始应一次性准确到位,以方便国内外传播。除"我国"之外,有些词语甚至是术语本身更是常带情感色彩,也就具备了一定的主观性,一般按语文要求处理即可。如例533,"能力"主要与"提升"语义相契合,"推进"常与抽象名词组构,如"推进状态""推进效果""推进进度""推进社区建设""推进和谐社会的建设"。推就是推,提就是提,二者均为动词,"推进"与"提升"直接搭配不合适。可逐步炼题如下:

533a　提升我国民营企业创新能力的路径及政策研究
533b　我国民营企业创新能力提升路径及政策研究
533c　中国民营企业创新能力提升路径及政策研究

有趣的是,省市级立项指南就很少带"我省""我市"字样,有时倒还写"中国",替国家担责!没有比较,就没有鉴别。《湖北省社会科学基金一般项目(后期资助项目)2022年度课题指南》,在其"说明"中仅出现了4次"我省";而"中国"5次出现于"说明",8次出现于"课题条目";"中华"1次出现于"课题条目"。后二者如例534—536。

三、炼　题　篇

再以2022年江苏省社科选题指南为例，"中国"24次见于选题，"中华""我省""本省"三者均未见，"全省"见于"江苏沿江地区打造全省现代化建设先行带、引领带研究"，"江苏省"见于"江苏省营商环境法治化指数研究"，其他即便涉及"省"之所指，也直接用"江苏"二字，达117个，例见537—539。

534	构建中国特色哲学社会科学学科体系、学术体系、话语体系研究	马列·科社
535	中华优秀传统文化创造性转化和创新性发展问题研究	中国历史
536	中国故事和中国声音的全球化表达、区域化表达、分众化表达研究	语言学
537	江苏乡村振兴与伦理文化共同体建构研究	哲学
538	江苏高质量发展水平测度与空间差异研究	理论经济
539	数字赋能江苏治理现代化研究	政治学

77. 选题如何体现倾向性？或褒，或贬，或并立？

选题所用的实词如名词、动词、形容词、副词均可带褒贬色彩，以利选题体现价值或问题意识；其中动、形、副三类词的褒贬色彩较为明显，而名词，尤其是某些抽象名词，可表示性质、行为、状态、感情等抽象概念，或是具有某种性质的人或事物，带有社会评价，产生或褒或贬之义。

题目应褒贬分明，该肯定则肯定，该否定则否定，或含褒贬两面。不置褒贬者表明态度不鲜明，不易引起选题审读者关注。好比年轻人穿衣，全黑、全白、全蓝，全都好。蓝天白云，上黑下白，上白下黑，也相宜。若是衣白裤黑鞋又白，走起路来如划弧——尤其是夜幕降临之际。如例540—542：

540	农村教师乡土情怀的失落与重塑研究	交叉综合研究
541	国有企业ESG战略管理控制系统实现路径及经济后果研究	管理学
542	基于语料库的俄罗斯主流媒体涉华报道的话语研究	语言学

例540，农村教师渐失乡情，情怀欠满，这是失落的现状，拟题者却矢志对其重塑，打动了审读者。例541拟题者的初心若真是只研究多含贬义的"后果"，则无讨论余地；若是用作中性，非褒非贬，指事物发展所达到的最后状态，用"结果"较好；若是指好的方面，不妨用"效果"。例542由无彩走向带彩的历程如下：

542a　基于语料库的俄罗斯主流媒体对中国报道的话语研究

542b　基于语料库的俄罗斯主流媒体对华报道话语研究

542c　俄罗斯主流媒体对华报道的话语语料库研究

542d　俄罗斯主流媒体涉华报道话语语料库研究

542e　俄罗斯主流媒体涉华报道话语库助研究

542a已将选题的基本要素配齐，等待提炼；542b对题目主体即学科前沿A作了提炼；542c将研究方法"基于语料库的"转为研究的性质，仍带方法论价值；542d将平淡的"对华报道"改为"涉华报道"，点染色彩。涉华报道可以反映对我国的评价，是一面镜子，可以从中找出我们需要改进之处，此类研究可以满足国家的需要。该题还可以优化。

人世间充满苦与乐，人们往往把苦当回事，却对乐不以为意。好事不出门，坏事传千里。这些均说明正或好的一面不太受关注，而负或坏或神秘的一面常引人注目。选题多倾向负面研究，真是有"问题"，且不是一般问题，才是"真问题"。最具内涵的标题是反话正说，"贬"义"褒"说。如例543—548：

543	金融危机后西方左翼学者的当代资本主义批判研究	马列·科社
544	美国政府解密涉藏档案整理与研究	国际问题研究
545	19世纪俄国文学中的中国形象及其误读研究	外国文学
546	新技术时代西方民主机制失调研究	政治学
547	新时期中国企业海外危机话语研究	语言学
548	中印领土争端舆论史研究（1947—2017）	新闻学与传播学

例543，左翼是中国学者对西方较感兴趣的研究对象。与之同理者又如例

三、炼 题 篇

544 之解密与涉藏、例 545 之误读、例 546 之失调、例 547 之危机、例 548 之争端。

  543′ 金融危机后西方左翼学者当代资本主义批判研究
  544′ 美国政府涉藏解密档案整理研究
  545a 19 世纪俄国文学所塑中国形象及其误读研究
  545b 19 世纪俄国文学所书中国形象及其误读研究

题中所含褒义或贬义词语一般一二个，超过三个，褒贬义就变得强烈了。如例 549—550：

  549 生态脆弱地区重大突发自然灾害的治理策略研究   政治学
  550 四省藏区临界贫困群体"悬崖效应"缓释及   社会学
     精准扶贫政策调适研究

例 549 宜去"的"，"脆弱、重大、突发、灾害"中除"重大"之外，其他都含贬义，这种强烈有时会过度，需要拟题者据情把握。又如例 550 的"悬崖效应"指贫困户与非贫困户待遇差距太大产生的消极现象，其后的"缓释""精准扶贫""调适"则是积极行为，二者形成反差，更显选题的问题意识与现实价值。

  549′ 生态脆弱地区重大突发自然灾害治理策略研究

题中正负、肯否、得失、急缓等反义词均有涉及时，选题对比度较大，倾向性则更鲜明，给人印象更深刻，衬托出选题的学术意义与现实意义。如例 551—553：

  551 大国应对治理困境的措施及得失研究   政治学
  552 清朝经营西北边疆成败得失研究   法学
  553 西方主流政党的困局与中国共产党的显著优势 马列·科社
     比较研究

例 551 涉及大国应对治理困境的得失；例 552 不仅研究清朝经营西北边疆

的得失，更突出其具体的成败，宜取"得失"，舍"成败"，原因见第91问。再如例553的"困局"与"优势"形成对应，拟题者还要"显著"比较，若去掉两个"的"，效果或许更佳。若将对应的二者聚拢，将中西并置，突出执政党，所比对象更丰富，效果会更突出，如553b。

551′　大国治理困境应对措施及得失研究

552′　清朝经营西北边疆得失研究

553a　西方主流政党困局与中国共产党显著优势比较研究

553b　中西执政党困局与优势对比研究

78. 如何明析核心研究对象的特点？特征与特性何以见分晓？

研究就是抓"特务"，执行的应是特别任务。其"特"就是特点，细指事物外在与内在的独特之处，外在者为特征，内在者为特性。从选题"核心研究对象"细究选题的特点，具体可究"特征"与"特性"，旨在更好地对其开展内外双究。

特征，侧重指研究对象的外表或形式上独特的标志，是最直观最直接的具体印象。特性，指研究对象所特有的性质，且属于本质性的，隐藏在事物内部，不易发现，需经发掘才可揭示。对于选题而言，较小较低的选题可究其特征，较大较高者则应究其特性。如例554—557：

554　金融危机后美国左翼运动新特点研究　　　　　马列·科社

555　我国大城市居民婚姻行为的新特征、成因、　　人口学
　　　影响及趋势研究

556　竞赛压力下运动员心智游移的特征及干预研究　体育学

557　冷战后美国通信产业全球扩张方式、特征及　　世界历史
　　　策略研究

或许正是考虑到特点含有特征，或是特征本身过于表象，有的拟题者在"特点""特征"之前常加上"新"字，以引人注目，如例554、例555。按理说，选题层次与特征和特性相关。特征是表面和外在的，据之可由表及里，追至特

性，进而全面研究事物。特征捕捉是研究的起点或抓手，低层次选题多研究特征，以描写为主；中高层次选题多研究特性，以揭示为主。然而事实并非如此，以 2019—2021 年立项的国家社科基金年度项目与教育部人文社科研究一般项目为例，因特点包括特征与特性，理应立项最多，却仅有 18 项；含"特征"者竟达 187 项；含"特性"者才 12 项；含"属性"者也仅有 12 项；含"性质"者仅 4 项。后三者更显理论性，反而不多，侧面反映课题的认识层位有待提高，应引起学人们注意。

如何由特征近特性？以例 665 由"公示语"提升而成的"语言景观"俄译为例，首先得掌握汉俄双语的特征，再发现其差异，最后为化解二者矛盾，探索解决方案。汉语公示语多使用祈使句，简洁又凝炼；俄语公示语较多地使用物称表达法和陈述方式，委婉而间接。汉语倾向于多用动词，叙述呈动态；俄语倾向于多用名词，叙述呈静态。俄语公示语习惯全用大写，不用句号，多用名词短语、动名词短语，有时使用祈使句，有时还使用非常正式的文体等。以上皆能亲见亲闻，也可从书中获得，但都只是研究对象的特征而已。对特性的追索，则可见下一问。

79. 特性何时成第一属性？如何与原点结合？

特征是特性或属性的外在表现或外化形式，因此通过特征可以发现特性，由表及里，由浅入深，由现象发掘本质。如例 544 整理与研究美国政府涉藏解密档案，实因"涉藏""解密"吸睛，属于材料收集、整理与发掘，资料性工作应是占了半壁江山，或与"研究"平分秋色。又如例 558—564：

558	健康风险认知下的用户信息搜寻行为及其交互特性研究	图情文献学
559	农村资金互助组织合作金融属性及成效研究	管理学
560	关于改革开放史的马克思主义性质之辩护性研究	马列·科社
561	上市公司并购商誉的经济性质及其会计处理研究	应用经济
562	考虑生理信息的产品设计方案分布式语言多属性评价方法研究	交叉综合研究

563	农村集体经济组织法人的特别属性与立法构造研究	法学
564	陕北宋金石窟多元文化特性研究	宗教学

例 558，研究健康风险认知下的用户信息搜寻行为，主要是描写性的，而次级研究内容"交互特性"则是原理性的，整个研究将从现象层行为转向本质层特性发掘。例 559 则主要研究农村资金互助组织合作的金融属性，兼及成效而已。例 561 同理。据题目的结构，例 563 对农村集体经济组织法人的特别属性与立法构造进行平等性研究。

558′　健康风险下用户信息搜寻行为及其交互性研究
560′　改革开放史马克思主义性质辩护研究
563′　农村集体经济组织法人特性与立法构造研究

上述各例是项目申报者深思熟虑之后最终定下的研究对象。这一过程是复杂的，甚至是痛苦的。其心路历程可能是：研究者所发现的研究对象若有多种本质属性，可能是无序的，或是笼统的，可单独排列成序，不多时，可与外在特征一起排列。不论多少，先本质属性后外在特征，按重要性一一排列，或按研究的迫切性排列。比如一到十种，之后分步筛选，先去掉一半，剩下五种，再末位淘汰，所剩三种，反复琢磨，再末位淘汰，最后只剩两种，能分先后，自然成功。实在不行，任选一种。

仍以例 665"公示语俄译研究"为例，如第 91—94 问所述，此前与"语言景观"之外的其他要素结合分析，现在回归"语言景观"自身，深掘其内在属性。若是透过第 78 问所描写的特征，可以得到一些初步的特性，如：A 准确简洁；B 清楚明白；C 直截了当；D 语气强硬；E 模式化……

首先按语言景观本身属性的重要性，会有一种排列方式，更多时候因个人或业界研究的迫切性，会有另一种排列方式，如 ABDCE、EABDC、ABCDE、DABCE、BDACE 等。

第一属性，有公认的共识，也有个人的私见，具有相对性，于人于己，于内于外，于古于今，均可以相对而论。如果拟题者认为"模式"及其"模式化"是最重要或最需研究的，就可选取 EABDC 的排列方式。再将第一属性"模式化"与选题的原点"语言景观"、已炼出的内容"比译"匹配如下：

汉俄语言景观+比译+模式化=汉俄语言景观比译模式化。

这一匹配看似简单，实不简单，因为汉俄语言景观均具有相应的模式，其中蕴含着如下丰富的揭示事物特性的层级关系：

  模式与模式可以比较（一重），
  过程与结果可以模式化（二重），
  模式与模式可以转换互译（三重），
  过程可以模式化（四重），
  结果也可模式化（五重）。

这五重模式，层层叠叠，形成选题严密的逻辑框架，成其最大的研究特色，相似的研究此前未见同类发掘，为项目获批奠定了坚实的学理基础。

80. 借选题之机，如何创新选题体系？如何精准组合？

选题之机是良机，机不可失，正可借此展开选题的系统思考。无论文章发与不发，专著出与不出，报项中与不中，都可将选题作为天赐的良机，为科研播种，并借养原之机，为自己创建新的研究体系。

由炼题第三次陌生化（详见第93问）可知，任何学科的研究均可分出诸多层次与方向，每个方向又可向下继续切分，所得的结果就是研究方向层次结构图，见图4。若设层次为L，第一层则可命名为L_1；第二层可命名为L_{2a}, L_{2b}, $\cdots$, L_{2n}；

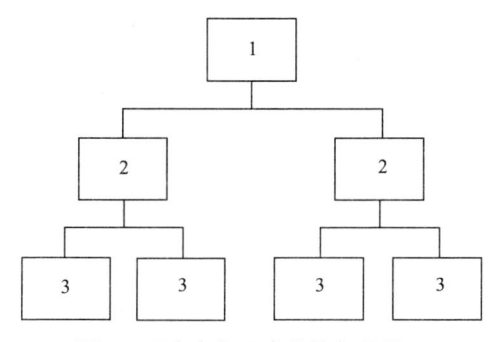

图 4 研究方向层次结构部分展示

第三层可命名为 L_{3a}，L_{3b}，L_{3c}，L_{3d}，$\cdots$，L_{3n}。随着研究方向层次向下切分得越细，可拓展或深入研究的领域就越多。此时，若发现一个新的点子，即第91问所养的"原"，如"变译""提高农村收入""宗教教化"等，就可与诸多层次——逐层匹配，再进一步提炼，力求精准组合，精准表达，在理论上可形成一棵"选题树"，结出丰硕的成果。

接下来，可据选题者本人的理论或实践基础、科研能力、研究条件、申报要求、团队实力等聚焦选题树，从 L_1 层开始"试"题。通过前述的匹配程序，发现所配成的选题若无人做，即可定下；若有人做过，则转向第二层 L_2，逐一思考 L_{2a} 与 L_{2b}，前者无人做，则可定下；若有人做且无再做的空间，则可转向后者，直至 L_{2n}。L_{2n} 若有人做，则转向第三层 L_3，续走第二层的过程，直至找到恰当的选题。具体详尽的例证，可见第93问。

上述过程说来复杂，做起简单。下述例565或许经历过如下的炼题过程：

565　"茅盾文学奖"作品英译与国际传播研究　语言学
565a　中国文学作品英译与国际传播研究——中国文学层
565b　中国现当代文学作品英译与国际传播研究——中国现当代文学层
565c　中国当代文学作品英译与国际传播研究——中国当代文学层
565d　"茅盾文学奖"作品英译与国际传播研究——中国当代文学获奖层

例565a立于中国文学层，中国文学分为古典文学、现代文学与当代文学，以此为选题的原点，涉及太过广泛，也就过大。565b立于中国现当代文学层，"中国现当代文学"作为选题原点仍然过泛，跨现代与当代两个时期。565c立于中国当代文学层，排除"现代文学"（现行的划分是1917—1949年），缩小了范围，锁定最近几十年的当代文学（现行的划分是1949年以后）。565d立于中国当代文学获奖层，从当代文学中再次圈定截短时段，即从设立茅盾文学奖的1981年算起；即便如此，也不是获奖的所有作品均成研究对象，申报者仅选取获奖作品的外译作为研究对象。该奖虽颇具争议，但依然不失为中国最重要的文学奖项之一，至此才确立最恰当的选题，即例565。若作反向思考，565d—565c—565b—565a就是选题种子"茅盾文学奖"作品外译不断扩大选题的过程。随着研究的深入与代代传承，可以成为续做几十上百年的选题，完全可以构成一棵选题的参天大树。

81. 哪类词修饰或限定事物可显选题价值？

平时撰文著书的选题多为自选，偶有项目申报提供选题/课题指南。各种选题/课题指南只指方向，所列多为框架性选题，可以拆分或是细化为多个较小或更小的选题。细化的方式之一就是对题中某个术语加以限定或修饰，扩其内涵，缩其外延，将公选之题化为私有，变成自己的课题。

多半采用形容词或副词对研究对象进行限定或修饰，并作出价值判断。含价值判断的词主要是性质形容词，也包括动词或名词，主要表示评价，略带描写。形容词最能代表价值判断，多用于描写或修饰名词。它表示人、事物、行为的性质或性状，如大、小、快、慢、高、低、新、旧等单音节词，优化、恶化、最优、优质等双音节词，中国式、跨越式、现代性、现代化等三音节词。如例575用"孤"修饰"本"，用"全+国"说明调研的范围，前者显重要，后者显工作量。又如例412的《中华人民共和国计量法》于1985年9月6日由第六届全国人民代表大会常务委员会第十二次会议通过，2009—2018年不足10年间有过五次修正，极见其重要与不完善。拟题者要基于其修订历史与现实及未来需求，讨论其"重大"问题，且是"若干"，也许正是如此才征服了审读者。再请看例566—567：

566　相对贫困的标准、识别与治理研究　　　　　　社会学
567　专业孵化器主导的"专精特新"企业梯度培育研究　管理学

例566的"相对"是一模糊词，不好把握，却限定贫困的标准，进而依此对贫困加以识别，结果指向贫困的治理，这一连串动作充分彰显了研究价值。例567巧用"主导"替代了"基于"，避用因熟而俗的"基于X的Y研究"模式。最出彩的是"专精特新"四个形容词连用，外加"梯度"对"培育"的限定，极具基于问题的选题意识。又如例568—571：

568　赫哲族伊玛堪珍稀资料抢救性整理研究　　　　中国文学
569　西方经济学最新发展（制度与演化经济学　　　理论经济

基础理论）研究
570　空间社会学的新发展研究　　　　　　　　社会学
571　白壁德全集翻译与研究　　　　　　　　　外国文学

例568，《伊玛堪》是中国东北部赫哲族人民世界观与历史记忆的重要组成部分，入选了《急需保护的非物质文化遗产名录》，是"世界非遗"。加之"赫哲族"是人口渐减的少数民族，其文化资料自然"珍稀"，点明了赫哲族伊玛堪相关资料之贵与少。其整理研究具有"抢救性"，说明了整理与研究之重要。一选题两价值，显得弥足珍贵，自然透出选题的本质属性。

对于例569，国家社科基金项目2002年度课题指南与其相关的是"西方经济学最新发展研究"，申报者将自己的研究领域"制度与演化经济学基础理论"直接嵌入括号，获批项目；巧是巧，却仍不算最终最佳的选题，因为括注的内容位置不对，其上位概念应是"西方经济学"，而不是"最新发展"。关键是加括号只是最简单的"公私兼营"，尚未真正融合。融合之道在于去括号，将自己的研究内容直接当作研究对象的核心，才能直接体现真正的研究。若是"发展"也逐渐具有标记性，连"研究"二字也可省去。

569a　西方制度与演化经济学基础理论最新发展研究
569b　西方制度与演化经济学基础理论最新发展

例570是2019年项目申报者自选的课题，这种命题方式非常讨巧，只要将任何一种学科、理论、思想冠以"新发展""新进展""新X"，即可成题。这种思路往往是指南命题者所为，可为天下学人提供一个大方向，正因为如此，申报者也在冒险，脑海中有问题，所拟之题却不具体。另，可去"的"，还可点缀"新"以"最"。

570a　空间社会学新发展研究
570b　空间社会学最新发展研究

例571除白壁德地位重要需引进外，重在所译所研究者为"全"集，而非单部或选集，工程量大，耗时不短，所以批为重点项目。若将"白壁德全集"移入"《》",是不是更专业?!

571′　《白壁德全集》翻译与研究

82. 哪类词描绘疏状关系可述选题价值?

疏状关系指以动词、形容词为中心的状中关系,如例675的"快速"修饰说明动词"响应",语法作用是作状语。状语是动词或形容词前面的连带成分,从情况、时间、处所、方式、条件、对象、肯定、否定、范围、程度等方面对动词或形容词进行修饰或限制,说明动作的状态、方式、时间、处所、程度等。如例572—574:

572　新时代我国实现共同富裕的收入再分配体系研究　　　理论经济
573　人民币国际化与汇率异常波动研究　　　　　　　　　应用经济
574　雄安新区文化遗产考古调查及分类保护研究　　　　　考古学

例572,"新时代"从时间上修饰"实现","新"体现时间,顺带价值。共同致富会产生分配问题,如何"再"分配,尤重公平性,其"再"反映了频次意义。拟题还要为其创建体系,虽不见"创建"二字,结果却显而易见。例573"异常"从方式上修饰"波动",单看是状中短语,随着"波动"转为名词,它又变为定语,动静转化之间,仍能显示其疏状之义。例574中,雄安除了作为新区引人关注外,其文化遗产考古调查也是必做的抢救性工作,如何保护又是方式问题,"分类"既是一种方式,或许还有"分级"作用。

572a　新时代中国实现共同富裕的收入再分配体系研究
572b　新时代中国共同致富的收入再分配体系研究
572c　新时代共同致富收入再分配体系建构研究
572d　新时代共同致富收入再分配体系创建研究

描绘疏状关系的词多半是副词,在句中表示行为或状态特征,用以修饰动词、形容词、其他副词或全句,表示时间、地点、程度、方式等概念。标题常用的副词可分为时间副词、频率副词、方式副词、程度副词、关系副词、顺序

171

副词等，如例569用"最"修饰"新"，用最高级表示程度。又如例575—578：

575	《传习录》与王阳明其他单刻本稀见孤本文献全国调研、影印出版与总汇总校	中国历史
576	被"污名化"职业的工作重塑及归属感研究	管理学
577	电影的再媒介化研究	新闻学与传播学
578	中国国防支出低估论研究	统计学

例575用"稀"修饰"见"，反映了孤本之罕见。用"总"修饰"汇"与"校"，折射出工程量与体量。例576，"重塑"意为"重新塑造，以原本存在为基础，重新打造"，虽已词化，稍作离析，"重"字的疏状意味却仍可品得，它可确保被污名化职业从业者对工作再行设计，以重新获得认同感、存在感和归属感。例577之"再媒介化"同理，若去"的"，则更简更明。

577′　电影再媒介化研究

例578略有不同，其中"低"修饰"估"，因形成了理论术语"低估论"而仍保留着评价意义，但不是对研究对象的评价。另，可将例578之"中国国防支出低估论"当作术语加上引号，将观点术语化整体推出，也不失为良策。

578′　"中国国防支出低估论"研究

83. 好题具有动感或画面感，动感分哪三类？

世界是运动的，选题炼题同理。婴儿睁眼就爱看"动"物世界。题目可静可动，生动的题目更能夺人眼球，换言之，选题有动感，有时会胜人一筹。动感由动词呈现，大致分为三类：表动作行为、表存在变化、表心理活动的动词，即行为动词、存现动词、心理动词。

行为动词　这是第一类动词，表示动作或行为，用得最多，如批评、汇辑、禁止、计量、提升、整合等。如例381研究长江保护立法问题，"保护"是动词，因"长江"而名词化；"立法"是动词，又因"长江保护"而名词化，颇似俄语等语言中的动名词。又如例579—585：

三、炼　题　篇

579	乡村振兴的文化力驱动研究	交叉综合研究
580	"湖南省例成案"点校、补正与研究	法学
581	海外"钱学"文献系统整理、研究与开发	外国文学
582	禅宗文献词汇研究史及词语整理考辨汇释	语言学
583	中国高校俄语专业语音教学改革的实践探索	语言学
584	涉台传统村落原乡文化景观保持与提升研究	民族问题研究
585	新业态从业人员劳动权法治化保障研究	法学

例 579 含"振兴""驱动"两个动词，前者是后者的对象。例 580 "点校、补正与研究"系列行为反映了对"湖南省例成案"探索程序的渐进与深化。例 581 的"整理、研究与开发"分别对应基础、理论与应用。其"钱学"绝非"钱家学派"的简称，而指研究钱锺书的全部著作及其蕴含的意义和独特的方法[①]。例 582 与例 581 还不同，三个动词"整理""考辨""汇释"之间不用标点与连词，极为紧凑且自带节奏。例 583 看似教改选题，实为语音学研究，旨在训练俄语初学者语音，使其发音越来越好、越来越地道，简言之，越来越"纯"，这一过程可范畴化为"纯化"。

583a　中国学习者俄语语音纯化教学系统的建构与实证研究

583b　中国俄语学生语音纯化研究

583c　中国俄语大学生语音纯化研究

583d　中国大学生俄语语音纯化研究

存现动词　这是第二类动词，表示人或事物存在、变化与消失，用得较多的动词有变化、消亡、发生、演变、嬗变、进展、发展、老化、现代化、老龄化等。譬如，例 152 研究戴震思想与中国现代美学的发生。又如例 586—594[②]：

586	汉语复杂句的历史演变研究	语言学
587	礼制及其变革与汉代文体谱系的形成	中国文学

[①] 陈子谦. 论钱学品格[J]. 文学评论，1990（6）：56-68.
[②] 例 590 的项目于 2020 年立项。

588	公共服务类邻避冲突的发生演化机制与治理路径研究	管理学
589	政治经济学批判与人的存在方式研究	哲学
590	世界经济周期波动的贸易传导路径演变研究（1820—2020）	理论经济
591	中国制造供应链的脆弱性与消减机制研究	管理学
592	生态环境损害救济制度冲突与消解研究	法学
593	新中国70年来人口死亡性别差异研究	人口学
594	2010年以来中国人口死亡水平的分死因模式及其变化趋势研究	人口学

例586可去"的""历史"，更简。而例587是A与B结构，礼制的变革多指过程，谱系的形成多指结果，"形成"指汉代文体通过发展变化而成为谱系的过程，去"的"更加术语化；例588同理。

586a 汉语复杂句历史演变研究

586b 汉语复杂句演变研究

587′ 礼制及其变革与汉代文体谱系形成研究

588′ 公共服务类邻避冲突发生演化机制与治理路径研究

例589直接使用"存在"，正与哲学术语相合。例590可把时间限定语放在题首，略去"的"，更简洁明确。例591—592的"消减""消解"为事物之减的意义，同时表示行为动词的成分也较大。例591也可去"的"。例593—594的"死亡"表事物消亡。

590′ 1820年以来世界经济周期波动贸易传导路径演变研究

591′ 中国制造供应链脆弱性与消减机制研究

心理动词 这是第三类动词，用得较少，如想象、记忆、认知、思维、推理、认同、体认、偏爱、排斥等。这类动词还常常组成短语，如爱国、尊师等。如例595—601：

三、炼　题　篇

595　喜饶嘉措大师爱国爱教思想研究　　　　　民族问题研究

596　孤独老人对陪伴机器人的情感偏好研究　　管理学

597　马来西亚华裔的粤语媒介使用与文化认同研究　新闻学与传播学

598　柏林浪漫派的共同体建构与想象研究　　　外国文学

599　新冠肺炎疫情对内群体偏爱和外群体排斥的　社会学
　　　影响及机制研究

600　中世纪早期史学中的罗马历史记忆与身份认同　世界历史
　　　问题研究

601　河姆渡身体文化记忆研究　　　　　　　　体育学

心理动词"爱"所构成的短语"爱国""爱教"是喜饶嘉措大师的思想标记，可以用作核心概念，因而产生了例595的选题。例596反映了机器人陪伴孤独老人的技术趋势，其间产生何种情感，本来就是重要课题，进一步细化为"情感偏好"，一下点亮了思想。又如例599，"偏爱"与"排斥"形成对应，问题意识极为鲜明。例600的"问题"仅有强调之意。二例与例597、例598一样，"的"字可去。

596′　孤独老人对陪伴机器人情感偏好研究

597′　马来西亚华裔粤语媒介使用与文化认同研究

598′　柏林浪漫派共同体建构与想象研究

600′　中世纪早期史学中罗马历史记忆与身份认同研究

84. 题内可"动"几次？连动式标题有何优势？

连动，指两个或多个动词前后相继使用构成连动型短语，从动词角度看，两个动词相邻连动占多数。汉语有连动关系，本是两个或以上的动词性词语连用，但未构成偏正、述宾、述补、联合或主谓关系，中间无停顿，不见关联词语，也缺乏分句间存在的逻辑关系，如"刻舟求剑""画蛇添足""守株待兔"不少成语即是典型。将连动式用于拟题炼题时，标准则要宽松一些，泛指选题中前后有两个或以上的动词性词语连用，中间或有停顿，或用关联词连接。

双连动标题　二连动或双连动，即两个动词或动词短语连用，是连动式标

人文社科选题炼题：100问+700例

题的主体，中间一般用"与""和""及"等词相连，若为紧凑或流畅，也可不用。如例138可改为"智能政府建设风险规避及其难题突破研究"。又如例602—604：

602	我国社群档案记忆建构与传承研究	图情文献学
603	思想道德修养与法律基础课教材的文本空间、意义填补与话语创新研究	马列·科社
604	完善直接税制度并提高其比重研究	应用经济

例602，"建构与传承"是对我国社群档案记忆的先建后传，其间用"与"连接，构成联合关系。若去连词"与"，直接写作"建构传承"，仍含联合中的承接关系，却也可算作连动关系。例603有31个字符，"'思想道德修养与法律基础'课教材"无法简炼。教材内容若存空白，就需填充。这种填充行为最终体现为话语创新，前者是问题，后二者用两个动词体现了解决方案与价值。例604用"并"，X成为联合关系，若去之，则可成为二连动式连动关系。

602′　中国社群档案记忆建构与传承研究
603′　思想道德修养与法律基础教材文本空间、意义填补与话语创新研究
604′　直接税制度完善与比重提高研究

这种不带标点不用连词的连动式动词运用越来越多，如例605，"反抗""斗争"是前后语义相连的动词。例606的"发生""成立"前后呈因果关系。而例607的"存在"虽因"感"而变成名词性短语，"优化"虽因"策略"降低了动词性，但终归仍含动感。二连动还见较为复杂的组构，其复杂性体现为两个动宾短语前后相连，中间无标点、无间隔，使得动感延长，后面直接以标题用语"研究"之类煞尾。

| 605 | 台湾民众反抗日本殖民统治的舆论斗争研究 | 新闻学与传播学 |
| 606 | 晚清民国美术类留学生与中国现代艺术设计的发生与成立研究 | 艺术学 |

三、炼题篇

607　在线教学中教师言语对教学存在感的作用及　教育学
　　　优化策略研究

例 608 是二连动，"健全城乡融合机制"与"释放西藏经济增长潜力"是独立的动宾短语，再次组织，仿佛是联合短语却又不是，而是连动短语，前后仿佛暗含因果关系，健全机制是释放潜力的条件，却又模糊。其中的动词"融合"与"机制"构成偏正短语，又与"城乡"构成主谓短语，融合起来做"健全"的宾语；同理可析"释放西藏经济增长潜力"。

608　健全城乡融合机制释放西藏经济增长潜力研究　民族问题研究

多连动标题　三连动，即三个动词或动词短语连用，三者之间或用顿号，或直接相连，如例 582 的"整理考辨汇释"；或前二者之间用顿号，后二者之间用连词"与"之类，如例 580 之"点校、补正与研究"、例 575 之"全国调研、影印出版与总汇总校"等；或是三个动词分散于标题中，前后相连，却依次推进。再看例 609—612：

609　环境规制影响企业绿色创新跨区溢出的效果与　管理学
　　　机制研究
610　中国旅游产业转型升级动态演进研究　　　　　管理学
611　大型建设工程项目冲突事件的发生发展和分布　管理学
　　　规律及其管控机制研究
612　存在干预下的复杂生存数据因果推断及其应用研究　交叉综合研究

例 609 中，"影响""创新""溢出"三个动词前后连用，若将"跨"与"区"分开分析，也可视作四连动。例 610 则是三动向四动过渡的明显之例，其中"转型""升级""演进"三个为动词，而"动态"指事物变化发展的情况，也含动感，在此修饰"演进"；借助四个涉"动"词语对中国旅游产业展开研究，绝对是动感十足的选题。

四连动式标题及以上者较少，少见但不会多怪。之所以用四连动，主要是研究对象所涉之动较多，比较复杂，需要多重角度地呈现。如例 611 书写其"发生""发展"的历史,描绘其"分布"规律,还要对其"管控"机制予以揭示。又如例612是表存续动词的"存在""生存"与表思维活动的"推断"及其"应用"的理论与应用进行前重后轻式双重研究。例608的"健全""融合""释放""增长"四个动词连用,虽说一、三对应作谓语,二、四在此兼具名词性作宾语,但四个词均显动感。再如例613—616:

613　中国传统彩塑工艺系谱及当代再生研究　　　　艺术学
614　京津冀演艺类非遗与旅游融合发展研究　　　　艺术学
615　基于空间选择的森林生态效益量化补偿研究　　管理学
616　西南少数民族体育器械制作技艺抢救性挖掘与　体育学
　　　活化保护研究

由上例可知,标题含一动词(例613)会出彩,可以二连动(例614、例322)、三连动(例615),甚至是四连动(例139)、五连动(例616)。这类连动式标题是最典型的动态结构,有较强的动感,审读时易受同行青睐。二连动、三连动、四连动中,既有通用动词,如推进、提升、融合、重塑、发展、促进、抉择、保护等,更有专用动词,如分裂、攻击、失落、干预、防治、排放、护理、实施、活化、开放等,两相比较,通用动词往往更能体现价值与创新,尤请读者诸君平时留意。

85. 选题功能可宏、微二分?如何发挥其隐显提升作用?

功能分宏观功能与微观功能。前者指现实社会之需,属于显性的外需,往往与学术外围关系相连;后者指学科发展之需,属于隐性的内需,往往与学科前沿本身提炼相融。在此主谈宏观的现实社会之需,兼及微观的学科前沿之需。

选题功能的显性提升主要是将功能说在明处,赋予其最明显的标记,比如将"一带一路""人类命运共同体""中国文化走出去"等国策直接放在题首,偶尔置入题中,以显示所拟之题与国家需求的关系。这种显性提升既涉及宏观功能,也触及微观功能。如例617:

三、炼　题　篇

617　中国同"一带一路"沿线国家开展区域货币合作　　理论经济
　　　推进人民币国际化的方案研究

例617中的"一带一路"是国家倡议的国策，"人民币国际化"既是国家改革的目标，也是经济学应研究的重大课题，前者彰显宏观功能，后者突出微观功能。其核心问题是如何加强中国与"一带一路"国家开展"区域货币合作"，以推进人民币国际化。与人合作，这一行为肯定是展开的，因此"开展"冗余。研究的结果是提出方案，似乎可省，或者用了反显层位不高；"推进"不如"促进"更显主动性与积极性；"国家区域"不是"区域国别"之义，易生歧义，不如去"国家"，因为"一带一路"就涵盖了国家与地区；更关键的是，"区域"在此意涉：有关国家为货币金融合作组成了货币联盟，旨在形成区域性货币一体化。上述讨论修改结果分呈如下：

617a　中国同"一带一路"国家区域货币合作推进人民币国际化方案研究
617b　中国同"一带一路"国家区域货币合作推进人民币国际化研究
617c　中国同"一带一路"国家区域货币合作促进人民币国际化研究
617d　中国同"一带一路"区域货币合作促进人民币国际化研究
617e　中国与"一带一路"区域货币合作促进人民币国际化研究

宏微两种功能隐显合一是最精选题方式，一方面避免了宏观功能直立题首而失新意，因为宏观功能多为国事或国是，人人皆知；另一方面将国家需求与学科前沿研究结合起来，合二为一，内容精，形式简，自然出好题。如例618—619：

618　百年中国儿童文学外译研究　　　　　　　　　　外国文学
619　内地高校港澳台学生中华民族共同体意识培育研究　马列·科社

例618卓尔不群，原因有三：①站在国家高度关照国之所需所急，中国儿童文学的外译能有力促进民心相通、人类命运共同体的构建等，国家意识由"中国"二字突显，同时也反映政治与空间；②"百年"二字拉开了时间跨度，既指明研究所要付出的工作量，又彰显较为广阔的历史视野；③核心术语"外译"

响应了国家持续重视的时代国策与学科前沿，再次为课题获批提供了理据。

例 619 是宏观功能与微观功能相融于一体的选题。往大看，事关国家意识；往小看，涉及港澳台大学生的民族意识培育，是国家所需的选题。但是"内地"一词尚欠精准。拟题者来自华中高校，用"内地"，所指值得商榷，"内地"与香港和澳门相对，中国内地（大陆）与港澳台相对，可将"内地"改述为"境内地区"或"中国境内"。此外，高校的学生即"大学生"。语首有境内之意，"中华民族共同体"可承前省略，"民族共同体"足矣！综上可得：

619′ 境内港澳台大学生民族共同体意识培育研究

功能多数是隐性的，若遇可隐可显情况，则由拟题者判定做出选择。若是功能与研究前沿关系不大，可隐，实为可省；有时加上，反倒多余，有拉大旗做虎皮之嫌。如例 620—621：

620	塔里木河流域农业节水补偿机制改进研究	应用经济
621	装备制造业"卡脖子"难题破解路径研究	管理学
622	马克思供给需求理论视角下中国供给侧结构性改革研究	理论经济
623	健康中国战略下中药材质量作弊行为治理研究	管理学

例 620 若加"一带一路"或"西部大开发背景下"反显多余。例 621 也不必加上时代背景。下面就是这两例不太推荐的方案：

620a "一带一路"塔里木河流域农业节水补偿机制改进研究
620b 西部大开发背景下塔里木河流域农业节水补偿机制改进研究
621a 国家战略下装备制造业"卡脖子"难题破解路径研究
621b 中西高新技术博弈背景下装备制造业"卡脖子"难题破解路径研究

与例 620、例 621 相反，例 622 则可转显为隐，将"马克思供给需求理论"的工具性变作施为性，甚至使用其上位概念"马克思理论"予以替换，因为马克思对供需问题的研究是其经济学理论的重要组成部分，有宏微之分：宏观上主要分析社会总的供与需、供需与经济危机的关系等，微观上主要分析供需与市场价格、市场价值关系等。例 623 的"健康中国战略"永远是值得研究的问题，是永恒的研究母题，不用也罢，不必强贴；若从防与治的角度看，其修改又会有所侧重。二例可优化如下：

622a　马克思供需论视角下中国供给侧结构性改革研究

622b　马克思理论指导中国供给侧改革研究

623a　中药材质量作弊行为治理研究

623b　中药材质量作弊防治研究

623c　中药材质量作弊治理研究

623d　中药材质量防止作弊研究

（五）前沿与时需双炼

86. 前沿 A 与时需 B "关系"宜挑明求和谐？

据第 17 问，前沿（A）是必要条件，时需（B）是充分条件，宜以 A 为核心确定二者关系，即 A 为参照，B 与之产生各种关系，如时空关系、因果关系、并列关系等。时空背景关系即 B 是研究的时间或空间，或时空兼具的关系，B 对 A 加以限定，如例 624。因果关系，即前者是后者的原因，后者是前者的结果，如例 625 既是空间关系，也是因果关系，民族融合是因，认同是果。并列关系则反映 A 与 B 是平等或交叉的关系，或者相互影响，如例 626。

624　"双碳"背景下农业减排固碳与粮食安全协同　应用经济
　　　推进研究

625　民族融合视域下蒙汉杂居区的音乐与文化认同研究　艺术学

626　英国与中国共产党关系研究（1945—1954）　党史·党建

627　国际战略与中国解决陆地领土争端关系研究　国际问题研究

628　改革开放以来中国政治发展和经济发展相互　马列·科社
　　　促进的历史经验研究

A 与 B 的关系或明或暗，关系含混并非好事，有的选题标明了"关系"，却并非真的关系。如例 627，到底是何关系，未明示，只表明二者有关系，而未指明是何关系，可能有风险。审读者可能会认为写了等于没写，反留下负面印象：提炼不够，尚未发现二者关系。或许拟题者发现了，但未显示。倘若如此，反被误解，岂不冤枉？国际战略是一国基于对一定历史时期内国际格局的判断而确定的维护本国国家利益的谋划。在毛泽东时期的国际战略中，国际统一战线战略是非常重要的、具有指导意义的独特内容。其总原则是"凡助我者友之，凡助敌者敌之"。毛泽东根据国际环境的变化，不断调整联合和打击的对象[①]。这种战略调整必然影响中国处理领土争端的外交实践，可从矛盾学说寻找变量，以把握国际统一战线战略的发展脉络，通过对相关自变量进行赋值来验证国际统一战线战略对中国处理陆地领土争端行为的影响。

626a　英国与中国共产党研究（1945—1954）

626b　英国与中国共产党互鉴研究（1945—1954）

626′　国际战略与中国解决陆地领土争端研究

A 与 B 关系中多半是单炼 A 或 B，炼好 A 或 B，以更简明姿态向 B 或 A 靠拢，也有 A 与 B 先后碰撞，彼此向对方靠拢，达至双优。如例 226 "多维视界下汉语二语口语产出模型研究"，"多维视界下"是研究视角，"汉语二语口语产出模型"是研究对象，是"A（之）下 B"研究的套用，也不妨将其显性关系改为稍微隐性的关系，以免产生熟即俗的模式化认识。"多维"多指空间，"维"是度量，三维空间若加时间，便构成四维时空。视界，在此取语文学"视野""视角"之意，而非物理学释义。二者组合而成"多维视界"，即指多个考察问题的角度或方面，如《多维视界中的科学》一书分别从反伪破迷、理性光芒、人文意蕴、科学理趣视角普及科学知识、科学方法，弘扬科学精神和科学思想[②]。以此考察该题，拟题者或许要从信息加工理论、口语语料库、韵律学等角度研究汉语二语口语产出模型，原题不妨精简为：

---

① 曲鹏飞. 国际战略与毛泽东时期中国处理领土争端的方式[J]. 边界与海洋研究, 2016(4): 78-101.
② 郑念，王丽慧，孙红霞. 多维视界中的科学[M].北京：中国科学技术出版社，2021.

三、炼 题 篇

226a 汉语二语口语产出模型多维视界研究
226b 汉语二语口语产出模型多维研究

此类命名方式也常用，如某论文取名为"英语财务报告语篇推销策略多维视界研究"。

A 与 B 的关系可隐可显，可由隐改为显，也可由显变为隐，全由拟题者个人把握。可由 A 移到 B 后，也可由 B 提至 A 前。凡此种种，旨在保证选题清晰、简明流畅，新人耳目。如例 628 可作如下修改，前二种可能是定题前的修改，主要改时需 B；后六种是定题后可能存在的修改方案，主要改前沿 A。

628a 党的十一届三中全会以来中国政治发展和经济发展相互促进的历史经验研究
628b 三中全会以来中国政治发展和经济发展相互促进的历史经验研究
628c 改革开放以来中国政治发展与经济发展相互促进的历史经验研究
628d 改革开放以来中国政治经济发展相互促进的历史经验研究
628e 改革开放以来中国政治经济互促发展历史经验研究
628f 改革开放以来中国政经互促发展历史经验研究
628g 改革开放以降中国政经互促互进历史经验研究
628h 改革开放以降中国政经互促互进史研究

628a 标题过长，学科内容也长，表现为定语过长，值得商榷。例 628b 用"三中全会以来"也可，它指的是党的十一届三中全会，于 1978 年 12 月 18 日至 22 日在北京召开，开启了中国改革开放的命运之门。继续将"三中全会以来"改为"改革开放以来"，概括层次更高，至此，国家现实需求的修改完毕，获批了国家项目，即例 628。

接下来修改标题中学科前沿的部分。例 628c 用"与"更具书面性。例 628d 避用了两个"发展"，应尽量不重复词语。例 628e 将"相互促进"提炼为"互促"；例 628f "政治经济"有时也可简略为"政经"。例 628g "互促"也含有共进，即共同进步、推进之意，想突出，也行，反正标题不长了，用"互进"，舍"发展"。例 628h "经验"似乎学术性不强，不如用"史"，更有历史观，以史为鉴，昭示

183

未来,"改革开放以降中国政经互促互进史研究"或能成为最终的选题。

87. 选题时空单用或依存有何条件?占位何许?

选题时空,指选题指涉的时间或空间单位。行为的发生总以时间与空间为坐标,"表演没有了时间和空间如何叫表演。"①如百年、"五四"、19—21世纪、1949年以来、全球、中国、珠三角等。尤其是时间,常常成为选题的研究节点,建党、建国、建军等事件,十年、二十年、三十年、四十年、五十年、百年、新时代等时段较易入题。譬如严复《天演论》1998年面世一百年,也是其"信达雅"翻译思想提出的一百年,二者的百年研究就成了当时的热点,好几家刊物都推出了专栏。请看例629—633:

629	晚清至五四时期的文言译诗研究	中国文学
630	桐城派在晚清民国的命运研究	中国文学
631	中国共产党百年出版思想史研究	新闻学与传播学
632	中国文学修辞百年研究史(1919—2019)	中国文学
633	中国体育法学学术史研究(1984—2024)	体育学

例629,晚清(1840—1912年)即清朝统治的晚期,是中国近代史的发端,也是近代中国半殖民地半封建社会的形成期。五四时期,严格讲指1915年9月《青年杂志》创刊到1921年7月中国共产党成立,那么"晚清至五四时期"大致是1840—1921年。例630由事物、时间、空间构成,可调整为例630′。例631,"百年"具体指我党出版思想史研究的时段,即时长。若是"中国共产党百年出版思想研究史",则是"思想研究史",或可成为申报者下一个项目。可比照例632,改造为例631′。例632"百年"也可移至题首,限定"中国文学修辞研究";甚至是移至题尾,同时去掉"史",可得例632′。

629′ 晚清至五四文言译诗研究
630′ 晚清民国桐城派命运研究

---

① 李六乙.《樱桃园》导演手记[A].//(俄)契诃夫著,童道明译.樱桃园[C].北京:商务印书馆,2016:143.

三、炼 题 篇

631′　中国共产党出版百年思想史研究
632′　中国文学修辞研究百年（1919—2019）

依据时间的占位，时间入题可分前置式（如例629）、中嵌式（如例630—631）与后置式（如例632）。所划的时段，不仅指向过去，包含当下，有时也预含未来，如例633于2022年立项，其时段就包括未来的2024年。

给出时间段或空间阈，有时是为了划段分阈而究，如例649"译名统一与近代学术话语体系建构研究（1866—1935）"，仅研究1866—1935的问题，1935年之后的或许可以继续研究，申报课题，甚至是分出两个时段展开研究，假以时日，还可以走向重点，甚至是重大课题。又如例634—635：

634　"一带一路"背景下中俄电影交流交互研究　　　　艺术学
635　中国教学论话语体系建设的百年历程与基本经验研究　教育学

例634"'一带一路'背景下"看似空间，实为时间，是对"中俄电影交流交互"研究时空的双重限定，去之则无法了解研究对象的范围。例635的"建设的百年历程"可以术语化，改为"百年创建史"。

634′　"一带一路"中俄电影交流交互研究
635′　中国教学论话语体系百年创建史与基本经验研究

空间，多指地理空间，其他空间，比如所见、所载、所记等"所X"便是另类空间。空间可以单用，也可双用或多用，双用时还可形成对应关系。如例101"消费社会的审美资本化研究：西方镜鉴与本土经验"，其中"西方"与"本土"对应，立意鲜明。

空间可与大小、高低等参数匹配，这些参数不断扩大与提升，还有助于申报获批不同级别的项目。如例5"粤西濒危曲种的保护及当代传承研究"经提炼于2020年获批教育部课题"粤西濒危非遗曲种固本拓新研究"；以此为基，可进一步扩大研究范围更替更新研究对象。例如：

5c　广东濒危非遗曲种固本拓新研究
5d　岭南濒危非遗曲种固本拓新研究

185

5e 两广濒危非遗曲种固本拓新研究
5f 地方濒危非遗曲种固本拓新研究

5c 将"粤西"扩至整个广东；5d 由广东扩至整个岭南；5e 按区域性，明显加上广西，则成"两广"；5f 再扩至全国，提升概括性，若既指全国或具有全国代表性，却又始于地域性思考，不妨用"地方"。再如例 636—640：

636	大庆精神铁人精神口述历史研究	党史·党建
637	粤港澳大湾区科技创新协同发展研究	应用经济
638	环塔里木传统铜器锻造工艺的科学认知研究	考古学
639	西部边疆民族地区意识形态风险的防范与化解研究	马列·科社
640	西部边疆民族地区意识形态风险防范与化解研究	民族问题研究

例 636 "大庆"虽与精神搭配，形成了专有名词，但仍明显指示了精神所产生的空间位置。例 637 的拟题者来自大湾区，研究粤港澳大湾区科技创新协同发展，粤港澳大湾区主要包括香港特别行政区、澳门特别行政区和广东省的广州市、深圳市、珠海市、佛山市、惠州市、东莞市、中山市、江门市、肇庆市。例 638 中的塔里木指"塔里木盆地"，"环塔里木"常指塔里木盆地周边的地区，有时也称"环塔里木地区""环塔里木盆地"。该题可去"的"字。例 639，意识形态风险的防范与化解本来就值得研究，但直接作为标题就显得大而无当。拟题者从民族划分中选择少数民族；从内地与边疆中选择边疆；从东南西北中选择西部，逐步明确了选题的空间位置。例 640 题选得不错，"风险""边疆""防范""化解"都是引人关注的词，西部地区的民族问题具有典型性。若省略"西部"，更具全国性和代表性，原题做完，也可上升至 640′，继续思考同类问题，但求更深刻、更全面，奉献更多智慧。

640′ 边疆民族地区意识形态风险防范与化解研究

时与空还可合用入题，二者相互依存。依存指两个以上的事物相互依附而同时存在。时与空的依存关系反映事物的演化秩序，时间表行为存在的序列，空间表行为存在的范围。如例 641—646：

三、炼　题　篇

641	当代中国民间文学生产机制研究（1949至今）	中国文学
642	2022北京冬奥会危机管理研究	体育学
643	海南图书馆事业发展研究（1044—2018）	图情文献学
644	俄罗斯媒体中的中国形象变迁研究（1991—2021）	新闻学与传播学
645	中国农村改革的省级决策研究（1977—1982）	党史·党建
646	现代医德建设的得失及其对当代医德建设的启示研究	中国历史

例641，"当代"与"（1949至今）"已重复，二者内涵完全重合，可以保前舍后。例642，"2022北京"是时空相邻作定语，极其紧凑。例643，"海南图书馆事业发展研究"本身显示不出太大的新意，而"（1044—2018）"才是获批的主因，一是时段长，跨越近千年；二是海南原本是广东的一个地区，跃升为省之后，方方面面均有提升研究的必要。例644，时空相应，"俄罗斯"自苏联解体后才立国，而苏联解体的时间是1991年，所以"（1991—2021）"为研究设立了区间，以考察俄媒中国形象的变迁史。

641′　当代中国民间文学生产机制研究
644′　俄媒中国形象变迁研究

例645，1978年十一届三中全会吹响了改革开放号角，农村改革发端于1978年末安徽省凤阳县小岗村的"大包干"，后来扩至全国。1982年，改革开放以来第一个涉农中央一号文件《全国农村工作会议纪要》正式出台。回首四十余年的农村改革，大致可以划分为五个发展阶段，1978—1984年属于第一阶段，即探索突破阶段。在此阶段，决策的探索层主要在省级。该选题角度独特，拟题者来自中国农村改革肇始地所在的省会，更便于开展调研，做农村田野调查。题首用"中国"，在空间上后面又用"省"表明此次改革从省起步，而"（1977—1982）"后置，进一步辖定了省级决策的时间段，后期农村改革由中央开始主导。例646为获批项目，若改为例646a或例646b，则更有效；省"时期"，去"的""对"，更能去冗；承前省略"医德"，更简；"启示"所指过小，"借鉴"意蕴更丰富，也可用"价值",以显作用更大。

645′　中国农村改革省级决策研究(1977—1982)
646a　现代医德建设得失及其当代借鉴研究
646b　现代医德建设得失及其当代价值

88. 前沿 A 与时需 B 并存,或隐或显?孰主孰次?

选题或炼题中前沿与时需呈联合关系时,A 与 B 并存,标题简单构成似乎是最省事,也最平常,但略显平淡,因为没有点明关系实质。有人甚至说不点明反而增添神秘感,让审读者多探点险,反而留下更深的印象。这实为一种狡黠之举。标题虽也要讲修辞,但学术性标题还是要有问题意识,以突出信息为主。

并存关系显隐与否,均有利弊。显之,是把双刃剑,显得正确或是符合审读者预期便好,显得偏颇或有违审读者预期,可能露怯。A 与 B 以显性联合为主体,隐性联合为次体,就目前来看,人们习惯了前者,还未重视后者。在信息化与快速阅读、处处讲吸睛的时代,后者越来越具有价值。如例 647—650:

647　汉文典籍中乌桓与汉朝依存关系研究　　　民族问题研究
648　防范金融风险与稳定经济增长关系研究　　应用经济
649　译名统一与近代学术话语体系建构研究　　语言学
　　　(1866—1935)
650　俄罗斯北方海航道开发历史档案文献收集　国际问题研究
　　　与中俄北极合作研究

前沿与时需的关系,多数是"A 与 B 研究"式,偶见"A 与 B 关系研究",后者"关系"或属多余。较好的关系式是将关系点明,并将该限定词放在"关系"之前,这点与前述有所不同。如例 647,乌桓是中国古代北方游牧民族之一,依据汉文典籍,乌桓与汉朝二者为依存关系。此外本例中乌桓与汉朝的关系隐含了时需——民族关系。例 648,"防范金融风险"与"稳定经济增长"之间有关系,但"关系"并未显示是何关系。二者之间存在"保持""确保"的价值导向关系,揭示这类关系,就是显性,不揭示便是隐性的。

648a　防范金融风险保持经济稳定增长研究
648b　防范金融风险确保经济稳定增长研究

前沿与时需一般分主次，表现为"A 及其 B"格式，A 为主，B 为次，如"……及其当代价值"等。例 649 是显性联合，无法隐性联合，若想改造，可将其联合关系改为陈述关系，呈现为主谓短语，因为 A"译名统一"与 B"近代学术话语体系建构"均是学科研究对象，只是 B 含有时代所需，即中国话语体系建构。

649′　译名统一促进近代学术话语体系建构研究（1866—1935）

例 650 中两个"俄"字无法去一，但"俄罗斯北方海航道"可以简称为"俄北方海航道"[①]。俄罗斯作为中国"新时代全面战略协作伙伴"，其地缘战略重要性不言而喻。2017 年中俄领导人倡议共建"冰上丝绸之路"，其中"北极航道"是双方共同关注、利益攸关的合作领域。俄北方海航道档案文献是当时关于内陆欧亚，包括中国西北边疆有关地区最细致、最真实的重要史料文献。拟题者收集历史档案文献，促进中俄北极合作，以小搏大，未雨绸缪，将未来转为当下选题，致力于起步阶段的研究。

650′　俄北方海航道开发历史档案文献收集与中俄北极合作研究

89. 时需 B 何时作用于前沿 A？何时互动？

时需一般体现为前沿的研究工具，为其提供理论或分析工作开展的时代背景，如新的研究理论、方法、视角、语料等。时需在此既指国家社会层面的大需求，也指学科内部发展的小需求。时需之用多半是明用，即在学科前沿之前明确使用所服务的目标、所应满足的对象、所采用的理论或工具等，如"B 之下的 A 研究""基于 B 的 A 研究"；偶有暗用，即研究的目标、任务等与学科前沿高度相合，不再分割成独立单元入题。如例 651—653：

651　政治传播视角下"台独"逆流演变与遏制对策研究　政治学

[①] 石丙如. 俄北方海航道开发与中俄共建路径研究[J]. 经济师, 2021 (1): 97-99.

652　共生发展视角下上市公司环境、社会与治理（ESG）　管理学
　　　行为机制及其制度优化研究
653　历史气候变化对中国长期经济增长的影响研究　　　理论经济

例651—652均为明用，前者从政治传播视角、后者从共生发展视角分别考察各自的研究对象，是典型的借光聚焦，具有演绎性研究的特点。后者长达36个字符，不妨用"共生发展"之义将行为机制具体化，原题因此由明用变作了暗用，如652′，压缩为26个字符。

652′　上市公司环境、社会与治理共生发展机制及其制度优化研究

时需B与前沿A之间一般是B影响A，也有A影响B，当A或B较长时，二者位置可以互调，将A与B的关系由主谓短语变为偏正短语，或相反。如例351"数字经济对碳排放影响统计研究"的A与B均是专业内容，而B"碳排放"正是国家乃至世界关注的话题，原题也可改为351′"数字经济影响碳排放统计研究"。再如例653的B是"历史气候变化"，A是"中国长期经济增长"，二者并不长，也可以将其关系由偏正短语改为主谓短语。

653a　历史气候变化对中国长期经济增长影响研究
653b　历史气候变化影响中国长期经济增长研究

有时，前沿与时需看似是双向关系，实则是单向关系。有时是前沿作用于时需，尤其遇上时需也成为研究前沿时。如例649"译名统一与近代学术话语体系建构研究（1866—1935）"，乍一看A与B都是学科前沿，细琢磨，B含有时代所需，A与B的关系实为译名统一是学术话语体系建构的必要条件。再进一步追究，用动词体现这种关系，或可用"促进"类。译名统一作为集体而非个人行为，从1866年同文馆的"同物同名"开始，又以1935年教育部统一译名为时间节点。这一"促进"行为是分时段的，表明未来还可继续研究。

更多时候是前沿与时需相互作用，即作用是双向的，由作用与反作用二者构成，具有辩证性。互动是学科前沿与时代所需呈现于选题的一种彼此渗透的组成方式。前沿是刚需，时需则分大小，有的学科时需有时小到可以忽略不计，

三、炼 题 篇

选题中不必体现,但可隐含而潜在。如例654—662:

654	秦汉契约、惯例、法度之博弈研究	法学
655	京津冀旅游需求演化机理与供给优化匹配研究	应用经济
656	深度贫困地区旅游精准脱贫与传统村落文化振兴的耦合路径研究	社会学
657	文学的语图互文性研究	中国文学
658	档案术语与档案学科协同演化机理研究	图情文献学
659	清代礼学与理学的互通性研究	哲学
660	中老铁路强化两国边民互惠共生研究	民族问题研究
661	现代体育、传统体育和民族体育互促研究	体育学
662	古代回回史料文献中回汉相互交融与依存关系研究	民族问题研究

前沿与时需相互作用,相互影响,有时互为因果,互为前提,二者可以互换。这类联系可具化为:①互相斗争的博弈,如例654;②相互配合的匹配,如例655;③紧密配合与相互影响的耦合,如例656;④不同文本相互关联的互文性或文本间性,如例657;⑤谐调一致的协同,如例658;⑥互相沟通的互通,如例659;⑦相依生存的共生,如例660;⑧互相促进的互促,如例661;⑨互相制约的依存,如例662;⑩融为一体的交融,如例662、例180;等等。

654′ 秦汉契约、惯例与法度博弈研究

657′ 文学语图互文性研究

658′ 档案术语与学科协同演化机理研究

659′ 清代礼学与理学互通研究

661′ 现代、传统和民族体育互促研究

90. A 与 B 的结晶永居 C 位? ABC 如何搭建研究框架?

前沿 A 与时需 B 之间常系纽带,或藏枢纽,不妨命之为 C。C 与 A 和 B

的关系，如同婚姻之后产生的三口之家。A 与 B 曾是新郎新娘，却都是旧生命，只有 A 与 B 的结晶 C 才是新生命，才是生命的创造，所以全家福照小宝多半身居 C 位，或立 A 与 B 之前。如例 663—664：

663 乡村闲置资源与多元化旅居产业的动态适配研究　　应用经济
664 外宣翻译叙事化助建中国在东盟形象研究　　语言学

例 663 若是拟作"乡村闲置资源与多元化旅居产业研究"，则语义不甚明了，或是研究两大要素，或是研究二者的关系，而该题将"乡村闲置资源"与"多元化旅居产业"二者的关系"动态适配"提炼出来，作为研究的硬核，突显了研究价值。例 664 在项目申报中多次反复提炼 A、B 与 C，才获批立项；即便已立项，仍可再思考，再拓展。其已然与未然两大方面可列于表 28。

表 28　前沿与时需之关系 C 位提炼过程

炼题过程	X 研究	X 的语法关系
省级指南	东盟外宣资料英译与国家形象构建	并列
作者选题	面向东盟的外宣叙事翻译与国家形象建构研究	并列
讨论改题 1	面向东盟的外宣翻译助建中国形象研究	主谓
讨论改题 2	东盟外宣翻译助建中国形象研究	主谓
讨论改题 3	东盟外宣翻译叙事化助建中国形象研究	主谓
讨论改题 4	东盟外宣翻译故事化助建中国形象研究	主谓
作者改题 1	提升中国在东盟形象的外宣翻译对策研究	定中
作者改题 2	外宣翻译叙事化助建中国在东盟形象研究	主谓
改题空间 1	外宣叙事化助建中国东盟形象研究	主谓
改题空间 2	外宣叙事化助建东盟中国形象研究	主谓
改题空间 3	外宣叙事化提升东盟中国形象研究	主谓

由表 28 可知，某省社科项目选题指南所给的题是 A 与 B 式，显得宽泛，设置了较大的选题炼题空间，这正是选题指南实质之所在。作者的选题是基于自己的研究领域与兴趣对省级选题指南的改造，将"东盟"改为"面向东盟"，"外宣资料英译"改为"外宣叙事翻译"。讨论改题 1—4 厘清了 A 与

三、炼 题 篇

B 的关系，提炼为"助建"，将"国家形象"明确为"中国形象"，整个 X 的关系由并列短语变为主谓短语，问题意识得到彰显。作者改题 1 用"提升"开头，与"中国在东盟形象"构成动宾短语，具有价值判断的功用，再与"外宣翻译对策"构成定中短语，却落脚于"对策"，导致选题价值略有下降。作者改题 2 是获批项目的标题，改回到主谓短语。虽然获批，该题仍可商榷，改题空间 1—2 简化了 B 的结构。改题空间 3 吸收了作者改题 2 的优点，更显化选题的价值。

不论是论文、专著，还是项目，只要是前沿 A 与时需 B 产生了结晶 C，均可以借助 A、B、C 三者关系搭建出比较稳定的研究框架（图 5 和图 6）。仅取作者获批的题目"外宣翻译叙事化助建中国在东盟形象研究"为例，设定学科前沿 A"外宣翻译叙事化"含有要素 a、b、c、d、e 等，时代所需 B"中国在东盟形象"含有要素①、②、③、④、⑤等，如政治形象、文化形象等。二者的关系 C"助建"以"建"为第二个构词词素，可构成 C_1—C_5："V_1 建、V_2 建、V_3 建、V_4 建、V_5 建"等，具体为"改建、新建、创建、重建、构建"等；以"助"为第一个构词词素，则构成另一个 C_1—C_5："助 V_1、助 V_2、助 V_3、助 V_4、助 V_5"等，具体为"助推、助建、助力、助进、助造"等。于是，A、B、C 三者构成图 5 和图 6 所示的两类研究框架。

```
A 外宣翻译叙事化要素    C 助建      B 中国在东盟的形象要素（政治、文化……）
        a              C₁—V₁ 建               ①
        b              C₂—V₂ 建               ②
        c              C₃—V₃ 建               ③
        d              C₄—V₄ 建               ④
        e              C₅—V₅ 建               ⑤
```
图 5　A、B、C 演绎出研究框架的方式之一

```
A 外宣翻译叙事化要素    C 助建      B 中国在东盟的形象要素（政治、文化……）
        a              C₁—助 V₁               ①
        b              C₂—助 V₂               ②
        c              C₃—助 V₃               ③
        d              C₄—助 V₄               ④
        e              C₅—助 V₅               ⑤
```
图 6　A、B、C 演绎出研究框架的方式之二

根据图 5，假设内容框架构成项目活页的第 2 部分"研究内容"，于是可以构成如下众多研究内容板块。

	方案一				方案二		
2.2.1	a V_1 建	①		2.2.1	c V_1 建	①
2.2.2	b V_2 建	②		2.2.2	b V_2 建	④
2.2.3	c V_3 建	③		2.2.3	a V_3 建	⑤
2.2.4	d V_4 建	④		2.2.4	e V_4 建	③
2.2.5	e V_5 建	⑤		2.2.5	d V_5 建	②

…………

根据图 6，由"助"构成的词可能有：助建、助推、助进等，于是可以构成如下众多研究内容板块。

	方案一				方案二		
2.2.1	a 助 V_1	①		2.2.1	d 助 V_1	①
2.2.2	b 助 V_2	②		2.2.2	e 助 V_2	⑤
2.2.3	c 助 V_3	③		2.2.3	c 助 V_3	③
2.2.4	d 助 V_4	④		2.2.4	b 助 V_4	②
2.2.5	e 助 V_5	⑤		2.2.5	a 助 V_5	④

…………

最后对图 5 和图 6 进行对比分析，可列出最重要的内容，以形成该选题最主要的子课题。经过如此严密的逻辑演绎与遴选，所得研究框架才会比较符合逻辑与需求。

（六）十炼"陌生化"

91. 一炼陌生化"养原"：缘何彰显选题初心？

炼题，第一步是确立原点或起点，可象形为"·"（见表29）。第一次炼题即"养原"，旨在保持选题本源，使其不背离研究者的选题初心。养原是炼题的出发点，反映了一颗研究种子的原生状态，是选题陌生化的首炼机制。

三、炼 题 篇

表 29　炼题机制：养原

序	功	符	机制	陌生化层次	炼题	境界
1	学科内功	·	养原	一炼陌生化	公示语俄译研究	见山是山

　　养原，即养源，意为保养本源、涵养本性。"养原"语出《荀子·君道》："械数者，治之流也，非治之原也。君子者，治之原也。官人守数，君子养原，原清则流清，原浊则流浊。""养原"，也可说"养元""养源"。养元，可以理解为培元，或是涵养元气。"任何理论的发生都有一个'源点'或类似'源点'的东西，这就是我们所说的'问题语境''问题意识'。理论最初总是对某一问题的系统解决与应对方案。但它一旦产生，就会获得一种超越原初问题语境的内驱力，寻求普适性。对普适性的追求，使理论的'旅行'成为可能。"[①]

　　选题是从 0 到 1 的过程，始于"无"，但不是一无所有，而是无人做过，或无人做到如此的高度、新度、广度等，这便涉及陌生化，以满足拟题者或审读者求新好奇的心理。所谓陌生化，简言之，使选题变得陌生。由于选题反映了研究者的问题意识，研究的对象是个真问题，而非伪问题，更是他人不太熟悉的问题。选题正是通过陌生化使人们未知或熟视无睹的对象给人面目一新的感觉。如例 665—666：

665　公示语俄译研究　　　　　　　　　　　　　　　语言学
666　《楚辞》百年西传得失与中国典籍的译介路径研究　语言学

　　2013 年，例 665 若是去掉"俄译"二字，或换作"翻译"，业界基本是无人问津的。因为 2008 年奥运会、2010 年世博会之后，公示语翻译研究的热度已退，更不用说"公示语"作为研究主题词范围较窄。此外，相关研究成果除部分论文外，集中性成果也就是一本词典、几本教材和上下卷的描写性研究成果，思想与理论并未见创新。此外，对英语之外其他语种的研究也极为零星。2013 年，"一带一路"倡议提出后，非通用语种国家与地区的公示语翻译问题

[①] 王建刚. 后理论时代与文学批评转型：巴赫金对话批评理论研究[M]. 北京：北京大学出版社，2012：244.

再次突显，问题意识油然而生，选题的种子仿佛转世再生！顺此请看例 666 的养原故事。

例 666，原题 666a 仅是一种事实现象的描述和总结，看不出问题导向和意识。此时不妨追问：翻译与传播了多久？——百年！"百年"时段相当诱人，参照《百年孤独》的题名。"西方世界的翻译与传播"不够凝练，不如炼作"西传"二字。但这依然只是语简思精而已。不见问题，难见创新的曙光。因此继续追问：西传后又如何？有何成败？经验与教训于中国有何价值？正是后二问触及矛盾的双方，由此催生问题意识。"成败"过于具体，太直接，可进一步抽象为"得失"，含褒贬之义，更能彰显鲜明的问题意识，得到了彰显学科前沿的选题 666b，为《楚辞》及其他经典的未来译介寻找有效对策奠定了基础。

666a（改前）　《楚辞》在西方世界的翻译与传播研究
666b（改后）　《楚辞》百年西传得失研究
666c（改后）　《楚辞》百年西传得失与中国典籍译介路径研究

为了显示本研究的作用，拟题者要从本体研究走向外围研究，要从《楚辞》百年西传得失的个性研究走向中国典籍译介的共性研究，共性较多，他只选察"路径"。为此，基于一改稿 666b，增添了"中国典籍译介路径"，功能的增加有三用：①加强对策研究，即寻找中国文化典籍走出去的差异化对策；②以《楚辞》西传得失研究为基础构建典籍翻译学；③提升研究格局，楚辞与中国典籍，西传与译介，是由点向面的提升。至此，所得之题面貌为之一新，获批 2017 年国家社科基金项目。

又如例 156 "近代中俄文学关系中的日本'中介'作用研究"，获批者日语专业毕业，留学日本，研究"世界文学与比较文学"。该题脱胎于省级课题"俄罗斯文学与中、日现代文学生成因缘研究"，立于俄、日、中三国文学，描绘中国借鉴俄国的曲径，考察日本的"中介作用"，这是项目创新的基点。再如例 667—670：

667　我国当代农村籍大学生阶层自我定位的追踪研究　社会学
668　中共中央华北局研究　党史·党建

三、炼　题　篇

669　中共中央西南局研究（1949—1954）　　　　党史·党建
670　南北朝经学与中国文论　　　　　　　　　　中国文学

例 667，"自我定位"应是研究的起点，前加时空与人物以限定，后加研究方式"追踪"。另，题中"的"字可去。例 668 与例 669 因其重要性而获批，但作为研究对象"中共中央华北局""中共中央西南局"只是显示了一次陌生化，而未显问题化，即未提出问题。例 670，南北朝经学与中国文论是关系式标题，但到底是何关系，未见明示，极易被忽略，只有细看内容后才知有无价值。为了一见悦心，项目申报要重视题目，最好"亮剑"！另，需注意添加"研究"之类字眼。

667′　当代农村籍大学生阶层自我定位追踪研究
670′　南北朝经学与中国文论互动研究

92. 二炼陌生化"求新"：缘何转换或提升选题视角？

第二次炼题即炼"求新"，主要是寻得新视角，或转求新要素等，旨在出新，或依实创新。可求之新，十余种以上，如新战略、新学科、新理论、新思想、新观点、新思路、新领域、新问题、新方法、新材料等。表 30 以"↑"图示这一从原点出发、纵向发掘的陌生化炼题机制。

表 30　炼题机制：求新

序	功	符	机制	陌生化层次	案例诠释	境界
1	学科内功	·	养原	一炼陌生化	公示语俄译研究	见山是山
2	学科内功	↑	求新	二炼陌生化	语言景观俄译研究	见山似山

仍以例 665 为例。如第 91 问所示，平素为研究养了原，有了元气，好比埋下了科研种子。种子在地下，经墒情之温度与湿度酝酿，开始膨胀、爆皮、萌芽，之后破土而出，直指天空。究其因，只为寻得更多的阳光，获得更充分的能量，吸收更多的雨露，甚至是更多的浇灌。更多的温度与湿度，实为更多的新养分，这可类推为选题种子要外向追求更多的研究视野，如前所述，至少有十几个方向与渠道。

表 31 中"公示语俄译研究"是最初的标题。从本问开始,逐步揭开例 665 不断陌生化、走向选题创新的进程。申报者 2015 年冬申报 2016 年的国家社科基金项目,曾读到 2014 年文献《语言景观研究的视角、理论与方法》,正是"语言景观"这一术语新颖夺目,促使她赶紧翻阅摘要,发现实涉"公示语",却又与之有别,内涵比后者丰富。再通读全文,更是印证了自己的预判。于是,大胆以"语言景观"取代"公示语",以新术语、新概念替换了旧术语,完成了一次创新。又如例 671:

671 靶向中等收入群体的消费提振与升级研究 应用经济

国家社科基金项目 2021 年度课题指南"应用经济"第 65 题是"壮大中等收入群体战略研究",这相当于国家招标。拟题者接招却变了招,如例 671。因拟题者长期耕耘于收入分配、家庭经济、时间利用等领域,正是从"收入"、具体是从"中等收入"找到了契合点。国家所设是研究中等收入群体,而拟题者此前专注于家庭收入,尤其是女性收入。于是,他认领了"中等收入群体",一是聚焦中等,研究对象变得更为精准;二是扩至群体,问题域变得更为开阔。由此可见,拟题者追随国家所需时会自然地提升自己的研究领域,于随同创新中实现自我创新。

这种二炼陌生化,可能是模糊而多重的。如例 353 "变译伦理系统建构研究"可以理解为:

353a	变译伦理系统	建构研究
353b	变译伦理	系统地建构研究
353c	变译伦理建构	系统研究

353a 理解为建构对象是"变译伦理系统",之前无此系统;353b 理解为将系统地建构变译伦理,同是暗示此前只有零散的建构或研究;353c 理解为变译伦理建构要建构出系统,透出创新信息。

该题正是利用其多解与模糊巧妙地展示了选题的多重构造之咬合,仅用 8 个字便将选题的逻辑结构融于一身。这类选题在申请书的活页开篇就要借"题解"来道明本意,以便审读者第一时间理解选题的深意。

三、炼 题 篇

93. 三炼陌生化"拓展":缘何借发散思维拓宽视野?

第三次炼题以求陌生化,即炼"拓展"。本次炼题依然以原点为起点,横向拓展,提升视角,或扩大视野,所借的是发散性思维,又称扩散性思维、辐射性思维、求异思维。如表31所示,"拓展"之"拓"去掉"扌"旁,"石"与"展"构成了"碾"字,碾子运动便形成了面,恰似2008年北京奥运会的画轴徐徐打开,展出一幅美丽的中国画;又如同南国挖渠,上宽下窄,两边等腰,仰面映日的是开阔的河面。

这种思维方式从不同的方向、途径和角度去设想,探求多种答案,最终使问题获得圆满解决。其特点是:充分发挥想象力,突破原有知识面,从一点向四方发散,并通过知识、观念的重新组合,寻找更新更多的设想、答案或方法。表31以"↔"图示这一从原点出发、横向拓展的陌生化炼题机制。

表31 炼题机制:拓展

序	功	符	机制	陌生化层次	案例诠释	境界
1	学科内功	·	养原	一炼陌生化	公示语俄译研究	见山是山
2		↑	求新	二炼陌生化	语言景观俄译研究	见山似山
3		↔	拓展	三炼陌生化	语言景观汉俄对比与翻译研究	

本次炼题表明陌生化过程呈矢量性质:原点,奠定了高起点;方向,展示了拓展向度;长短,明确了丈量方向;伸缩,展示了富矿的本质。每位学人都有自己的研究方向,所选方向从科学到学科,从学科到理论,从理论到思想,均可分出不同层级与不同的侧面。一旦养原找到值得研究的问题或对象,便可将其与研究的各层或各侧面一一匹配,尝试结合,产生大大小小的选题,形成一棵选题树。亦可与同行、同事、同门,以及自己门下的博士后、博士生、硕士生、本科生等搭建一支研究团队。自己或各团队成员再依各种情况择要而究,一个新的研究原点即可在三五年内,甚至三五十年内做出系列成果,成就一番事业。

三炼陌生化,非常契合当下热门的跨学科研究。这种跨学科研究可据与学科的距离分为远跨、近跨,可据学科的内外关系分为外跨、内跨;可据所跨幅度大小分为大跨、小跨，等等。一般而言，多从近跨、内跨、小跨逐步走向远跨、外跨、大跨。就表33的"公示语俄译研究"而言，在找到新的原点"语言景观"并用其替代"公示语"之后，拟题者与其研究方向开始匹配。其研究方向是语言学，这只是大方向，方向之下其实是一棵方向树，例如：

1 层　语言学
2 层[①]　比较语言学　普通语言学　应用语言学 ……
3 层　俄汉语对比研究　英汉语对比研究　法汉语对比研究 ……
4 层　俄汉语音对比研究　俄汉语汇对比研究　俄汉语法对比研究 ……
5 层　俄汉辅音对比研究　俄汉语流对比研究　俄汉重音与声调对比研究 ……
N 层 ……

面对这棵"选题树"，拟题者将"语言景观俄译"自上而下与其中各层研究方向匹配，发现：第1层太大、太泛、太广；第2层开始结合，与其第一个方向最为接近，可做，但仍不具体；第3层进一步切近，可以考虑；第4层结合后可用作子课题，将上一层产生的选题具体化；第5层结合后则更具体，可用作"孙"课题。这样本选题可在第3层定位，得"语言景观汉俄对比与翻译研究"，第1、2层是本选题的学科背景，第3、4层则是研究的前景，是可细化与深入拓展的方向。至此，完成了第三次炼题的陌生化——见山似山。

再如例671，国家社科基金项目课题指南中与例671相关项的本来目标是"壮大"中等收入群体，且是"战略"研究。拟题者吸收国家所求，发挥自己所长，即收入提升研究，尝试切入找题。《财经研究》2014年第7期曾刊《居民收入提升与家庭照料约束——市场与家庭联立视角下收入差距扩大再探因》一文。该文后转载于《高等学校文科学术文摘》2014年第5期。只需取国家社科基金项目课题指南第65题的"中等收入群体"，与自己研究方向中已有研究基础"收入提升研究"结合，即可得：

671a　中等收入群体收入提升研究

[①] 参见1992年11月1日发布、1993年7月1日开始实施的国家标准·学科分类与代码（GB/T 13745—92）。

这或许曾是拟题者炼题"见山似山"的一段心路。又如例565，研究者一直关注阿来、葛浩文等作品的外译研究，现扩至当代作家，后又缩至"茅盾文学奖"作品，这样定位就稳而准，外加"特"，即特定的作家群。同时以主要语种英语为基础，推而广之，升至国际传播，显出了研究的层次。再如例672：

672　杜甫诗歌歧解研究　中国文学

例672题目虽短，但选题之路或可吸取其长。研究者观察到古人对杜诗多有歧见与争议，多有错解与误解，比如某词、某语、某句有歧解，如所指歧解、寓意歧解等。他曾辨析各家观点，在《中国韵文学刊》2005年第2期发表了《黄生杜诗说与〈钱注杜诗〉关系述论》。他先后获批安徽省2007—2008年度哲学社会科学规划项目"明清时期徽州杜诗学史研究"、教育部高校古委会2009年项目"黄生《杜诗说》校笺"、安徽省教育厅项目"黄生与清初徽州的杜诗研究"、省社科规划项目"杜甫诗歌歧解研究"（2018—2020）。结项后，他继续将自己的方向拓展，有了部分前期成果，甫一结项，就继续申报，2021年成功获批国家社科基金项目。

94. 四炼陌生化"聚焦"：研究视域因何先开后合？

第四次炼题即炼"聚焦"。经前述一纵一横的放开思考之后，发现研究由原点拓展的研究内容越来越丰富，视野越来越开阔，表述越来越繁复，形式越来越丰满，语法单位越来越长。现在该收了，该在研究方向上提炼研究的观测点了。这便是四炼陌生化——聚焦，最好要聚焦于一"点"。表32以"▼"图示这一从宽向窄直至浓缩为一"点"的陌生化炼题机制。

表32　炼题机制：聚焦

序	功	符	机制	陌生化层次	案例诠释	境界
1	学科内功	·	养原	一炼陌生化	公示语俄译研究	见山是山
2		↑	求新	二炼陌生化	语言景观俄译研究	
3		→	拓展	三炼陌生化	语言景观汉俄对比与翻译研究	见山似山
4		▼	聚焦	四炼陌生化	语言景观汉俄比译研究	

若将前一问的河渠继续向下挖，不断缩小河底，最终可挖成一个点。仿之，可反向思考选题的聚焦过程。所扩张的内容或许过于熟悉，过于大众，未能陌生化，同时占幅较大，对其聚焦机制基于两种常用手段：一是提炼，即对形式繁杂的研究对象弃芜求精、加以浓缩，或曰提纯；二是缩略，即采取截长为短的截词法或化繁为简。表 32 能用"对比""翻译"两个动词，是该选题的优点，选题有动词，就能显动感。这两个动词也是两个术语，"对比与翻译"是由两个动词构成的并列短语，在"对翻""对译""比翻""比译"四个可选的缩略语中最末一个胜出，略显陌生感。同时将原先国内常用的"俄汉"换作较少使用的"汉俄"，不仅同显陌生，更能反映国策之需——中国文化走出去国策之中译外（在此为俄译）是硬核。至此，完成了炼题的第四次陌生化。

顺及例 671。据"三炼陌生化"的结果，所得"中等收入群体收入提升研究"似乎也可申请相应级别项目，如省部级，若要精益求精，力克竞争对手，拟题者可在核心研究对象或研究重点上再做文章。比如第三次炼题的重点应是"收入提升"，收入是平常的名词，唯有"提升"才具褒义，才是国家所盼，但是这个词近年来大家都用得熟了。熟即俗，如何出新，便是本环节的重中之重。

"提高"多与消费的层次、水平等搭配，因此"消费"在此暗指消费水平，算是承前省略，也能理解。而升级，本义大致为"从较低级别升到较高级别"，在此实指消费升级，亦称消费结构升级，即基于消费水平与质量的提高不断地合理优化其结构。循此认知轨迹，可得 671b，若依"提高+升级=提升"，又可得 671c：

671b　中等收入群体消费水平提高与结构升级研究
671c　中等收入群体消费水平提升研究

请再看例 673：

673　国家粮食安全战略视角下我国与俄罗斯远东地区　应用经济
　　　生态农业产业链融合发展研究

该选题来自东北，具体与黑龙江北大荒相关，申报者熟悉北大荒的

"北大仓"。在此不妨推测该例获批的"前身",预测获批后仍可提炼的"来世":

  673a 黑龙江与俄罗斯远东地区生态农业产业链融合发展研究

  673b 国家粮食安全战略视角下我国与俄罗斯远东地区生态农业产业链融合发展研究

  673c 我国与俄罗斯远东地区生态农业产业链融合发展研究

  673d 中国与俄罗斯远东地区生态农业产业链融合发展研究

  673e 中俄远东地区生态农业产业链融合发展研究

  673f 中俄远东生态农业产业链融合发展研究

  673a 可能是其最初的想法,或做过的类似课题,仅限于黑龙江。后因报国家社科基金项目,673b 将"黑龙江"改为"我国",属于提升换代式思考。673b 前加了"国家粮食安全战略视角下",这项帽子要不要都行,帽子或许太高,或许将题目拉长至 34 个字了,而 673c 为其摘了"帽"。673d 将"我国"改为"中国",以与"俄罗斯"相对,即便如此,笔者认为实际仍主要指黑龙江,兼或涉及吉林和辽宁,它们与俄远东相邻或相近,易于融合发展,如此修改,以求精确。673e 仍涉及两国。我们知道,远东是西方国家以欧洲为中心,开始向东方扩张时对亚洲最东地区的统称。因地缘而能进行农业产业融合发展的地域主要是东北与俄罗斯远东,二者合一,提升至国家层面,不妨合称为"中俄远东地区"。最后是 673f,因"远东"本也是地理概念,"远东地区"显得啰唆,"远东"已暗指地区,因此可略去"地区",以求更简,更加术语化与专业化。

95. 五炼陌生化"掘深":核心术语因何向内解析?

  第五次炼题即炼"掘深",主要是回归原点,对原点向内解析,将其首要问题或第一本质提炼入题,旨在揭示选题的固有属性,深入发掘问题的实质,从根上突显选题的创新。众所周知,做研究,如同抓"特务"——特别任务,无"特"不成佳题。因而需要发现研究对象的特点,而特点显示在外为"特征",

隐含在内为"特性"。有的文章和课题或基于特点展开研究，但专注于特点的研究者不多，多半间接或直接以特性为具体的研究对象，因此第五次炼题陌生化便落脚于内在属性的发掘，且将其提炼入题。表33以"↓"图示这一从原点出发、纵向发掘的陌生化炼题机制。

表33　炼题机制：掘深

序	功	符	机制	陌生化层次	案例诠释	境界
1	学科内功	·	养原	一炼陌生化	公示语俄译研究	见山是山
2		↑	求新	二炼陌生化	语言景观俄译研究	见山似山
3		↔	拓展	三炼陌生化	语言景观汉俄对比与翻译研究	
4		▼	聚焦	四炼陌生化	语言景观汉俄比译研究	
5		↓	掘深	五炼陌生化	语言景观汉俄比译模式研究	

"掘深"炼题机制仿佛是从第94问的焦点再次反向挖开，恰似北国挖地窖，初步挖开后，越向下挖越开阔。以"公示语俄译研究"为例，将公示语提升为"语言景观"获得新意之后，前三次炼题以求陌生化，但未解构新的原点。这就如同打包，未"揭"开内部结构和深层属性以"示"其结构，未能充分了解其固有属性，舍此也就不能发现语言景观的本质，不能发现更多更大的问题。拟题者有研究公示语的基础，即便视野提至语言景观层面，仍未揭示其基本问题。经过一番思考与比较，拟题者觉得语言景观有诸多属性，而主要或首要特性是模式或格式，甚至可以理解为：彼时彼刻最值得研究的属性是模式。比如，劝诫人们"请勿抽烟""严禁抽烟"之类，前者语气客气，后者严厉，这只是修辞或语体的差异，形成了两小类模式，即"请勿+动词（短语）""严禁+动词（短语）"，而相应的常见英语模式是"No V+ing"，相应的常见俄语模式是"Запрещенно+动词原形"。经不完全归纳，拟题者便大胆确认"模式"为中西语言景观的共同特性之一，将其视作汉俄语言景观比较与翻译亟待解决的问题。将这一发掘入题，可得"语言景观汉俄比译模式研究"，与此前几步炼题的结果前后相连，详见表33。

又如例674：

三、炼 题 篇

674　新时代新疆民族地区文化发展研究　　民族问题研究

例 674 是获批的项目篇名，重在解决新疆民族地区的文化发展问题。其实，还可以提炼得更具竞争力，更稳操胜券，或是启迪其他民族问题研究：

674a　新时代边疆多民族地区文化发展研究
674b　新时代边疆多民族地区多元文化发展研究
674c　新时代边疆多民族地区多元文化融合研究
674d　新时代多民族多元文化融合与趋势研究

该题的续炼过程如同相声抖包袱。674a 由例 674 的个体扩及群体，单民族扩至多民族，可做全国性民族问题研究，由个性走向共性；674b 更为本质地点明了多民族地区多元文化的特质，进一步揭示文化的复杂性；674c 针对原题"发展"用得过多过滥的现状，直抵其实质，以"融合"亮剑，以本质煞尾，掷地有声；674d 则增加研究的体量与质量，更具对策性，说不定可以申请重点项目乃至重大项目。

再以例 671 继续分析。由前述分析不妨大胆设想，作者当时破解了"提升"，对其做了另类个性化说文解字：提升=提振+升级，旨在避熟求新。提升，本义大概是"使位置、程度、水平、数量、质量等方面比原来高"，略同于"提高"，可以说"提升消费信心""拉动经济增长"等。提振的对象有需求、信心、士气、内需、精神等，所谓提振消费，就是扩大消费、促进消费、鼓励消费、增强消费。不过，"提振"之义首在"提升"，次为"振兴、鼓舞、振作"。这种反向分解"提升"的方法，精确与否姑且不论，至少增添了新鲜感，具体的内涵显得更丰富，于是可得：

671d　中等收入群体消费提振与升级研究

96. 六炼陌生化"灵动"：动静因何前后呈律动？

第六次炼题即炼"灵动"。文似看山不喜平，选题更甚。六炼陌生化，主要是协调好题中表述的动静搭配，动静相宜，前后呈起伏状，彰显选题自身的律动,赋之以灵性。换言之,就是使学术前沿所立的题最后炼得动起来,让题目更能吸睛。表34以"~"图示这一助推选题动感的陌生化炼题机制。

表34 炼题机制:灵动

序	功	符	机制	陌生化层次	案例诠释	境界
1	学科内功	·	养原	一炼陌生化	公示语俄译研究	见山是山
2		↑	求新	二炼陌生化	语言景观俄译研究	见山似山
3		↔	拓展	三炼陌生化	语言景观汉俄对比与翻译研究	
4		▼	聚焦	四炼陌生化	语言景观汉俄比译研究	
5		↓	掘深	五炼陌生化	语言景观汉俄比译模式研究	
6		~	灵动	六炼陌生化	语言景观汉俄比译模式化研究	

炼题的灵动机制主要是从哲学与美学角度着眼,讲究选题的动静和谐与节律。以"公示语俄译研究"为例。前五次炼题,动静此起彼伏,至第五次便止于静了。在"研究"之前如何再次动起来?不妨再次拓展思考的空间。"对比与翻译"经过第四次提炼,因缩略而聚焦,更加点化,所得"比译"业内人士细思也能猜得其全称。但经第五次提炼,加上拟题者眼中语言景观最重要的属性"模式"之后,动词性短语"比译"的动感因名词"模式"而减弱,又回到了静词性短语。那么,静词性短语如何再次具有动态性质?完全可以运用最基本的构词法,在名词之后加上后缀"化","比译模式"变成"比译模式化",终于再次动了起来。纵观语言景观→汉俄→对比与翻译→比译→比译模式→比译模式化,从其短语性质看,可以形成"静→静→动动→动→静→动"的动态趋势,标题的律动由此而生。

至此,从"公示语俄译研究"到"语言景观汉俄比译模式化研究",基本完成了学科前沿选题的提炼,历经了五次见山似山的提炼,渐入佳境,逐步深入,接近研究前沿。若取相对论视角,每次提炼都是对前一次的超越,那么每次新的提炼之后即可申报更高一级的项目,比如第一次陌生化"养原",可申报院级课题;第二次陌生化"求新",可申报校级课题;第三次陌生化"拓展",可申报省厅级课题;第四次陌生化"聚焦",可申报省级课题;第五次陌生化"掘深",可申报部级课题;第六次陌生化"灵动",可申报国家级课题。

再以例671为例。例671d非常紧凑,本可直接申报课题。为了更显动态,申报者将"中等收入群体"变成某动词的客体或行为的对象,使这个静词性短语动起来。这个动词可以是"面向"或"靶向"等,于是可得"面向中等收入群体""靶向中等收入群体"。

671e　中等收入群体消费提振与升级研究

671f　靶向中等收入群体的消费提振与升级研究

在现代汉语中"面向"是动词,而非介词,它可与普通名词连用构成动宾短语。那么,为何倾向于用"靶向"?因为靶,指练习射击或射箭的目标,借指攻击的对象。靶向常用于医疗领域,指瞄准靶心或靶点的治疗。所谓靶向药物,即达至细胞、采用相应方案将其杀死、以控制病情的药物。例如,"基因靶向技术就好比高精度的瞄准镜。科学家们凭此能够精确地瞄准任何一个基因,并对它进行深入研究,从而修复带有缺陷的基因","简单地说,这是一种找准了疾病靶点——某个基因,然后将其清除的疾病治疗方法"[1]。由此可知,"靶向"临时获得了动词性质,经过语法赋义,成为了"面向""面对""针对""瞄准""指向"等词的同义表达。"靶向"实为靶向瞄准之省用,若用"瞄准"太实,新鲜感不强,术语化程度不高,那么"靶向"便是一种创新式使用。再如例675:

675　我国核应急管理政策优化及快速响应机制研究　管理学

例675中的"应急",指应对突然发生的需要紧急处理的事件,已词化,其词性为动词。"优化""响应"也是动词。三个动词与题中其他名词构成了动静相间的节律感。

---

[1] 鲍健强,叶鸿. 从认识基因到改造基因——论"基因靶向技术"的科学意义和方法论启示[J]. 科学学研究,2009(1):18-24.

97. 七炼陌生化"滴水映日":选题或可顺应国是?

第七次炼题即炼"滴水映日"。尽管前面选题提炼历经了六次陌生化,均在学科前沿范围内炼内功。自本次提炼始,开始从功能角度审视选题的价值、意义、作用、目标、影响等。前6步奠定了扎实的研究本体,而第7—10步则是以其为基础,看能否为学科或社会提供服务、产生影响、发挥作用等。第7—10步是对功能的提炼,再次进入"见山似山"阶段。炼题之路还剩最后一公里。

七炼陌生化,主要是学人从原点出发,将自己选题在专业内提炼到一定程度后,再与国家重大政策或学科创新相结合,仿佛是用一滴水去映射太阳的光辉,简称"滴水映日"。也可以理解为如何将小圆心即选题原点不断地放大半径,向外向上反映国家、社会或学科的需求,直至放大到大圆圈,以显其价值或意义。表35以"⊙"图示这一学科前沿与时代所需简单结合的陌生化炼题机制。

表35 炼题机制:滴水映日

序	功	符	机制	陌生化层次	案例诠释	境界
7	时需外功	⊙	滴水映日	七炼陌生化	"一带一路"沿线国家语言景观汉俄比译模式化研究	见山似山

学科前沿提炼之后与时代所需的结合可明合可暗合,可隐可显。所谓明合,指直接在前沿之前或之后加上时需,明眼一看便知是服务时代所需;所谓暗合,指间接或与学科本身融为一体,有时需要细想才发现所隐含的时代之需。如例665,于2015年申报2016年国家社科基金项目,当时最大的国策之一是"一带一路"倡议,2013年提出,可算作起点,此后二三年正处爬坡阶段,正是国家最需学界献计献策、贯彻落实的时期。例665经过前面6步炼题之后,已炼至学科的前沿"语言景观俄汉比译模式化",将"俄汉"改为"汉俄",悄然间服务了中国文化走出去的战略,暗合了国家需求。此外,在题前添加当时的时代所需——"'一带一路'倡议"的国策,但拟题者并未直接用此术语,而是取其专名"一带一路",又细化到沿线的国家,至此是双重满足时代之需。再请看例676—678:

三、炼 题 篇

676	中医汉俄口译语料库建设与开发研究	语言学
677	乡村振兴战略背景下民族地区农村社区治理现代化研究	政治学
678	环境规制视域下促进"双碳"目标实现与保持经济持续稳定增长的耦合路径研究	应用经济

例 676 属于隐性映日。2019 年，口译语料库建设与开发在英语界早已成为研究热点，试用于俄汉翻译，因语种不同而显现新的必要性，有填补学科空白之效。若再转向"汉俄"，两字换序，则可呼应国家翻译实践的战略转移——中国文化由引进来转向走出去。更进一步，前加"中医"，就能为海外推出颇受欢迎的第二张中国文化名片——"中国医学"。拟题者再逆向组织标题"中医→汉俄→口译语料库建设与开发"，整个选题就由世界认可引出国家战略，继而引出学科热点。

与其相比，例 677 则属于显性映日。严格讲来，该题的结构是"A（之）下 B 研究"，A 之"乡村"与 B 之"农村"同中有异。农村突显农业经济基础，是务农者栖息地；乡村还兼指政治与文化功能，住着各样人，但并不一定务农，可见乡村宽于农村。以此观之，题中 A 若不是拟题者想强调国家战略，也可舍去，简化成"民族地区农村社区治理现代化研究"，以其学术内涵也可赢得项目，因其"民族地区""农村""社区治理""现代化"几个词及其组合已彰显了相应的研究价值。若是认可 A 的时代价值，也不妨扩大选择的空间，如"乡村振兴视域下、乡村振兴背景下、乡村振兴战略下、乡村振兴中、乡村振兴进程中、乡村振兴战略视阈下、乡村振兴战略视角下、乡村振兴视界下"等。当然，不用这一模式，也可进行相应的改造，研究视角或 A 与 B 的关系也会有所变化，例如：

677a	乡村振兴战略下民族农村社区治理现代化研究
677b	乡村振兴战略推进民族农村社区治理现代化研究
677c	民族农村社区治理现代化与乡村振兴战略研究
677d	民族农村社区治理现代化介入乡村振兴研究
677e	民族农村社区治理现代化驱动乡村振兴研究
677f	民族农村社区治理现代化与乡村振兴研究

677g　乡村振兴与民族农村社区治理现代化研究

677h　民族农村社区治理现代化振兴乡村研究

较之于例 676—677，例 678 是隐显并重的典型。"环境规制视域下"是国家所需，在此仅取其为视角，是显性"映日"；而"促进'双碳'目标实现"既是国策所需，即显性"映日"，也是学科研究重点，与"保持经济持续稳定增长"二者耦合，探其路径才是本选题真正的研究核心。该题长达 35 字，可以考虑精简，或因"双碳"涉及环境而去显性"映日"，或舍"保持"而让"促进"同管"实现"与"增长"：

678a　促进"双碳"目标实现与保持经济持续稳定增长耦合路径研究

678b　促进"双碳"目标实现与经济持续稳定增长耦合路径研究

678c　促进双碳目标实现与经济持续稳定增长耦合路径研究

678d　双碳目标实现与经济持续稳定增长耦合促进路径研究

678e　促进双碳目标实现与经济持续增长耦合路径研究

678f　双碳目标实现与经济持续增长耦合促进研究

98. 八炼陌生化"丰盈精准"：内涵为何扩容求全？

第八次炼题即炼"丰盈精准"。八炼陌生化，主要与第 93 问相似，对选题的时需做最充分的展开，为其内涵扩容，力求全面；对其形式力求完善，旨在内容精准，形式丰盈。表 36 以"＜"图示这一从原点出发、横向扩充时需的容量以求完形完整的陌生化炼题机制。

表 36　炼题机制：丰盈精准

序	功	符	机制	陌生化层次	案例诠释	境界
7	时需外功	☉	滴水映日	七炼陌生化	"一带一路"沿线国家语言景观汉俄比译模式化研究	见山似山
8		＜	丰盈精准	八炼陌生化	"一带一路"沿线俄语国家语言景观汉俄比译模式化研究 "一带一路"沿线俄语国家与地区语言景观汉俄比译模式化研究	

三、炼 题 篇

　　与第 93 问略有不同，此次炼题从原点出发，继续扩大内涵，内容更精，表达更细，语形渐丰，虽不求面面俱到，但也尽可能全面立体。第七次炼题所加"'一带一路'沿线国家"是较为宽泛的内容；理论上讲，"一带一路"有多语种国家，如俄、英、阿、德、法等语种国家。拟题者所擅的是俄语，所以最精准的表达就是"'一带一路'沿线俄语国家"。沿线不仅只有国家，还有地区。全世界共 224 个国家与地区，其中国家 193 个，地区 31 个。国家拥有主权、领土和人口，地区则指未获得独立的殖民地和属地、托管地等，无主权，其国家独立不被国际社会承认。有鉴于此，原有的时代所需可补充为"'一带一路'沿线俄语国家与地区"。如此思考，就不留死角，提升理论自信，炼得信心满满。再如例 679：

679　多边贸易体制框架下绿色补贴与反补贴的　　　　理论经济
　　　博弈机制研究

　　依据本炼题机制，既可推测例 679 的如下定题过程（前三），还可发掘其后续提炼的潜力（后二）：

679a　全球经济体系下绿色补贴与反补贴的博弈机制研究
679b　世界经济体系下绿色补贴与反补贴的博弈机制研究
679c　多边经济体系下绿色补贴与反补贴的博弈机制研究
679d　多边贸易体制框架下绿色补贴与反补贴博弈机制研究
679e　WTO 框架下绿色补贴与反补贴博弈机制研究

　　679a 中"全球"学术性不太强，"世界"更专业，更术语化，详见第 4 问。至于 679b，众所周知，在 WTO 事务中大多数国家，包括世界几乎所有主要贸易国，都是多边贸易体制的成员，但仍有一些国家不是，因此使用"多边"一词，而不用"全球"或"世界"等词。"多边"是相对于区域或其他数量较少的国家集团的活动而言的。到了 679c，感觉"多边贸易体制框架"的帽子太大，而 WTO 是多边经济体系的三大国际机构之一，也是处理国与国之间贸易关系的重要国际组织。而 679d 是获批立项的例 679 去"的"之后更简洁的标题，其多边贸易体制是 WTO 所管理的体制，较为具体；若是改为 WTO，则又略有提升，也可拟作 679e。

99. 九炼陌生化"锤炼精练"：形式为何简缩求精？

第九次炼题即炼"锤炼精练"。九炼陌生化，与第 94 问相似，只是所炼对象转为了功能的求简趋精，先锤炼思想，后精练表述，旨在以少胜多，言简意赅，突显功能或时需。表 37 以">"图示这一由宽而窄以至最终聚焦为一点即最简术语的陌生化炼题机制。

表 37　炼题机制：锤炼精练

序	功	符	机制	陌生化层次	案例诠释	境界
7	时需外功	⊙	滴水映日	七炼陌生化	"一带一路"沿线国家语言景观汉俄比译模式化研究	见山似山
8		<	丰盈精准	八炼陌生化	"一带一路"沿线俄语国家语言景观汉俄比译模式化研究 "一带一路"沿线俄语国家与地区语言景观汉俄比译模式化研究	
9		>	锤炼精练	九炼陌生化	"一带一路"沿线国家与地区语言景观汉俄比译模式化研究 "一带一路"沿线语言景观汉俄比译模式化研究 "一带一路"语言景观汉俄比译模式化研究	

从理论到实践，力求完整完美，但会细碎，形式过于丰富会导致烦琐，有必要瘦身，追求骨感美。同时结合学科前沿，遵循字词语不重复原则，要由虚繁炼至简精。以锤炼求精练，是炼题的总原则，具体表现为：①语形避重，即不重字，忌重词，绝对不能重复短语；②同义近义避重，即近义的词或短语要避重。本来题目就不长，一次相重甚至两次及以上的相重就特别显眼，显得冗余信息过多，给人累赘的印象。如例 680 和例 681：

680　生育意愿与生育水平的双重偏离及对策研究　　　人口学
681　老年人社会参与和健康的关联研究　　　　　　　人口学

三、炼　题　篇

例 680 "生育意愿与生育水平"重复"生育"，旨在充分清晰地表达两个概念，行文之中或口头表达均无问题；若是入题，则要尽量简明，标题化，可去后一个"生育"，以达篇章化效果（详见第 64 问）。若再去"的"字，与"双重偏离及对策"组配，则更为紧凑。

680′　生育意愿与水平双重偏离及对策研究

例 681 的"和"本可用"与"，更显文气，但为了避免和"社会参与"前后"与与"相重，特地用了"和"。若是"社会参与"和"健康"是平行关系，前后不妨换序，也是一种修改方法。

681a　老年人社会参与和健康关联研究
681b　老年人健康与社会参与关联研究

继续以第八次陌生化提炼的结果"'一带一路'沿线俄语国家与地区语言景观汉俄比译模式化研究"为例，"俄""语"均出现两次，即重复两次，两处重复，就显得较多了，而且这两个字还组构成了"俄语"一词。避重的理据是依语义取舍，如"汉俄比译"因对比与翻译的对象至少是两个，"俄"在此要与"汉"成对并立，无法删除，被删的对象只能是前面的"俄"字。前一"俄"字被删，相邻的"语"也被连环删。此外，后一"语"字因要与"言"构成术语"语言"，再与"景观"合成"语言景观"这一研究的原点，为保留后一"语"字又增加了充足的理据。

更大的锤炼还在"'一带一路'沿线国家与地区"。"国家与地区"呈现为面式，"沿线"实指两条线，共同构成了面；"一带一路"所构图形也是面。三个词语均反映面的概念，挤在一起就叠床架屋了。去冗的理据是去旧存新，三个概念中，于 2015 年申报 2016 年的项目时，"一带一路"提出才两年多，它是最新的概念，得以保留，最终可得题目"'一带一路'语言景观汉俄比译模式化研究"。再请看例 682—683：

682　大国战略竞争背景下中美军备竞赛与冲突　国际问题研究
　　　升级的风险及管控研究

683　中医药英文期刊国际影响力提升路径研究　新闻学与传播学

例 682 的拟题者来自中国现代国际关系研究院，主攻战略安全与国际危机管理，兼任中国军控与裁军协会理事、中国人民争取和平与裁军协会理事，合著《理解中国核思维》《构建长期、稳定、合作的中美战略关系》《生物安全与国家安全》等专著。依题可以推测，拟题者先从具体专业问题草拟了"中美军备竞赛与冲突升级的风险及管控研究"，再参考了国家社科基金项目 2019 年度课题指南"国际问题研究"第 37 题"大国战略竞争与中国发展战略和策略研究"，将"A 与 B 研究"的 B 替换为自己擅长的话题，将"大国战略竞争"作为中美军备竞赛与冲突升级的风险及管控研究的背景。其实，"大国战略竞争背景下"或许只是为了与指南相匹配，或是为显得高大上，但毕竟 A 与 B 是宏观与微观、大与小、宽与窄的关系。思考时可以力求全面完整，表达时不妨力求简明，思考的完整不一定等于表述的完形，以言简意赅的原则即可解决矛盾——以例 682′立题足矣！

682′　中美军备竞赛与冲突升级风险及管控研究

例 683 本可添加针对时需的"新时代"等，类似的标题也常见，如"根植本土，向世界讲好中国故事——我国中医药英文期刊的国际化发展路径探析"。中国文化走出去理论上应有中医药英文报刊，拟题者据国情去"报"留"刊"。提升影响力涉及诸多因素，他只究其"路径"，由大缩小，由繁趋简；除旧留新，去冗保鲜；不求全面，但求精准。

100. 十炼陌生化"泥炼成瓷"：一坨泥炼成青花瓷?!

第十次炼题旨在沙里淘金，"泥炼成瓷"。整个选题已经九次炼题，九九归一，小问题炼成大选题，以求十全十美。综观全程，由原点行至终点，将第七次陌生化的目标"滴水映日"（即"☉"）的太阳给变成了金灿灿的红太阳，并继续将一坨泥烧制成了一件价值不菲的青花瓷。表 38 以"●"图示"泥炼成瓷"的炼题机制，它从原点出发，历经学科前沿，后加时代所需，历经九次分步反复提炼，最终炼得正果。

三、炼 题 篇

表 38 炼题机制：泥炼成瓷

序	功	符	机制	陌生化层次	案例诠释	境界
1	学科内功	·	养原	一炼陌生化	公示语俄译研究	见山是山
2		↑	求新	二炼陌生化	语言景观俄译研究	
3		↔	拓展	三炼陌生化	语言景观汉俄对比与翻译研究	
4		▼	聚焦	四炼陌生化	语言景观汉俄比译研究	
5		↓	掘深	五炼陌生化	语言景观汉俄比译模式研究	
6		~	灵动	六炼陌生化	语言景观汉俄比译模式化研究	
7	时需外功	⊙	滴水映日	七炼陌生化	"一带一路"沿线国家语言景观汉俄比译模式化研究	见山似山
8		<	丰盈精准	八炼陌生化	"一带一路"沿线俄语国家语言景观汉俄比译模式化研究 "一带一路"沿线俄语国家与地区语言景观汉俄比译模式化研究	
9		>	锤炼精练	九炼陌生化	"一带一路"沿线国家与地区语言景观汉俄比译模式化研究 "一带一路"沿线语言景观汉俄比译模式化研究 "一带一路"语言景观汉俄比译模式化研究	
10	—	●	泥炼成瓷	十炼陌生化	"一带一路"语言景观汉俄比译模式化研究	见山只是山

从"公示语俄译研究"到"'一带一路'语言景观汉俄比译模式化研究"，可看作选题炼题的"十级"，可谓"十"级而上，步步为营，完成了学科前沿与时代所需两大任务，炼好了学科的内功与时需的外功，是相对完美的炼题过程。行至第十步，即第十次陌生化，整体上发生了哪些变化？换言之，选题最终的学科前沿与最终的价值功能从第七步开始，经过整合，已达到什么样的紧密程度？具有什么样的高度？前述 A 与 B 融合的完形度是否具有相对的完美度？是否达到了一个项目获批的充要条件？现来收官。

满足了第 39 问所追求的充要条件，前沿 A 与功能 B 彼此响应，至此相互结合，走向整体，应该是相对完美的，它应该言简意丰。一个妙题最需的要素是齐全的，选题逐渐成形，直至成活！现仅截取第十步的结果作要素对比分析（表39）：

表39 炼题结果要素分析

炼题正果	"一带一路"语言景观汉俄比译模式化研究					
构题要素	"一带一路"价值	语言景观 对象	汉俄 价值	比译 行为	模式 对象属性	化 动态创新	研究 标记

1）"一带一路"首先满足了国家需求，是2015年申报2016年国家社科基金项目时与自己研究领域密切相关的新国策，置于题首，吸睛效果明显。

2）"语言景观"当时也是新术语，开始受业界关注，是新对象、新概念。

3）"汉俄"，就拟题者而言，由其主要研究方向"俄汉对比研究"换序而来，不经意间既满足了国家此前的对外传播战略与外译工程需求，又符合专业方向时兴的问题探索，可谓一箭双雕，甚至是三雕。

4）"比译"是"对比与翻译"的简称，将两个一般性动词所构成的研究方向通过缩略予以陌生化，选题再次增添新意。

5）行至"模式"，又回归或语义指向研究的新对象"语言景观"的第一属性，或是当时亟待研究的首要问题，抓住了选题的硬核。

6）更为重要的是，汉俄语言景观均有模式，模式与模式对比可成模式；模式与模式翻译也可形成模式。汉俄语言景观模式两两对比的过程可以模式化，其结果也可模式化。同理，两种模式的翻译过程也可以模式化，其结果也可模式化。因此"比译模式化"不仅因"模式+化"由名词变为动词，具有了动态，更因此而富于创新，此前无人或少有人提及。

7）最后缀以选题常用的标题用语"研究"二字，一个研究的点子便顺理成"题"了。

炼题无处不在，连选题炼题交流活动本身的命名也是如此，可以见仁见智，因人因时因地而异。表40列出了曾用过的标题，读者诸君不妨一试身手，为其添加、延展等。

三、炼　题　篇

表 40　选题炼题交流活动命名选览

序号	题名	序号	题名	序号	题名
1	为项拭"目"	9	聊聊选题炼题	17	研究之道，选题开路
2	选题好，成多半	10	项目如何选对题？	18	智者千虑，必得一题
3	题好至少成一半	11	题好选吗？	19	项目选题泥炼成瓷说
4	选题重在炼题	12	选题好吗？	20	选题：冷热点如何蹭？
5	泥炼成瓷说选题	13	选好题了吗？	21	选题如何叫人一见钟情
6	选题与炼题	14	如何选好题？	22	选题？选题？终在练题！
7	选题出炉记	15	选题好了吗？	23	选题"的"何在？如何中？
8	炼题之道	16	好了，选题？	24	选题！选题！！还是选题！！！

四、附 录 篇

附录一 标题用语：语首同字

本附录部分参考文献：尹世超. 标题用语词典[C]. 北京：商务印书馆，2007.

哀话	百家谈	备急	比较观	编
按语	百家谭	备考	比较论	编后
案例	百首	备览	比较谈	编后感
案语	百态	备史	比较新探	编后语
凹凸镜	百题	备忘	比较研究	编略
奥法	百问	备忘录	比论	编年录
奥论	百问百答	备要	笔乘	编年史
奥秘	百喻	备用	笔粹	编注
奥旨	百种	备旨	笔存	弁言
拔萃	稗史	背后	笔精	变化与走向
跋	办法	悖论	笔录	变迁
跋尾	褒贬录	本末	笔谈	便读
跋语	宝典	本事	笔札	辨
把脉	宝笈	本要	必备	辨白
百变	宝镜	本义	必读	辨补
百法	宝要	本证	必要	辨察
百分百	报摘	本旨	必用	辨读
百花园	卑议	比较	必由之路	辨讹
百家	碑传	比较分析	边学边用	辨非

四、附　录　篇

辨诂	辨源	别论	补说	侧视
辨惑	辨真	别议	补谈	侧谈
辨诘	辨正	别志	补探	测源
辨考	辨证	驳	补析	策
辨览	辨踪	驳论	补校	策划
辨略	辩	驳议	补要	策论
辨谬	辩白	博考	补遗	策略
辨评	辩驳	博览	补义	插花
辨奇	辩解	博录	补议	差异
辨识	辩考	博议	补译	茶园
辨识论	辩论	补	补逸	茶座
辨释	辩难	补白	补正	阐释
辨释论	辩评	补编	补证	阐述
辨说	辩释	补抄	补注	阐说
辨思	辩说	补钞	补缀	阐微
辨探	辩诬	补充	猜想	阐析
辨通	辩议	补订	采访记	阐要
辨微	辩绎	补记	采访录	阐幽
辨伪	辩正	补解	采撷	阐注
辨诬	标注	补考	采英	忏悔录
辨误	表解	补例	采珍	常解
辨析	别裁	补论	彩排	常识
辨言	别藏	补略	参考	常谈
辨要	别传	补缺	参注	常言
辨疑	别典	补阙	残存	畅观
辨义	别解	补识	残后语	畅思录
辨议	别考	补释	草案	畅谈
辨异	别了	补疏	草创	畅想
辨原	别录	补述	侧记	扯思

沉浮辨	酬答	初遇	辞典	丛谭
沉浮录	出炉	刍见	辞林	丛语
沉思	初编	刍论	从……到	丛载
沉思录	初步	刍评	从……看	丛著
称例	初存	刍说	从……来看	粗估
程序	初到	刍谈	从……审视	粗见
斥	初得	刍探	从……说到	粗考
冲出	初读	刍析	从……说开去	粗论
冲击	初估	刍想	从……说起	粗品
冲之欲出	初记	刍言	从……谈	粗评
重抄	初见	刍议	从……谈起	粗谈
重读	初阶	触摸	从……透视	粗探
重构	初揭	传	从……想到	粗析
重估	初考	传递	从……想到的	粗议
重话	初窥	传奇	从……至	萃编
重解	初览	传说	从新	萃览
重论	初录	传真	丛笔	萃英
重评	初论	串解	丛编	萃珍
重审	初评	窗	丛抄	粹精
重释	初识	春秋	丛钞	粹言
重塑	初释	词抄	丛存	粹要
重谈	初谈	词钞	丛话	存考
重探	初探	词萃	丛记	存疑
重提	初梯	词存	丛考	存珍
重温	初体验	词典	丛录	撮述
重新认识	初析	词林	丛论	撮要
重新审视	初学	词录	丛释	撮义
重游	初义	词略	丛说	脞述
抽绎	初议	词余	丛谈	答

四、附　录　篇

答……问	大视野	导游	点滴	读……偶识
答辩	大搜索	导原	点击	读……书后
答复	大探秘	倒序	点评	读……所感
答客难	大透视	道情	调查	读……想到的
答客问	大舞台	道说	调查分析	读……小记
答问	大写意	的背后	调查记	读……心解
答问录	大要	的反思	调查研究	读……有感
答疑	大旨	的话	调查与分析	读……杂识
答疑录	大走笔	的回忆	调查与思考	读……札记
打……牌	代跋	的困惑	调查与研究	读……之感
大比拼	代答	的联想	订	读后
大不同	代价	的启示	订补	读后感
大成	代序	的日子	订讹	读解
大传	带你走进	的时候	订例	读片
大观	淡话	的思考	订误	读书笔记
大观园	当……的时候	的谈话	动静	读书札记
大画	当……时	的我见	动势	短论
大话	当……遭遇	的遐思	动态	短评
大家谈	当……之后	的由来	动向	短语
大揭秘	挡存	的自白	洞穿	短札
大看台	档案	得失	独白	断评
大略	导读	得失论	独步	断析
大拼盘	导论	得失谈	独语	断想
大趋势	导入	登陆	读	断忆
大全	导视	地北天南	读……别录	断议
大世界	导析	地带	读……感言	断语
大事记	导学	地域观	读……记感	对……的前瞻
大事录	导言	第一人	读……略记	对比
大视界	导引	典藏	读……偶感	对比分析

221

对策	法案	风采录	概述	构思
对策与建议	反思	风貌	概说	构想
对话	反思录	风情	概算	古今
对话录	反省	风向标	概谈	古今考
对问	泛读	风云录	概析	古今谈
对于……的管见	泛论	奉答	概要	古注
	泛说	肤见	概议	诂林
多棱镜	泛谈	肤语	甘苦谈	故事
多面观	泛议	浮沉录	感怀	刮目相看
掇趣	方案	浮想	感受	关于
掇拾	方略	附录	感叹	关于……的浅见
掇琐	访	附论	感悟	关于……的私见
掇遗	访古	附篇	感想	关于……专答
掇英	访谈	附余	感言	关注
二三事	访谈录	附注	纲要	观
发凡	放飞	赋钞	稿存	观……偶成
发蒙	放谈	赋话	稿略	观察
发人深思	放言	改错	告白	观感
发轫	分解	改革与实践	告示	观后
发生论	分析	概观	歌略	观后感
发微	分析和反思	概介	各论	观照
发现	分析和启示	概况	给	观止
发言	分析及反思	概览	梗概	管见
发疑	分析及启示	概录	工作	管窥
发源	分析与反思	概论	公示	管论
发展	分析与启示	概略	公议	管释
发展趋势	分析与研究	概略分析	攻略	广角
发展与回顾	纷说	概貌	钩沉	广例
法	风采	概评	钩深	广义

四、附 录 篇

广意	呼吁	回顾与瞻望	汇解	集成
广证	互证	回顾与展望	汇校	集萃
归来	花絮	回眸	汇考	集粹
规范	画传	回眸录	汇录	集存
规划	画论	回眸与前瞻	汇论	集诂
还是	画说	回眸与展望	汇评	集校
还谈	话	回瞥	汇释	集解
海	话古	回视	汇析	集锦
号脉	话解	回首	汇言	集览
合璧	话今昔	回溯	汇纂	集林
合编	话旧	回望	会编	集录
合钞	话趣	回望及思考	会真	集评
合存	话说	回想和展望	会诊	集趣
合诂	话题	回叙	会证	集释
合论	怀	回忆	会纂	集说
合说	怀古	回忆录	荟萃	集要
合要	怀旧	回音壁	荟记	集义
何时了	怀想	回应	荟要	集正
何时休	回答	回瞻	机要	集注
和……谈	回到	回瞻与展望	机遇和挑战	辑补
恒解	回放	汇编	机遇及挑战	辑萃
横看	回顾	汇补	机遇与挑战	辑粹
后	回顾和再认识	汇参	基本常识	辑存
后传	回顾和展望	汇抄	基础	辑校
后记	回顾及前瞻	汇钞	及其	辑考
后史	回顾及展望	汇存	及其他	辑览
后序	回顾与反思	汇订	亟待	辑录
乎……乎	回顾与前瞻	汇观	亟须	辑略
呼唤	回顾与思考	汇讲	急就篇	辑评

223

辑释	纪实	兼及其他	简考	鉴赏
辑述	纪事	兼记	简况	鉴识
辑说	纪述	笺校	简例	鉴析
辑要	纪谈	兼论	简论	鉴真
辑佚	纪言	兼评	简明	将……到底
辑逸	纪要	兼释	简评	将……进行到底
辑证	纪游	兼述	简识	讲
辑注	纪原	兼说	简史	讲话
辑著	技巧	兼说明	简释	讲解
计划	技术	兼谈	简述	讲录
记存	寄	兼探	简说	讲授
记感	寄情	兼析	简谈	讲疏
记考	寄望	兼议	简析	讲述
记录	寄语	兼与……商榷	简言	讲坛
记略	加油站	兼证	简要	讲演
记奇	家订	笺补	简义	讲义
记趣	家录	笺释	简议	讲座
记胜	家秘	笺疏	简易	交流
记实	家事	笺异	简绎	剿说
记事	家语	笺证	简证	校补
记述	家园	笺注	简志	校读
记言	家珍	检视	简注	校诂
记遗	嘉话	检讨	见解	校考
记游	假若	剪萃	见识	校诠
记余	假使	简编	见闻录	校释
纪见	假说	简答	见证	校误
纪录	兼驳	简记	建言	校义
纪略	兼答	简解	建议	校议
纪胜	兼及	简介	鉴藏	校语

四、附　录　篇

校札	解释	今注今译	惊现	举要
校证	解述	津逮	精编	举隅
校注	解说	津梁	精粹	举正
较量	解探	津指	精读	句读
教程	解题	仅存录	精华	聚焦
教后感	解味	谨妨	精讲	聚首
教后谈	解析	进步	精解	聚谈
斠补	解疑	进程	精览	卷首语
揭底	解义	进阶	精论	卷头语
揭开	解译	进行时	精品	决议
揭开……面纱	解注	进一解	精微	诀窍
揭秘	介评	进展	精析	抉微
揭示	戒	进展和趋势	精言	绝对
揭要	界	进展与前瞻	精要	崛起
节要	界定	进展与展望	精义	开笔
诘难	界说	近编	警示录	开栏语
结束	今读	近访	敬启	开篇
捷钞	今古	近话	镜	刊评
捷径	今话	近看	镜原	刊误
捷要	今解	近考	纠谬	勘探
解	今论	近况	纠误	勘正
解答	今日谈	近录	旧话	侃
解读	今释	近事	旧话重提	侃侃
解纷	今昔	近著	旧话新提	看
解构	今昔观	近纂	旧事	看……判断
解诂	今昔谈	经	旧志	看法
解惑	今析	经纬	举例	看法和建议
解禁	今译	经眼录	举略	看法及建议
解谜	今注	菁华	举谬	看法与建议

看起来	考源	窥余	类记	例话
看台	考征	窥隅	类解	例解
看图读	考证	困惑	类例	例举
考	拷问	困惑与质疑	类析	例览
考辨	可谈	困境	类要	例示
考辩	可以休矣	困境和出路	类纂	例释
考补	克服	困境与出路	棱镜	例说
考察	客话	括略	冷观	例谈
考察与探讨	客谈	括要	冷看	例探
考订	客问	拉杂谈	冷思考	例析
考镜	客语	来自	冷眼看	例言
考量	课题	览古	厘编	例议
考录	口述	览略	离我们有多远	例证
考论	快笔	览趣	蠡测	连载
考略	快餐	览胜	礼赞	联想
考评	快递	览要	里……外	联谊
考实	快读	揽胜	俚言	链接
考始	快评	揽要	理解	良言
考试大纲	匡补	浪漫史	理论	两面观
考释	匡名	浪史	理论和实践	两面谈
考述	匡谬	浪语	理论及其应用	亮相
考说	窥斑	乐园	理论与实践	瞭望
考索	窥管	擂台	理论与实务	列传
考析	窥评	类	理校	猎精
考疑	窥视	类编	历程	猎要
考议	窥探	类辩	历史与现状	猎疑
考异	窥微	类抄	利弊观	林
考逸	窥析	类钞	利弊谈	零话
考原	窥要	类萃	例补	零距离

四、附　录　篇

零拾	论奥	略识	美谈	名言
零释	论辩	略述	魅力	明辨
零忆	论补	略说	门径	冥想
零札	论断	略谈	门外谈	铭
领路	论纲	略探	蒙求	铭感
另类	论考	略析	蒙拾	命名
另眼看	论略	略议	梦忆	目击
另一种	论评	谩录	迷史	目录
令	论述	漫笔	谜思	目略
浏览	论坛	漫步	觅趣	幕后
留痕	论谈	漫抄	觅踪	内……外
留墨	论析	漫钞	秘奥	内篇
留真	论要	漫话	秘藏	内外
流弊	论源	漫录	秘笈	内传
流弊谈	论札	漫论	秘览	你好
流变	论战	漫评	秘录	你说我说
流派论	论争	漫述	秘密	你我他
陋评	论证	漫说	秘史	鸟瞰
录	论著	漫谈	秘要	农谭
录粹	罗曼史	漫想	秘旨	偶笔
录存	落败	漫兴	缅怀	偶成
录话	略观	漫忆	面对	偶存
录旧	略见	漫议	面面观	偶得
录要	略解	漫游	面谈	偶感
录遗	略考	漫语	描述	偶寄
录异	略览	漫志	妙谛	偶见
录最	略例	没商量	妙谈	偶录
乱弹	略论	眉批	妙用	偶识
论	略评	每日通	名录	偶拾

227

偶说	评	破解	前景和现状	浅酌
偶谈	评测	破译	前前后后	遣编
偶谭	评读	剖视	前夕	抢滩
偶题	评改	剖析	前序	悄现
偶言	评估	其人	前言	且
偶著	评估与反思	其人其	前沿	且看
判断	评话	其人其事	前瞻	且说
旁证	评价	其人其作	前传	亲历记
批复	评价和分析	其文其人	浅见	青睐
批判	评价与分析	奇法	浅讲	倾情
批判与反思	评荐	奇观	浅解	清话
批评	评讲	奇趣	浅介	情
批语	评介	奇谈	浅考	情况
辟谬	评林	奇遇	浅论	情满
篇	评论	奇遇记	浅评	情迷
片断	评判	歧见	浅赏	情史
片论	评释	启迪	浅识	情思
片谈	评述	启蒙	浅释	情注
片想	评说	启秘	浅述	请看
品	评谈	启示录	浅说	求疵
品读	评谭	启事	浅思	求疵录
品录	评探	启源	浅谈	求救
品评	评析	起步	浅探	求蒙
品味	评析和思考	起源考	浅析	求原
平话	评析与思考	泣读	浅想	求真
平视	评议	前后	浅言	趋势
平台	评赞	前记	浅议	趣读
平义	评注	前纪	浅语	趣话
平议	评传	前景	浅注	趣看

四、附　录　篇

趣史	诠注	散论	声明	实话实说
趣事	劝读	散谈	绳尺	实纪
趣说	让……远离	散忆	胜览	实践
趣谈	让我一次……个	散议	剩	实例
趣味	够	散札	剩言	实录
全备	人家	扫描	剩语	实论
全璧	认识	森林	诗抄	实务
全编	日抄	闪耀	诗钞	实验
全调查	日钞	嬗变	诗存	拾贝
全方位	日录	商补	诗话	拾补
全攻略	日札	商兑	诗录	拾萃
全解	日志	商榷	诗论	拾粹
全解探	日子	商榷	诗略	拾存
全考	冗谈	商酌	诗品	拾得
全览	如此	赏读	诗评	拾掇
全例	如果	赏评	诗述	拾古
全录	如何	赏趣	诗说	拾诂
全史	如是观	赏析	诗余	拾记
全学	如是说	上诉状	诗札	拾锦
全译	入门	设想	诗征	拾例
全传	入学	设想和评价	诗传	拾零
诠	三昧	设想与评价	十面观	拾趣
诠诂	三思	什么叫	时	拾穗
诠解	三味	什么是	时评	拾微
诠考	三字经	神游	识略	拾雅
诠评	散笔	审查	识微	拾言
诠释	散解	审视	识误	拾要
诠索	散侃	生命中不能承受之	识要	拾遗
诠证	散录	生涯	识异	拾疑

229

拾议	试释	释评	枢要	述义
拾英	试述	释说	梳理和论断	述议
史	试说	释析	疏	述源
史抄	试谈	释要	疏解	述证
史概	试探	释疑	疏略	双璧
史纲	试析	释义	疏义	说
史话	试验	释异	疏议	说"不"
史记	试议	释源	疏证	说……话
史况	试证	释真	术	说粹
史林	视窗	释证	述	说概
史录	视角	誓言	述辨	说话
史论	视界	手记	述补	说谎
史略	视野	手迹	述感	说解
史评	视域	手拾	述怀	说例
史要	视閾	手札	述介	说略
始末	是……还是	首访	述考	说明
始末记	是与非	受	述例	说说
示例	释	受宠	述林	说要
世家	释辨	书钞	述录	说疑
世界	释补	书后	述论	说义
事迹	释粹	书话	述略	说绎
事略	释地	书怀	述评	说意
试比较	释读	书架	述评与展望	说因
试笔	释考	书介	述实	说隅
试记	释例	书录	述探	说源
试解	释林	书谭	述微	说赘
试考	释论	书札	述析	私记
试论	释谜	书摘	述言	私见
试评	释名	抒怀	述要	私解

230

四、附 录 篇

私论	随得	琐著	探古	探询
私议	随感	拓论	探故	探研
私语	随感录	台	探究	探研录
思	随记	态势	探路	探要
思辨	随录	谈	探论	探疑
思潮	随谈	谈疵	探略	探忆
思考	随想	谈概	探美	探异
思考与建议	随想录	谈话	探魅	探佚
思考与实践	随札	谈记	探谜	探意
思录	碎语	谈录	探秘	探因
思路	所见	谈略	探蹊	探隐
思索	索	谈片	探奇	探幽
思绪	索解	谈圃	探求	探原
肆考	索考	谈趣	探趣	探源
搜奇	索引	谈谈	探胜	探珠
搜索	索隐	谈往录	探识	探综
搜逸	索原	谈微	探实	讨论
素描	琐	谈要	探释	讨原
速成	琐笔	谈艺录	探述	提
速递	琐话	谈隅	探说	提纲
速览	琐记	谈资	探溯	提钩
速评	琐录	谭	探索	提要
溯	琐说	谭概	探索和实践	题
溯源	琐谈	谭纂	探讨	题记
溯源与鸟瞰	琐探	叹	探微	题解
虽然	琐言	探	探析	题库
虽说	琐忆	探测	探新	题录
随笔	琐语	探访	探寻	体验
随抄	埚志	探概	探巡	天地

231

天下	透视	外一种	为什么	问答录
挑战	透析	外传	未来前景	问对
调侃	图编	万花筒	文编	问难
条	图话	万象	文萃	问世
条辨	图记	罔论	文粹	问题
听后	图解	往事	文存	问题与对策
听了……之后	图考	危机与出路	文海	问题与建议
挺进	图录	危言	文库	我
通	图论	微观	文录	我……故我在
通编	图略	微绪	文略	我的
通故	图释	微义	文始	我见
通观	图说	微旨	文坛	我是怎样……的
通讲	图义	为	文谈	我所认识的
通解	图志	为……把脉	文谭	我所知道的
通考	图纂	为……辨诬	文物志	我眼中的
通览	涂说	为……辩诬	文献库	我之见
通论	推测	为……而作	文学	无价
通史	推荐	为……鼓与呼	文艺	无题
通释	推介	为……喝彩	文源	舞台
通说	推想	为……进一言	文摘	物语
通向	推指	为……求解	文征	悟语
通向……之路	蜕变	为……申辩	闻记	析
通义	外编	为……一辩	闻见	析弊
通知	外记	为……一呼	闻见后录	析辨
通志	外纪	为……正名	闻见记	析辨补
通注	外录	为……作	闻见录	析读
通纂	外篇	为何	闻略	析概
统编	外史	为了	问	析解
痛史	外一篇	为哪般	问答	析考

四、附　录　篇

析览	细解	现状及趋势	小常识	小纂
析论	细看	现状及挑战	小萃	晓惑
析略	细释	现状与对策	小订	笑傲
析难	细说	现状与反思	小话	笑看
析评	细谈	现状与构想	小记	笑论
析赏	细探	现状与前景	小讲	笑谈
析释	细析	现状与前瞻	小结	协议
析说	遐思	现状与趋向	小解	谐谈
析谈	遐想	现状与未来	小看	撷钞
析探	暇录	现状与问题	小考	撷粹
析微	暇语	现状与展望	小录	撷趣
析误	下	献给	小品	撷绣
析要	仙史	献疑	小启	撷英
析疑	闲笔	乡土志	小窍门	撷余
析义	闲抄	详解	小识	写给
析译	闲读	详介	小史	写实
析因	闲话	详况	小释	写于
析源	闲纪	详例	小疏	写在
习题解	闲览	详录	小说	写在……的日子
喜读	闲评	详论	小探	写在……的时候
喜见	闲谈	详情	小析	写在……后
喜看	闲想	详释	小叙	写在……前夕
喜忧谈	闲语	详述	小言	写在……之际
戏笔	现身	详说	小引	写在……之前
戏说	现形记	详析	小语	写在……之时
系列谈	现在时	详注	小札	写真
系统	现状	想法	小志	邂逅
细辨	现状和展望	向何处去	小注	心得
细观	现状及其展望	消息	小传	心解

233

心赏	新解	新述	新证	序说
心悟	新介	新说	新知	叙
心语	新进展	新思考	新注	叙怀
欣读	新开展	新思路	新著	叙录
欣赏	新考	新思维	新传	叙论
新	新况	新拓展	薪传	叙略
新编	新例	新谈	信笔	叙要
新变化	新论	新谭	信步	叙异
新辨	新论探	新探	信札	叙游
新补	新论证	新探索	兴起和发展	绪论
新阐释	新貌	新探讨	兴起与发展	绪说
新钞	新判断	新题	兴衰	绪言
新得	新篇	新天地	兴衰录	续
新订	新评	新透视	兴衰史	续编
新动态	新评价	新突破	兴亡史	续补
新动向	新趋势	新途径	行记	续貂
新读	新趋向	新悟	行纪	续记
新发现	新诠	新析	行看	续考
新发展	新认识	新新	行略	续篇
新法	新赏	新修	省察	续拾
新方法	新设想	新研究	省思	续说
新方式	新审视	新义	修订意见	续谈
新观	新识	新议	修改意见	续修
新话	新世界	新译	秀	续议
新记	新视角	新意	袖珍	续志
新假说	新视野	新用	须知	絮语
新见	新释	新语	虚实论	蓄疑
新见解	新书架	新札	虚实谈	宣言
新讲	新术	新争论	序	悬解

四、附　录　篇

选编	训释	要解	夜读	疑
选萃	雅谈	要介	夜访	疑似
选粹	雅言	要览	夜话	疑思录
选存	烟云	要例	夜泊	疑问
选读	言论	要录	夜谈	疑疑
选讲	言说	要论	一得	疑义
选解	研察	要略	一得录	以……名义
选介	研究	要是	一点通	以……为
选评	研究及启迪	要术	一二事	以后
选释	研判	要述	一家言	以外
选析	研评	要说	一角	义疏
选要	研讨	要谈	一解	义证
选译	研析	要言	一窥	艺林
选注	衍化	要义	一览	艺志
学述	衍进	要因	一面观	忆
学坛	衍释	要语	一瞥	忆旧
寻访	衍义	要旨	一勺	忆录
寻访记	演变	要指	一图通	忆语
寻古	演记	也读	一夕谈	议
寻迹	演讲	也论	一席谈	议略
寻求	演进	也评	一议	亦谈
寻索	演义	也说	一隅	异同
寻因	艳史	也谈	遗笔	异同论
寻源	燕谈	也探	遗产	异闻录
寻踪	遥寄	也析	遗录	异议
训辨	要策	也议	遗事	异与同
训诂	要法	也原	遗语	呓语
训解	要纪	野录	遗札	译编
训例	要揭	野史	遗著	译存

译后记	臆说	由……到	隅见	约法
译解	臆探	由……看	隅说	约记
译介	因何	由……说开去	愚见	约解
译林	因为	由……说起	与	约论
译论	音义	由……所想到的	与……共舞	约义
译评	引	由……谈	与……一起	约注
译释	引得	由……谈开去	语	月评
译述	引论	由……谈起	语解	月谈
译析	引蒙	由……想到的	语林	阅读
译序	引起的思考	由……引起的	语录	阅评
译议	引言	由来	语略	韵语
译注	印存	游	语丝	杂笔
易解	印痕	游记	语要	杂编
易通	印举	游录	预测	杂抄
易知	印象	有感	遇难记	杂钞
易知录	印象记	有感于	寓言	杂存
绎	应用	有怀	渊源	杂感
驿站	英华	又	园地	杂感于
轶事	营地	又补	原解	杂话
轶闻录	影响	又读	原论	杂记
逸编	庸言	又何妨	原起	杂解
逸话	永别了	又见	原始	杂考
逸趣	永恒的	又是……时	原因	杂览
逸史	永远的	余编	原则和办法	杂录
逸事	咏怀	余话	缘何	杂论
意抄	忧见	余考	缘起	杂篇
意见	忧思	余论	源考	杂识
意义	忧思录	余墨	源流	杂拾
臆释	由……扯开去	余谈	源流考	杂释

四、附　录　篇

杂述	再论	在……下	展示	征
杂说	再批判	载体	展望	征存
杂谈	再评	赞	彰显	征略
杂想	再评价	造访	长编	征实
杂兴	再破译	造就	长语	拯救
杂言	再诠释	则例	掌故	拯救你
杂忆	再认识	怎么办	掌中珠	整体观
杂议	再审视	怎样	昭示	正读
杂证	再识	札记	遮谭	正讹
杂著	再释	摘	这个人	正诂
杂缀	再说	摘编	珍赏	正解
杂字	再思辨	摘抄	真传	正名
杂俎	再思考	摘出	真假	正史
杂纂	再思索	摘粹	真经	正说
杂作	再谈	摘锦	真录	正误
再辨析	再探	摘录	真貌	正要
再补	再探索	摘谬	真面貌	正义
再读	再探讨	摘奇	真诠	正音室
再反思	再讨论	摘述	真赏	正传
再记	再析	摘微	真史	证补
再检视	再续	摘艳	真原	证讹
再检讨	再研究	摘要	甄微	证伪
再见	再研讨	摘腴	甄误	证异
再解	再议	摘语	箴言	诤言
再解读	再遇	摘旨	箴言录	政要
再界定	再质疑	詹言	阵地	之辨
再看	在	瞻拜	争论	之窗
再考	在……面前	瞻顾	争鸣	之后
再考察	在……上	瞻望	争议	之际

237

之家	知识读本	指谬	注参	追寻
之见	知识讲座	指南	注解	追忆
之角	直观	指示	注考	追源
之路	直击	指瑕	注释	追踪
之旅	直解	指要	注疏	追踪记
之谜	直通	志	注析	缀述
之前	直译	志感	注议	缀语
之前后	摭	志林	注译	赘笔
之时	摭见	志略	著述	赘解
之思	摭旧录	志疑	专递	赘述
之死	摭例	志异	专访	赘谭
之探	摭零	质言	专家谈	赘语
之外	摭论	质疑	专录	准绳
之问	摭趣	质疑与辨析	专论	拙言
之我观	摭识	治要	专题	咨询
之我见	摭实	致	撰要	梓旧
之我想	摭拾	钟情	撰异	自白
之言	摭说	衷论	传记	自话
之要	摭谈	种种	传略	自记
之一斑	摭探	众家谈	追访	自纪
之友	摭析	众说	追根	自述
之争	摭言	众说纷纭	追怀	自序
之子	摭遗	周记	追记	自由谈
之最	摭忆	周末	追考	自助
枝乘	摭议	珠林	追思	自传
枝语	旨要	诸例	追溯	字诂
知多少	指疵	诸论	追溯与前瞻	综观
知识	指津	助读	追索	综考
知识仓库	指迷	注	追问	综览

综例	总检讨	总要	走笔	纂误
综录	总结	总义	走出	纂要
综论	总库	纵横	走进	纂义
综评	总括	纵横观	走近	最
综述	总览	纵横录	走俏	最后的
综说	总录	纵横论	走上	最新进展
综谈	总论	纵横谈	走向	最新态势
综析	总评	纵横探	奏议	最新消息
综艺	总述	纵览	缵论	
踪迹	总说	纵论	纂例	
总记	总序	纵谈	纂述	

附录二　标题用语：语尾同字

　　本附录先按照尾字的音序分类排列，同一尾字内部再按照音序排列。部分参考文献：尹世超. 标题用语词典[C]. 北京：商务印书馆，2007.

【案】	【白】	【拜】	对比	戏笔
草案	辨白	瞻拜	【笔】	闲笔
档案	辩白	【般】	丛笔	信笔
法案	补白	为哪般	大走笔	遗笔
方案	的自白	【斑】	开笔	杂笔
【傲】	独白	窥斑	快笔	赘笔
笑傲	告白	之一斑	漫笔	走笔
【奥】	自白	【办】	偶笔	【弊】
论奥	【百】	怎么办	散笔	流弊
秘奥	百分百	【本】	试笔	析弊
【跋】	【败】	知识读本	随笔	【壁】
代跋	落败	【比】	琐笔	回音壁

人文社科选题炼题：100问＋700例

【璧】	余编	【标】	新补	鉴藏
合璧	杂编	风向标	续补	秘藏
全璧	摘编	【贝】	又补	【测】
双璧	【变】	拾贝	再补	蠡测
【编】	百变	【备】	证补	评测
补编	流变	必备	【不】	探测
长编	嬗变	全备	说"不"	推测
初编	蜕变	【驳】	【步】	预测
丛编	演变	辩驳	初步	【策】
萃编	【辨】	兼驳	独步	对策
合编	沉浮辨	【泊】	进步	问题与对策
汇编	考辨	夜泊	漫步	现状与对策
会编	明辨	【补】	起步	要策
简编	释辨	辨补	散步	【查】
近编	述辨	订补	信步	调查
精编	思辨	汇补	【裁】	全调查
类编	条辨	辑补	别裁	审查
厘编	析辨	笺补	【采】	【察】
全编	细辨	校补	风采	辨察
通编	新辨	斠补	【彩】	观察
统编	训辨	考补	为……喝彩	考察
图编	再思辨	匡补	【参】	省察
外编	之辨	例补	汇参	研察
文编	【辩】	论补	注参	再考察
新编	答辩	商补	【餐】	【产】
续编	类辩	拾补	快餐	遗产
选编	论辩	释补	【藏】	【抄】
译编	为……申辩	述补	别藏	补抄
逸编	为……一辩	析辨补	典藏	重抄

240

四、附　录　篇

词抄	【潮】	【传】	辑粹	译存
丛抄	思潮	薪传	精粹	印存
汇抄	【沉】	真传	录粹	杂存
类抄	钩沉	【窗】	拾粹	征存
漫抄	【成】	视窗	释粹	【错】
日抄	大成	之窗	说粹	改错
诗抄	观……偶成	【创】	文粹	【答】
史抄	集成	草创	撷粹	百问百答
随抄	偶成	【疵】	选粹	酬答
闲抄	速成	求疵	摘粹	代答
意抄	【程】	谈疵	【存】	奉答
杂抄	教程	指疵	笔存	关于……专答
摘抄	进程	【此】	残存	回答
【钞】	历程	如此	词存	兼答
补钞	【尺】	【萃】	初存	简答
词钞	绳尺	拔萃	丛存	解答
丛钞	【充】	词萃	挡存	问答
赋钞	补充	荟萃	稿存	【带】
合钞	【宠】	集萃	合存	地带
汇钞	受宠	辑萃	汇存	【待】
捷钞	【出】	剪萃	集存	亟待
类钞	冲出	类萃	辑存	【逮】
漫钞	冲之欲出	拾萃	记存	津逮
日钞	摘出	文萃	录存	【到】
诗钞	走出	小萃	偶存	初到
书钞	【础】	选萃	诗存	从……到
撷钞	基础	【粹】	拾存	从……说到
新钞	【穿】	笔粹	文存	从……想到
杂钞	洞穿	集粹	选存	回到

241

由……到	揭底	【定】	选读	【法】
【得】	【地】	界定	也读	奥法
初得	释地	再界定	夜读	百法
偶得	天地	【读】	又读	办法
拾得	新天地	必读	阅读	看法
随得	营地	便读	再读	奇法
心得	园地	辨读	再解读	想法
新得	阵地	重读	正读	新法
一得	【递】	初读	助读	新方法
引得	传递	导读	【断】	要法
【的】	快递	泛读	看……判断	原则和办法
从……想到的	速递	校读	论断	约法
读……想到的	专递	解读	判断	【凡】
我所认识的	【谛】	今读	片断	发凡
我所知道的	妙谛	精读	梳理和论断	【范】
我眼中的	【典】	看图读	新判断	规范
永恒的	宝典	快读	【对】	【妨】
永远的	别典	品读	绝对	谨妨
由……想到的	词典	评读	面对	又何妨
由……引起的	辞典	泣读	问对	【访】
最后的	【貂】	趣读	【兑】	近访
【滴】	续貂	劝读	商兑	首访
点滴	【订】	赏读	【掇】	探访
【迪】	补订	释读	拾掇	寻访
启迪	汇订	析读	【讹】	夜访
研究及启迪	家订	喜读	辨讹	造访
【底】	考订	闲读	订讹	专访
将……到底	小订	欣读	正讹	追访
将……进行到底	新订	新读	证讹	【放】

242

四、附　录　篇

回放	读……偶感	解构	【故】	一面观
【飞】	读……所感	商构	探故	整体观
放飞	读……有感	【够】	通故	之我观
【非】	读……之感	让我一次……个够	掌故	直观
辨非	观感	【估】	【顾】	综观
是与非	观后感	重估	发展与回顾	纵横观
【纷】	记感	初估	回顾	【管】
解纷	教后感	粗估	瞻顾	窥管
【服】	铭感	评估	【观】	【果】
克服	偶感	【古】	比较观	如果
【浮】	述感	访古	畅观	【海】
谁主沉浮	随感	话古	大观	文海
【复】	有感	怀古	地域观	【何】
答复	杂感	今古	多面观	如何
批复	志感	览古	概观	为何
【改】	【纲】	拾古	汇观	因何
评改	考试大纲	探古	今昔观	缘何
【概】	论纲	寻古	冷观	【痕】
梗概	史纲	【诂】	利弊观	留痕
史概	提纲	辨诂	两面观	印痕
说概	【给】	合诂	略观	【横】
谈概	献给	集诂	面面观	纵横
谭概	写给	校诂	奇观	【后】
探概	【根】	解诂	如是观	背后
析概	追根	诠诂	十面观	编后
【感】	【钩】	拾诂	通观	当……之后
编后感	提钩	训诂	微观	的背后
读后感	【构】	正诂	细观	读后
读……记感	重构	字诂	新观	读……书后

243

观后	新变化	清话	呼唤	读书笔记
幕后	衍化	趣话	【祸】	读书札记
前后	【划】	诗话	都是……惹的祸	读……略记
前前后后	策划	史话	【感】	读……小记
书后	规划	书话	辨惑	读……札记
听后	计划	说话	的困惑	后记
听了……之后	【画】	说……话	解惑	荟记
写在……后	大画	琐话	困惑	兼记
以后	【话】	谈话	晓惑	简记
之后	重话	图话	【击】	类记
之前后	丛话	闲话	冲击	奇遇记
【逅】	大话	小话	点击	前记
邂逅	淡话	新话	目击	亲历记
【候】	的话	夜话	直击	拾记
当……的时候	的谈话	逸话	【及】	史记
的时候	对话	余话	兼及	始末记
写在……的时候	赋话	杂话	【笈】	试记
【乎】	嘉话	自话	宝笈	手记
乎……乎	讲话	【怀】	秘笈	私记
【呼】	今话	感怀	【急】	随记
为……鼓与呼	近话	缅怀	备急	琐记
为……一呼	旧话	书怀	【记】	谈记
【花】	客话	抒怀	补记	题记
插花	例话	述怀	采访记	图记
【华】	零话	叙怀	侧记	外记
菁华	录话	咏怀	初记	闻记
精华	漫话	有怀	丛记	闻见记
英华	平话	追怀	大事记	现形记
【化】	评话	【唤】	调查记	小记

四、附录篇

新记	之际	粗见	摭见	【校】
行记	事迹	的管见	【荐】	补校
续记	手迹	的浅见	评荐	汇校
寻访记	寻迹	的私见	推荐	集校
演记	踪迹	的我见	【践】	辑校
译后记	【寄】	肤见	改革与实践	笺校
印象记	偶寄	管见	理论和实践	理校
游记	遥寄	纪见	理论与实践	【较】
遇难记	【家】	略见	实践	比较
约记	百家	偶见	思考与实践	试比较
杂记	人家	歧见	探索和实践	【阶】
再记	世家	浅见	【讲】	初阶
札记	之家	私见	汇讲	进阶
周记	【假】	所见	精讲	【接】
传记	真假	闻见	评讲	链接
追记	【价】	我见	浅讲	【揭】
追踪记	代价	我之见	通讲	初揭
自记	评价	喜见	小讲	要揭
总记	设想和评价	新见	新讲	【诘】
【纪】	设想与评价	修订意见	选讲	辨诘
前纪	无价	修改意见	演讲	【结】
实纪	新评价	意见	【焦】	小结
外纪	再评价	忧见	聚焦	总结
闲纪	【架】	又见	【角】	【解】
行纪	书架	隅见	广角	辩解
要纪	新书架	愚见	视角	表解
自纪	【见】	再见	新视角	别解
【际】	初见	之见	一角	补解
写在……之际	刍见	之我见	之角	常解

245

人文社科选题炼题：100问+700例

重解	题解	概介	【进】	宝镜
串解	通解	简介	带你走进	多棱镜
读解	图解	评介	挺进	考镜
读……心解	为……求解	浅介	衍进	棱镜
分解	析解	书介	演进	【究】
恒解	习题解	述介	走进	比较研究
话解	细解	推介	【禁】	调查研究
汇解	详解	详介	解禁	调查与研究
集解	小解	新介	【经】	分析与研究
简解	心解	选介	三字经	探究
见解	新见解	要介	真经	新研究
讲解	新解	译介	【精】	研究
今解	悬解	【戒】	笔精	再研究
进一解	选解	【界】	粹精	【旧】
精解	训解	大世界	猎精	话旧
类解	要解	大视界	【景】	怀旧
理解	一解	世界	前景	录旧
例解	译解	视界	未来前景	忆旧
略解	易解	新世界	现状与前景	梓旧
破解	语解	【今】	【径】	【救】
浅解	原解	古今	捷径	求救
全解	约解	【津】	门径	拯救
诠解	杂解	指津	新途径	【就】
散解	再解	【锦】	【静】	造就
试解	正解	集锦	动静	【举】
疏解	直解	拾锦	【境】	例举
说解	注解	摘锦	困境	印举
私解	赘解	【近】	【镜】	【侃】
索解	【介】	走近	凹凸镜	侃侃

246

四、附　录　篇

散侃	别考	释考	概况	辑览
调侃	博考	述考	简况	精览
【看】	补考	思考	近况	例览
从……看	参考	肆考	情况	浏览
从……来看	初考	索考	史况	略览
第三只眼(睛)看	丛考	通考	详况	秘览
刮目相看	粗考	图考	新况	全览
横看	存考	析考	【窥】	胜览
近看	的思考	小考	初窥	速览
冷看	调查与思考	新考	管窥	通览
冷眼看	古今考	新思考	一窥	析览
另眼看	回顾与思考	续考	【括】	闲览
且看	回望及思考	引起的思考	总括	要览
请看	汇考	余考	【来】	一览
趣看	辑考	源考	揭开的由来	杂览
喜看	记考	源流考	归来	综览
细看	简考	杂考	看起来	总览
小看	校考	再考	现状与未来	纵览
笑看	近考	再思考	由来	【了】
行看	冷思考	注考	【睐】	别了
由……看	略考	追考	青睐	为了
再看	论考	综考	【览】	永别了
【瞰】	评析和思考	【库】	备览	【泪】
鸟瞰	评析与思考	题库	辨览	不相信眼泪
溯源与鸟瞰	起源考	文库	博览	【类】
【考】	浅考	文献库	初览	另类
备考	全考	知识仓库	萃览	【离】
辨考	诠考	总库	概览	零距离
辩考	试考	【况】	集览	让……远离

247

【力】	【梁】	【炉】	附录	诗录
魅力	津梁	出炉	概录	实录
【例】	【量】	【陆】	回眸录	史录
案例	考量	登陆	回忆录	书录
补例	较量	【录】	汇录	述录
称例	没商量	褒贬录	集录	思录
订例	【了】	备忘录	辑录	随感录
广例	何时了	笔录	记录	随录
简例	【林】	编年录	纪录	随想录
举例	词林	别录	家录	琐录
类例	辞林	博录	见闻录	谈录
略例	诂林	采访录	讲录	谈往录
全例	集林	忏悔录	仅存录	谈艺录
实例	评林	畅思录	近录	探研录
拾例	森林	沉浮录	经眼录	题录
示例	史林	沉思录	警示录	图录
释例	释林	初录	考录	外录
述例	述林	词录	漫录	文录
说例	艺林	丛录	漫录	闻见后录
条例	译林	答问录	秘录	闻见录
详例	语林	答疑录	名录	问答录
新例	志林	大事录	目录	暇录
训例	珠林	读……别录	偶录	详录
要例	【零】	对话录	品录	小录
则例	拾零	反思录	启示录	兴衰录
摭例	摭零	访谈录	求疵录	叙录
诸例	【流】	风采录	全录	要录
综例	交流	风云录	日录	野录
纂例	源流	浮沉录	散录	一得录

四、附录篇

遗录	【旅】	画论	详论	【略】
疑思录	之旅	汇论	笑论	编略
忆录	【论】	兼论	新论	辨略
异闻录	奥论	简论	新争论	补略
易知录	悖论	今论	虚实论	策略
轶闻录	比较论	精论	叙论	词略
忧思录	比论	考论	绪论	大略
游录	辨识论	理论	言论	方略
语录	辨释论	流派论	要论	概略
杂录	辩论	略论	也论	稿略
摘录	别论	漫论	异同论	歌略
真录	驳论	片论	译论	攻略
箴言录	补论	评论	引论	辑略
摭旧录	策论	浅论	余论	记略
专录	重论	散论	原论	纪略
综录	初论	诗论	约论	举略
总录	刍论	实论	杂论	考略
纵横录	丛论	史论	再论	括略
【路】	粗论	试论	再讨论	览略
必由之路	导论	释论	争论	论略
困境和出路	得失论	述论	摭论	目略
困境与出路	短论	私论	衷论	全攻略
领路	发生论	探论	诸论	诗略
思路	泛论	讨论	专论	识略
探路	附论	通论	综论	史略
通向……之路	概论	图论	总论	事略
危机与出路	各论	拓论	纵横论	疏略
新思路	管论	罔论	纵论	述略
之路	合论	析论	缵论	说略

249

谈略	三昧	【描】	始末	附篇
探略	【魅】	扫描	周末	急就篇
图略	探魅	素描	【墨】	开篇
文略	【门】	【名】	留墨	内篇
闻略	入门	匿名	余墨	外篇
析略	小窍门	命名	【眸】	外一篇
行略	【蒙】	释名	回眸	新篇
叙略	发蒙	为……正名	【南】	续篇
要略	启蒙	正名	地北天南	杂篇
议略	求蒙	【明】	指南	【片】
语略	引蒙	兼说明	【难】	读片
征略	【迷】	简明	答客难	谈片
志略	情迷	声明	诘难	【瞥】
传略	指迷	说明	问难	回瞥
【脉】	【谜】	【鸣】	析难	一瞥
把脉	解谜	争鸣	【排】	【拼】
号脉	释谜	【铭】	彩排	大比拼
为……把脉	探谜	【谬】	【牌】	【品】
【满】	之谜	辨谬	打……牌	粗品
情满	【秘】	纠谬	【盘】	精品
【貌】	奥秘	举谬	大拼盘	诗品
风貌	大揭秘	匡谬	【判】	小品
概貌	大探秘	辟谬	批判	【评】
新貌	家秘	摘谬	评判	辨评
真貌	揭秘	指谬	研判	辩评
真面貌	启秘	【摸】	再批判	重评
【美】	探秘	触摸	【批】	初评
探美	【密】	【末】	眉批	刍评
【昧】	秘密	本末	【篇】	粗评

四、附　录　篇

点评	速评	小启	钟情	大全
短评	析评	【起】	【秋】	【诠】
断评	闲评	从……说起	春秋	校诠
概评	新评	从……谈起	【求】	新诠
汇评	选评	崛起	蒙求	真诠
集评	研评	由……说起	探求	【缺】
辑评	也评	由……谈起	寻求	补缺
兼评	译评	与……一起	【去】	【阙】
简评	月评	原起	从……说开去	补阙
介评	阅评	缘起	向何处去	【榷】
刊评	再评	【迁】	由……扯开去	兼与……商榷
考评	综评	变迁	由……说开去	商榷
快评	总评	【前】	由……谈开去	【然】
窥评	【破】	写在……之前	【趣】	虽然
陋评	新突破	在……面前	掇趣	【人】
略评	【圃】	之前	话趣	第一人
论评	谈圃	【巧】	集趣	其人
漫评	【其】	技巧	记趣	其文其人
批评	及其	【俏】	览趣	这个人
品评	其人其	走俏	觅趣	【轫】
浅评	【奇】	【窍】	奇趣	发轫
诠评	辨奇	诀窍	赏趣	【若】
赏评	传奇	【情】	拾趣	假若
诗评	记奇	道情	谈趣	【赏】
时评	搜奇	风情	探趣	鉴赏
史评	探奇	行情	撷趣	浅赏
试评	摘奇	寄情	逸趣	析赏
释评	【启】	倾情	撼趣	心赏
述评	敬启	详情	【全】	欣赏

251

新赏	写在……之时	记实	趣史	展示
珍赏	又是……时	纪实	全史	昭示
真赏	之时	考实	通史	指示
【上】	【识】	述实	痛史	【世】
在……上	辨识	探实	外史	问世
走上	补识	写实	仙史	【式】
【身】	常识	征实	小史	新方式
现身	重新认识	摭实	兴衰史	【视】
【深】	初识	【拾】	兴亡史	侧视
钩深	回顾和再认识	掇拾	艳史	重新审视
【审】	基本常识	零拾	野史	从……审视
重审	简识	蒙拾	逸史	从……透视
【绳】	见识	偶拾	真史	大透视
准绳	鉴识	手拾	正史	导视
【胜】	略识	续拾	【使】	回视
记胜	偶识	杂拾	假使	检视
纪胜	浅识	摭拾	【始】	窥视
览胜	认识	【史】	考始	平视
揽胜	探识	稗史	文始	剖视
探胜	小常识	备史	原始	审视
【乘】	小识	编年史	【示】	透视
笔乘	新认识	后史	的启示	新审视
枝乘	新识	简史	分析和启示	新透视
【失】	杂识	浪漫史	分析及启示	再检视
得失	再认识	浪史	分析与启示	再审视
【时】	再识	罗曼史	告示	【事】
当……时	知识	迷史	公示	本事
进行时	摭识	秘史	揭示	二三事
现在时	【实】	情史	例示	故事

四、附　录　篇

记事	辨释	详释	技术	详述
纪事	辩释	小释	新术	新述
家事	补释	新阐释	要术	学述
近事	阐释	新释	【束】	要述
旧事	重释	选释	结束	译述
其人其事	初释	训释	【述】	杂述
启事	丛释	衍释	补述	摘述
趣事	管释	译释	阐述	著述
往事	汇释	臆释	撮述	缀述
一二事	集释	杂释	胜述	赘述
遗事	辑释	再诠释	概述	自述
轶事	兼释	再释	辑述	综述
逸事	笺释	注释	记述	总述
【势】	简释	【首】	纪述	纂述
大趋势	校释	百首	兼述	【衰】
动势	解释	回首	简述	兴衰
发展趋势	今释	聚首	讲述	【说】
进展和趋势	考释	【受】	解述	辨说
趋势	例释	感受	考述	辩说
态势	零释	【授】	口述	补说
现状及趋势	评释	讲授	略述	阐说
新趋势	浅释	【疏】	论述	剿说
最新态势	诠释	补疏	漫述	刍说
【是】	试释	笺疏	描述	传说
还是	探释	讲疏	评述	丛说
什么是	通释	小疏	浅述	道说
是……还是	图释	义疏	诗述	泛说
要是	析释	注疏	试述	纷说
【释】	细释	【术】	探述	概说

253

合说	通说	沉思	【溯】	大舞台
画说	图说	的反思	回溯	看台
话说	涂说	的遐思	探溯	擂台
集说	析说	发人深思	追溯	平台
辑说	戏说	反思	【算】	舞台
假说	细说	分析和反思	概算	【态】
兼说	详说	分析及反思	【穗】	百态
简说	小说	分析与反思	拾穗	动态
解说	新假说	构思	【索】	新动态
界说	新说	回顾与反思	大搜索	【滩】
考说	序说	谜思	考索	抢滩
例说	绪说	批判与反思	诠索	【坛】
略说	续说	评估与反思	思索	讲坛
漫说	言说	浅思	搜索	论坛
你说我说	要说	情思	探索	文坛
偶说	也说	三思	新探索	学坛
评说	臆说	遐思	寻索	【谈】
浅说	隅说	现状与反思	再思索	百家谈
且说	杂说	省思	再探索	比较谈
趣说	再说	忧思	追索	笔谈
如是说	正说	再反思	【琐】	补谈
诗说	摭说	之思	掇琐	侧谈
实话实说	众说	追思	【他】	常谈
试说	综说	【死】	及其他	畅谈
释说	总说	之死	兼及其他	重谈
说说	【丝】	【似】	你我他	初谈
虽说	语丝	疑似	【台】	刍谈
琐说	【思】	【塑】	曝光台	从……谈
探说	辨思	重塑	大看台	丛谈

四、附　录　篇

粗谈	门外谈	也谈	赘谭	臆探
大家谈	面谈	夜谈	【叹】	再探
得失谈	妙谈	一夕谈	感叹	之探
泛谈	偶谈	一席谈	【探】	摭探
访谈	片谈	亦谈	比较新探	纵横探
放谈	评谈	由……谈	辨探	【讨】
概谈	奇谈	余谈	补探	检讨
甘苦谈	浅谈	月谈	重探	考察与探讨
古今谈	趣谈	杂谈	初探	探讨
还谈	冗谈	再谈	刍探	新探讨
和……谈	散谈	摭谈	粗探	研讨
纪谈	试谈	众家谈	兼探	再检讨
兼谈	随谈	专家谈	解探	再探讨
简谈	琐谈	自由谈	勘探	再研讨
教后谈	谈谈	综谈	窥探	总检讨
今日谈	文谈	纵横谈	例探	【梯】
今昔谈	析谈	纵谈	略探	初梯
聚谈	喜忧谈	【弹】	评探	【提】
可谈	系列谈	乱弹	浅探	重提
客谈	细谈	【谭】	全解探	旧话重提
拉杂谈	闲谈	百家谭	试探	旧话新提
利弊谈	笑谈	丛谭	述探	【题】
例谈	谐谈	农谭	琐探	百题
两面谈	新谈	偶谭	析探	话题
流弊谈	虚实谈	评谭	细探	解题
略谈	续谈	书谭	小探	课题
论谈	雅谈	文谭	新论探	偶题
漫谈	燕谈	新谭	新探	问题
美谈	要谈	遮谭	也探	无题

255

人文社科选题炼题：100问+700例

现状与问题	回顾和展望	析微	疑问	前夕
新题	回顾及展望	摘微	之问	写在……前夕
专题	回顾与瞻望	甄微	追问	【昔】
【体】	回顾与展望	【伪】	【诬】	话今昔
载体	回眸与展望	辨伪	辨诬	今昔
【通】	回望	证伪	辩诬	【析】
辨通	回想和展望	【尾】	为……辩诬	比较分析
每日通	回瞻与展望	跋尾	为……辩诬	辨析
一点通	寄望	【纬】	【舞】	补析
一图通	进展与展望	经纬	与……共舞	阐析
易通	瞭望	【为】	【务】	初析
直通	述评与展望	因为	理论与实务	刍析
【同】	现状和展望	【位】	实务	粗析
大不同	现状及其展望	全方位	【误】	导析
异同	现状与展望	【味】	辨误	调查分析
异与同	瞻望	解味	订误	调查与分析
【统】	展望	品味	校误	断析
系统	【微】	趣味	纠误	对比分析
【筒】	辨微	三味	刊误	分析
万花筒	阐微	【温】	识误	概略分析
【外】	发微	重温	析误	概析
里……外	精微	【问】	甄误	汇析
内外	抉微	百问	正误	兼析
内……外	窥微	答……问	纂误	简析
以外	识微	答客问	【悟】	鉴析
之外	拾微	答问	感悟	解析
【忘】	述微	对问	心悟	今析
备忘	谈微	拷问	新悟	精析
【望】	探微	客问	【夕】	考析

256

四、附　录　篇

窥析	综析	怀想	采撷	【叙】
类析	【息】	联想	【新】	回叙
例析	消息	漫想	从新	小叙
略析	最新消息	冥想	探新	【绪】
论析	【蹊】	片想	新新	思绪
评价和分析	探蹊	浅想	【兴】	微绪
评价与分析	【瑕】	设想	漫兴	【续】
评析	指瑕	随想	杂兴	再续
剖析	【下】	推想	【省】	【絮】
浅析	天下	遐想	反省	花絮
赏析	在……下	闲想	【休】	【学】
试析	【显】	现状与构想	何时休	初学
释析	彰显	新设想	【修】	导学
述析	【现】	杂想	新修	全学
探析	发现	之我想	续修	入学
透析	惊现	【向】	【秀】	文学
细析	悄现	变化与走向	【绣】	【寻】
详析	新发现	动向	撷绣	探寻
小析	【响】	通向	【须】	追寻
新析	影响	现状与趋向	亟须	【巡】
选析	【想】	新动向	【序】	探巡
研析	猜想	新趋向	程序	【询】
也析	畅想	走向	代序	探询
译析	刍想	【相】	倒序	咨询
再辨析	的联想	亮相	后序	【涯】
再析	断想	【象】	前序	生涯
摭析	浮想	万象	译序	【雅】
质疑与辨析	感想	印象	自序	拾雅
注析	构想	【撷】	总序	【言】

弁言	为……进一言	试验	括要	撰要
辨言	小言	体验	览要	总要
常言	绪言	【要】	揽要	纂要
刍言	宣言	宝要	类要	【耀】
粹言	雅言	备要	猎要	闪耀
导言	要言	本要	录要	【野】
读……感言	一家言	必要	论要	大视野
发言	引言	辨要	秘要	视野
放言	庸言	补要	识要	新视野
感言	寓言	阐要	拾要	【遗】
汇言	杂言	粹要	史要	补遗
记言	詹言	撮要	释要	掇遗
纪言	箴言	大要	枢要	记遗
简言	诤言	概要	述要	录遗
建言	之言	纲要	说要	拾遗
精言	摭言	合要	谈要	摭遗
俚言	质言	荟要	探要	【疑】
例言	拙言	机要	提要	辨疑
良言	【沿】	集要	析要	存疑
名言	前沿	辑要	叙要	答疑
偶言	【研】	记要	选要	发疑
前言	探研	纪要	语要	解疑
浅言	【演】	简要	摘要	考疑
剩言	讲演	揭要	正要	困惑与质疑
拾言	【艳】	节要	政要	猎疑
誓言	摘艳	捷要	之要	拾疑
述言	【验】	精要	旨要	释疑
琐言	初体验	举要	指要	说疑
危言	实验	窥要	治要	探疑

四、附　录　篇

析疑	新义	卑议	浅议	释异
献疑	衍义	辨议	散议	探异
蓄疑	演义	辩议	拾议	叙异
疑疑	要义	别议	试议	证异
再质疑	疑义	驳议	疏议	志异
志疑	以……名义	博议	述议	撰异
质疑	意义	补议	私议	【佚】
【义】	音义	初议	思考与建议	辑佚
本义	约义	刍议	问题与建议	探佚
辨义	正义	粗议	协议	【译】
补义	总义	断议	新议	补译
初义	纂义	对策与建议	续议	解译
撮义	【艺】	泛议	也议	今译
广义	文艺	概议	一议	今注今译
集义	综艺	公议	异议	破译
简义	【忆】	兼议	译议	全译
讲义	的回忆	简议	杂议	析译
校义	断忆	建议	再议	新译
解义	回忆	校议	争议	选译
精义	零忆	决议	摭议	再破译
平义	漫忆	看法和建议	注议	直译
释义	梦忆	看法及建议	奏议	注译
疏义	散忆	看法与建议	【异】	【易】
述义	琐忆	考议	辨异	简易
说义	探忆	例议	差异	【绎】
通义	杂忆	略议	笺异	辨绎
图义	摭忆	漫议	考异	抽绎
微义	追忆	平议	录异	简绎
析义	【议】	评议	识异	说绎

259

【谊】	萃英	关于	短语	呓语
联谊	掇英	写于	断语	韵语
【逸】	拾英	有感于	肤语	摘语
补逸	撷英	杂感于	寄语	枝语
辑逸	【应】	【余】	家语	缀语
考逸	回应	词余	校语	赘语
搜逸	【用】	附余	卷首语	【吁】
【意】	备用	记余	卷头语	呼吁
大写意	必用	窥余	开栏语	【域】
广意	边学边用	诗余	客语	视域
说意	妙用	撷余	浪语	【阈】
探意	理论及其应用	【隅】	漫语	视阈
新意	新用	举隅	批语	【遇】
【因】	应用	窥隅	浅语	初遇
说因	【幽】	说隅	剩语	当……遭遇
探因	阐幽	谈隅	私语	奇遇
析因	探幽	一隅	碎语	再遇
寻因	【游】	【腴】	琐语	【喻】
要因	重游	摘腴	物语	百喻
原因	导游	【与】	悟语	【园】
【引】	记游	【语】	暇语	百花园
导引	纪游	按语	闲语	茶园
索引	漫游	案语	小语	大观园
小引	神游	跋语	心语	家园
【隐】	叙游	编后语	新语	乐园
索隐	【友】	残后语	絮语	【原】
探隐	之友	长语	要语	辨原
【英】	【又】	丛语	遗语	导原
采英	【于】	独语	忆语	纪原

四、附 录 篇

镜原	【载】	文摘	加油站	辩正
考原	丛载	【瞻】	驿站	补正
求原	连载	对……的前瞻	【照】	集正
索原	【在】	回顾及前瞻	观照	举正
探原	谁在	回顾与前瞻	【珍】	勘正
讨原	我……故我在	回眸与前瞻	采珍	【证】
也原	写在	回瞻	萃珍	本证
真原	【赞】	进展与前瞻	存珍	辨证
【源】	礼赞	前瞻	家珍	补证
辨源	评赞	现状与前瞻	袖珍	广证
测源	【札】	追溯与前瞻	【真】	互证
发源	笔札	【展】	辨真	会证
考源	短札	发展	传真	辑证
论源	校札	进展	会真	兼证
启源	零札	新发展	鉴真	笺证
释源	论札	新进展	留真	简证
述源	日札	新开展	求真	见证
说源	散札	新拓展	释真	校证
溯源	诗札	兴起和发展	写真	考证
探源	手札	兴起与发展	【诊】	例证
文源	书札	最新进展	会诊	论证
析源	随札	【战】	【争】	旁证
寻源	小札	机遇和挑战	论争	试证
渊源	新札	机遇及挑战	之争	诠证
追源	信札	机遇与挑战	【征】	释证
【云】	遗札	论战	诗征	疏证
烟云	【摘】	挑战	文征	述证
【纭】	报摘	现状及挑战	【正】	新论证
众说纷纭	书摘	【站】	辨正	新证

261

义证	琐志	【注】	辑著	现状
杂证	通志	编注	近著	【缀】
【知】	图志	标注	论著	补缀
通知	文物志	补注	偶著	杂缀
新知	乡土志	参注	琐著	【赘】
须知	小志	阐注	新著	说赘
易知	续志	附注	遗著	【酌】
【摭】	艺志	古注	杂著	浅酌
【止】	【识】	关注	【传】	商酌
观止	读……偶识	集注	碑传	【资】
【旨】	读……杂识	辑注	别传	谈资
奥旨	【致】	笺注	大传	【子】
备旨	【种】	简注	后传	之子
本旨	百种	校注	画传	【字】
大旨	另一种	解注	列传	杂字
秘旨	外一种	今注	内传	【子】
微旨	种种	评注	评传	的日子
要旨	【综】	浅注	前传	日子
摘旨	探综	情注	全传	写在……的日子
【指】	【踪】	诠注	诗传	【俎】
津指	辨踪	通注	外传	杂俎
推指	觅踪	详注	小传	【纂】
要指	寻踪	小注	新传	汇纂
【志】	追踪	新注	正传	会纂
别志	【珠】	选注	自传	近纂
简志	探珠	译注	【状】	类纂
旧志	掌中珠	约注	历史与现状	谭纂
漫志	【助】	【著】	前景和现状	通纂
日志	自助	丛著	上诉状	图纂

小纂	【作】	杂作		
杂纂	工作	【座】		
【最】	其人其作	茶座		
录最	为……而作	讲座		
之最	为……作	知识讲座		

附录三 选题问题意识用语

本附录用语为各科所通用，或可直接入题，或可助您选题与炼题；各科自用的术语在此不列，可由您平时专业学习时积累。

矮化	扮演	保守	被迫	比对
按照	伴随	保障	本来	比较
暗箭	绑定	保障力	本来面目	彼此
暗示	绑架	保值	本色	笔墨
暗线	包办	堡垒	本土	必定
昂扬	包容	暴露	本位	必将
傲慢	包装	暴露无遗	本无定法	必经
奥义	褒贬	暴增	本性	必然
奥秘	褒奖	悲观	本意	必须
奥妙	褒扬	备受	本原	必选项
拔萃	薄弱	背道而驰	本源	必要
拔擢	饱和	背后	本源性	必由
把持	饱满	背景	本着	必争
把握	饱受	背离	本真	毕竟
霸权	宝贵	倍感	本质	庇护
摆脱	保持	倍增	崩坏	筚路蓝缕
败落	保存	悖论	逼仄	弊病
版图	保全	被动	比比皆是	弊端

人文社科选题炼题：100问+700例

弊害	辩解	秉赋	不符	不同寻常
壁垒	辩论	并存	不顾	不为过
避开	辩证法	并举	不合	不惜代价
避免	标靶	并列	不合时宜	不懈
边际	标榜	并行不悖	不尽如人意	不言而喻
边界	标本兼治	并用	不拘一格	不宜
边缘	标尺	摒弃	不堪	不遗余力
边缘化	标度	波动	不可	不易
边缘性	标签	波及	不可比拟	不易之理
鞭辟入里	标识	波折	不可避免	不争
贬低	标志	剥夺	不可持续	不足
扁平	标志性	驳倒	不可低估	不足取
变动不居	标准	驳难	不可或缺	不足以
变革	标准化	舶来	不可逆	布局
变更	表层	博大	不可逆转	步伐
变故	表面	博弈	不可思议	步履艰难
变化	表明	搏击	不可替代	步入
变局	表现	补编	不力	部署
变量	表现力	补充	不利于	猜测
变迁	表现性	补回	不满	猜疑
变态	表征	捕捉	不明所以	裁决
变异	别出心裁	不畅	不确定	采纳
便捷	别创一格	不当	不忍观瞻	参数
便利	别有	不得	不容	参照
辨别	濒临	不得而知	不容忽视	参证
辨明	濒危	不断	不容小觑	残酷
辨伪	摈弃	不发空论	不容置疑	残留
辨析	秉承	不乏	不甚了了	蚕食
辨护	秉持	不菲	不失为	粲然

264

四、附　录　篇

仓猝	常识性	陈见	程式化	出类拔萃
苍白	常态	陈旧	程序化	出笼
操控	常态化	陈说	惩罚	出路
操纵	畅想	陈套	澄清	出谋划策
侧面	唱衰	趁势	吃力	出色
侧目	抄手观望	成败	迟钝	出于
侧重	超常	成倍	迟缓	初步
策划	超出	成本	迟滞	初见端倪
策略	超负荷	成功	持久	初具
层次	超过	成见	持平	初涉
层级	超级	成就	持续	初显
层面	超迈	成就感	持有	初衷
差距	超前	成熟	持之有故	雏形
差异	超越	成熟度	尺度	处处
插曲	嘲笑	成效	侈谈	处理
察觉	彻底	成型	冲击	触动
拆分	掣肘	成因	冲突	触发点
孱弱	尘埃	成长	充斥	触及
产业化	沉淀	成正比	充分	触摸
铲除	沉浮	呈现	充满	触碰
阐发	沉浸	承担	充溢	揣测
阐发性	沉迷	承负	充足	揣摸
阐释	沉默	承认	憧憬	揣摩
羼杂其间	沉潜	承受	崇拜	穿插
昌盛	沉思	承受力	抽掉	穿透力
尝到	沉醉	承袭	抽离	传承
尝试	陈腐	承续	抽象	传递
常道	陈规	程度	筹码	传奇性
常量	陈迹	程式	出乎意料	传统

265

窗口	摧毁	大跌眼镜	诞生	抵御
创发	脆弱	大幅	淡薄	抵制
创立	萃取	大幅度	淡化	底层
创制	淬炼	大概率	当代性	底限
垂范	存量	大局	当时	底线
纯粹	存灭	大局观	当务之急	底蕴
纯粹化	存亡	大力	党同伐异	地毯式
纯洁性	存续	大量	荡然无存	地域性
纯朴	存在感	大趋势	导向	地缘
纯属	挫伤	大相径庭	导致	递进
纯真	措施	大小	到位	递增
纯正	错过	大行其道	道义	缔交
戳穿	错觉	大意	得失	缔造
戳破	错配	大有可为	得体	颠覆
此消彼长	错失	大于	得以	巅峰
次选	错位	大跃进	得益于	典范
从容	错误	代表	登场	点到为止
粗暴	错综复杂	代表性	登峰造极	点睛
粗糙	搭建	代价	等级	点明
粗陋	达成	担当	等价	奠定
粗略	达至	担忧	低端	奠基
粗浅	达致	担责	低估	奠基性
粗疏	打击	单薄	低级	奠立
粗制滥造	打磨	单纯	低下	吊诡
促成	打破	单向度	低效	掉以轻心
促进	打通	单向化	低效益	迭出
篡改	打压	单一	诋毁者	迭代
催化	大变局	单一化	抵触	迭为
催生	大刀阔斧	胆识	抵抗	叠加

四、附　录　篇

顶端	独创	堆积	额外	反驳
顶峰	独到	对比	扼杀	反差
顶天立地	独断	对待	扼腕	反超
定夺	独发	对等	扼要	反倒
定见	独立	对话	扼制	反对
定局	独立性	对接	恶果	反而
定力	独辟蹊径	对抗	恶化	反复
定量	独善其身	对垒	恶性	反感
定论	独生	对立	遏制	反观
定期	独树一帜	对弈	恩怨	反击
定位	独特	对照	耳熟能详	反抗
定型	独享	对症	二元	反馈
定制化	独有	对症下药	发达	反面
东西	独尊	对峙	发覆	反叛
动荡	笃实	顿悟	发挥	反弹
动机	杜绝	多层次	发明	反思
动力	杜撰	多重	发人深思	反省
动态	渡过	多方面	发散	反应
动摇	端倪	多寡	发散性	反制
动员	端正	多极化	发现	反转
动辄	短板	多面性	发展	反作用
冻结	短期	多样	乏善可陈	返本开新
洞察	短缺	多样化	法宝	犯错
洞察力	短视	多样性	法则	泛化
洞穿	断定	多疑	砝码	泛滥
洞见	断裂	多元	藩篱	范畴
洞若观火	断语	多元化	繁荣	方向性
洞悉	断章取义	堕落	繁琐	防范
陡增	锻造	讹诈	繁重	防控

267

防御	丰富多彩	幅度	概率	高速
防止	丰富性	辐射	概述	高下立判
放弃	风范	福祸相依	干扰	高效
放任	风格	俯视	干涉	高于
飞跃	风骨	付出	干预	高远
非此即彼	风险	负面	甘于	高瞻远瞩
非主流	风向	负有	尴尬	高涨
匪夷所思	风行	负责	敢于	高质
斐然	封闭	附和	感染	搁下不论
废除	封锁	附加	感染力	搁置
分辨	峰值	附加值	感同身受	割裂
分辨力	锋芒	附庸	感性	革除
分工	凤毛麟角	复苏	感召力	革新
分化	奉行	复现	扛鼎之作	格格不入
分解	否定	复兴	刚性指标	格局
分量	否决	复杂	纲领	隔阂
分裂	否认	复杂性	纲领性	隔绝
分门别类	肤浅	复制	杠杆	个别
分明	孵化	副作用	高超	个人化
分批	扶持	赋予	高成本	个性
分期	扶植	富有	高调	个性化
分歧	拂去	覆盖	高度	各得其所
分散	服务	覆辙	高端	各异
分水岭	服膺	改变	高峰	各有其用
分享	浮夸	改良	高级	各有千秋
纷呈	浮嚣	改善	高妙	给定
纷繁	浮于	改写	高明	根本
氛围	浮躁	改造	高明处	根底
丰富	符合	概括	高深	根柢

四、附录篇

根基	攻击	估量	观察	国际化
根据地	攻坚克难	估算	观照	果断
根深蒂固	攻克	孤立	管控	果决
根源	攻势	古已有之	贯彻	果然
根植	供需	谷底	贯穿	果实
跟踪	巩固	鼓吹	贯通	裹挟
更高	共存	鼓励	惯常	过度
更加	共克	鼓舞	惯性	过渡
更深	共克时艰	固定	灌输	过多
更新	共鸣	固然	光辉	过分
更新换代	共识	固守	光芒	过猛
工具化	共通	固守成见	广泛	过人
公开	共同体	固有	广阔	过时
公理	共襄	固执己见	广为传布	过头
公平	共享	顾虑	归根结底	过眼云烟
公器	共性	痼疾	归结	过早
公然	共赢	挂钩	归咎于	含糊其辞
公认	共振	拐点	归属	含量
公信力	共治	怪象	归宿	含义
公正	贡献	关怀	归位	含英咀华
公正对待	勾画	关键	归因于	涵盖
功底	勾勒	关卡	规范	涵化
功力	沟通	关口	规范化	涵养
功利	钩稽	关联	规矩	涵泳
功利化	钩稽	关切	规律	罕见
功利性	构想	关头	规训	汗牛充栋
功能	构筑	关系	轨道	捍卫
攻防	诟病	关注	轨迹	撼动
攻关	估定	观测点	诡异	毫无

269

人文社科选题炼题：100问+700例

毫无二致	宏愿	话语权	混沌	基因
好转	鸿沟	怀疑	混合	基准
好奇	后果	还原	混乱	跻身
好恶	后继	缓冲	混为一谈	激发
浩繁	后劲	缓和	混杂	激化
合法	后续	缓解	活力	激活
合法性	厚实	缓慢	或多或少	激进
合理	厚重	幻觉	或许	激励
合理性	呼声	换代	获得	激烈
合力	呼吁	涣散	获利	羁绊
合适	呼应	恢复	获胜	及时
合一	忽略	辉煌	惑于	汲取
合作	忽视	回报	几乎	极大
何止	虎视眈眈	回避	几率	极点
和解	互补	回复	机理	极度
和谐	互阐	回顾	机遇	极端
核心	互动	回归	机遇期	极富
黑白不分	互惠	回击	机制	极高
痕迹	互鉴	回馈	积弊	极化
恒久	互利	回流	积淀	极具
恒态	互通	回落	积极	极力
横向	花费	回溯	积聚	极其
衡量	化解	回旋	积累	极强
轰动	化境	回旋空间	积蓄	极少
弘扬	化身	回应	基本	极盛
红利	化为	汇聚	基本方式	极为
宏大	化作	会通	基点	极限
宏大叙事	划界	晦涩	基调	极致
宏远	划清	浑然一体	基脉	亟待

亟须	加重	剪辑	交互	截然
急功近利	枷锁	简单	交集	截然不同
急迫	假设	简单化	交融	截然对立
急速	价值	简单罗列	交织	竭力
急需	价值观	简化	焦点	解除
急于	尖端	简练	焦虑	解答
急于求成	尖锐	简陋	角色	解读
棘手	坚定	简明	绞尽脑汁	解放
集纳	坚固	见解	矫枉过正	解构
集中	坚决	见仁见智	矫正	解救
挤兑	坚实	见识	叫板	解开
挤压	坚守	见微知著	较量	解剖
计划性	坚信	见效	教化	解释
计较	间接	见证	教训	解释性
伎俩	肩负	建树	阶层	解体
迹象	艰巨	建制化	接触	解脱
既成	艰难	健步	接轨	介入
既定	兼及	健全	接近	界定
觊觎	兼具	渐次	接受	界限
继承	兼容并包	渐进	接踵而至	借鉴
继续	兼收并蓄	渐进式	揭开	借口
寄托	检测	渐为	节点	矜持
加持	检视	渐行渐远	节制	紧急
加工	检讨	践行	节奏	紧密
加剧	检验	僭越	结构	紧缺
加快	减轻	江河日下	结合	紧张
加强	减少	僵化	结晶	谨慎
加深	减损	交叉	结束	谨小慎微
加速	剪裁	交锋	捷径	进步

进程	精简	纠缠	卷入	开启
进度	精进臻善	纠葛	决策	开山
进化	精练	纠结	决定	开拓
进取	精美	纠谬	决定性	开拓性
进退	精辟	纠正	决断	开先河
进退维谷	精深	居多	决断力	堪称
进展	精通	居然	决裂	堪忧
尽其所能	精心	局面	决意	坎坷
尽人皆知	精义	局势	决战	看淡
尽如人意	精益化	局限	觉醒	看懂
尽善尽美	精湛	局限性	绝地	看清
近取	精准	举措	绝对	看似
近似	井然有序	举国	绝对化	看重
近忧	警觉	举重若轻	绝非	慷慨
晋升	警示	举足轻重	绝缘	考察
浸入式	警惕	巨变	掘发	考订
浸润	警醒	巨大	掘进	考量
禁锢	径直	巨额	崛起	考问
禁忌	净化	巨量	攫取	考验
禁脔	竞赛	拒斥	均衡	考证
禁区	竞相	拒绝	均衡	拷问
禁止	竞争	具体	开创	可辨
经典	竞逐	具体化	开端	可测量
经历	竟然	具有	开放	可持续
经世济用	敬畏	剧变	开疆拓土	可观
经世致用	敬意	距离	开掘	可观测
经验根据	境界	聚焦	开阔	可贵
经验型	境遇	聚焦点	开明	可靠
精彩	窘迫	捐助	开辟	可靠性

四、附　录　篇

可控	快速	雷同化	历数	两讫
可能性	宽松	类同	厉害	亮点
可逆	匡救时弊	类型	立场	量化
可谓	匡正	冷静	立论	量力
可惜	旷古未有	冷峻	立判	量身定做
可信	框架	冷落	立体	寥寥无几
可信度	窥视	冷眼旁观	立足	寥落
可循	匮乏	厘清	立足于	料到
可依	困惑	离散	利弊	劣势
可用性	困境	里程碑	利大于弊	临界点
克服	困扰	理解	利他	淋漓致
刻板	困于	理念	利用	遴选
刻不容缓	扩大	理清	利于	灵动
刻意	扩散	理所当然	例外性	灵活
刻舟求剑	扩展	理性	连续	凌厉
客观	扩张	理应	连续性	凌乱
肯定	来源	理由	联合	零碎
空白	赖以生存	理智	联手	领导
空论	蓝图	力度	链条	领会
空前	滥觞	力戒	良方	领略
空疏	浪费	力量	良好	领悟
恐怕	牢固	力求	良机	领先
控制	牢笼	力图	良心	领衔
苦果	烙印	力主	良性	领袖
苦衷	乐观	力作	良莠不齐	领域
夸大其词	乐于	历程	良知	令人置信
夸张	了断	历次	两极	令人瞩目
跨界	了然于胸	历经	两难	留余地
跨越	了如指掌	历史性	两歧	流变

273

人文社科选题炼题：100问+700例

流程	掠夺	迷惘	明线	耐人寻味
流露	麻痹	迷雾	明证	耐心
流失	麻木	迷信	明智	耐性
流向	迈过	谜团	冥想	难得
流行	卖弄	密不可分	冥行	难关
流于	脉动	密切	铭记	难上加难
漏洞	脉络	绵密	谬误	难以
炉火纯青	蛮荒	绵延不绝	摸索	难以为继
陆续	满足	免疫力	摹写	难遇
路径	蔓延	勉力	模板	内观
露出	漫不经心	面对	模范	内涵
乱象	漫长	面临	模糊	内涵式
沦落	盲从	面貌	模拟	内耗
沦为	盲点	面向	模式	内化
轮回	盲目	苗头	模型	内力
轮廓	盲目性	描绘	模型化	内生
论定	毛糙	描述	磨砺	内生动力
论争	矛盾	描写	磨炼	内虚
逻辑	冒险	瞄准	抹黑	内需
螺旋上升	门户之见	妙处	抹平	内蕴
落地	门槛	敏感	莫不是	内在
落后	萌发	敏锐	莫过于	能动性
落脚点	萌生	名存实亡	莫衷一是	能力
落寞	弥补	名副其实	漠不关心	逆差
落入	弥久常新	明辨	默契	逆反
落实	弥漫	明枪	谋略	逆流
屡见不鲜	弥足珍贵	明确	目标	逆流而上
履行	迷惑	明晰	纳入	逆袭
虑及	迷思	明显	乃至	逆转

274

四、附 录 篇

年深日久	旁观	贫乏	破除	启动
捏造	泡沫	贫富	破格	启发
孽生	培育	贫瘠	破坏	启蒙
凝固	配合	频次	破解	启示
凝结	配套	频繁	破旧布新	启用
凝聚	配置	频频	破局	起步
凝聚力	抨击	品位	破灭	起点
扭曲	蓬勃发展	品味	破译	起落
扭转	膨胀	品相	魄力	起色
纽带	批判	品质	剖析	起源
浓淡	批评	平等	朴素	起源于
努力	披露	平和	普遍	气派
挪用	匹配	平衡	普及	气息
欧化	偏爱	平实	普世	气象
偶尔	偏差	平台	普适	气焰
偶然	偏好	平稳	谱系	迄今
耦合	偏激	平庸	铺垫	弃而不用
排斥	偏见	评断	栖身	契机
排除	偏颇	评估	期待	契悟
排挤	偏袒	评价	期盼	恰切
徘徊	偏误	评鉴	奇怪	千锤百炼
派别	偏向	屏蔽	奇观	千头万绪
攀升	偏于	瓶颈	奇迹	千载难逢
盘根错节	偏执	颇具	奇葩	迁移
判别	偏重	颇为	奇异	牵涉
判断	片面	颇有	歧视	牵引
庞大	片面化	迫切	歧途	牵制
庞杂	撇开	迫使	旗鼓相当	前功尽弃
旁采	拼凑	迫在眉睫	启迪	前景

275

前所未见	强力	轻重	趋于	缺席
前所未有	强烈	倾倒	渠道	缺陷
前台	强弱	倾力	取代	缺一不可
前提	强盛	倾洒	取而代之	阙如
前途未卜	强势	倾向	取精用宏	确保
前卫	强行	倾向于	取决于	确定
前沿	强硬	倾注	取舍	确定性
前瞻	强有力	清除	取向	确立
前兆	强于	清楚	取悦	确切
钳制	强制	清单	去……化	确实
潜规则	悄然	清点	去除	确证
潜力	桥梁	清理	去伪存真	染指
潜能	巧合	清流	去芜存菁	让渡
潜心	撬动性	清晰	权威	绕过
潜行	切肤	清醒	权威性	热点
潜移默化	切换	穷尽	权宜	热心
潜在	切忌	求解	权宜之计	热衷
浅薄	切入	求真	权重	人云亦云
浅尝辄止	切入点	求证	全方位	认定
浅显	切实	区别	全力	认可
谴责	切中要害	曲解	全貌	认清
欠缺	亲和力	曲折	全面	认识
嵌入	亲缘	驱动	全盘	认同
强大	青睐	驱动力	全球化	认同感
强调	轻率	驱使	全球性	任督二脉
强悍	轻视	屈从于	全新	任意
强化	轻松	祛魅	诠释	韧性
强加	轻信	趋势	缺乏	仍然
强劲	轻易	趋向	缺失	日渐

日趋	色彩	深究	升降	时刻
日深	森林法则	深刻	升温	时髦
日新月异	森严	深潜	生成	时效
日益	森严壁垒	深切	生机	时效性
日益增多	煽情	深入	生死存亡	识见
荣损	闪耀	深入浅出	生硬	实测
容得	善待	深受	声势	实际
容量	善恶	深思	声誉	实力
容忍	善于	深邃	胜出	实施
容限	擅写	深细	胜利	实实在在
融合	嬗变	深陷	胜于	实事求是
融汇	商榷	深意	盛行	实属
融会	上升	深远	剩下	实现
融洽	上限	深造	失常	实效
融入	稍逊	深植	失调	实验
融通	少见	神话	失范	实用主义
冗余	设定	神秘	失衡	实在
糅合	设计	神坛	失控	实战
如实	涉及	审时度势	失灵	实质
如数家珍	涉猎	审视	失落	实质性
入侵	申扬	甚广	失去	史料
锐气	深层次	甚巨	失效	使命
睿智	深处	甚微	失序	使然
若干	深度	甚于	失真	始终
弱点	深感	甚至	师法	示范
弱势	深耕	渗透	施压	世纪
弱项	深广	升到	时常	世俗
散漫	深厚	升华	时代性	世相
丧失	深化	升级	时过境迁	市场化

式微	守成	输赢	顺从就范	随声附和
势必	守卫	熟视无睹	顺理成章	随性
势头	守住	熟悉	顺势	随意
事关	首创	熟焉不察	顺势而为	碎片化
事与愿违	首次	熟知	顺应	损害
饰词	首当其冲	束缚	说服	损失
试错	首屈一指	树立	说服力	缩影
试探	首位	衰败	说教	所谓
试图	首选	衰敝	司空见惯	索隐
试验性	首要	衰竭	丝毫	琐碎
视而不见	受挫	衰落	思辨	拓展
视野	受到	衰弱	思潮	踏实
视域	受损	衰颓	思忖	台阶
是非	受限	衰退	思考	态度
是非难辨	受益	衰微	撕裂	态势
适得其反	受制	率先	似乎	泰然
适度	抒发	双边	似是而非	弹性
适逢	枢纽	双标	松动	谈何容易
适合	殊难	双刃剑	俗	探究
适宜	殊荣	双向	俗见	探求
适应	殊途同归	双赢	夙愿	探索
适用	梳理	双重	诉求	逃避
适用性	疏导	水到渠成	诉诸	淘汰
适中	疏忽	水过无痕	素有	淘洗
释放	疏漏	水火不容	宿命	套路
释证	疏于	水准	塑造	套用
收获	疏远	顺差	溯源	特别
收缩	输出	顺畅	随波逐流	特定
收益	输入	顺从	随机	特色

四、附　录　篇

特殊	调和	统一	推动器	妥协
特殊化	调节	统一性	推翻	挖取
特效	调整	统治	推广	瓦解
特性	挑拨	痛点	推荐	歪风邪气
特有	挑明	痛定思痛	推介	歪曲
特质	挑选	投入	推进	外来
剔除	挑战	透彻	推敲	外流
提倡	挑战性	透露	推行	外需
提到	跳出	透明	推许	外因
提法	贴合	透明度	推延	弯路
提防	贴近	透视	推演	完备
提及	贴切	凸显	推重	完美
提炼	铁律	凸现	颓势	完美无缺
提前	停摆	突变	退步	完善
提升	停留	突出	退出	完整
提醒	停滞	突进	退化	顽固
提振	通力	突破	蜕变	顽瘴
体察	通盘	突破口	蜕化	王道
体会	通识	突兀	吞噬	枉顾
体味	通俗	突显	拖垮	危害
体悟	通用	徒劳	拖延	危机
体验	通约	徒有	脱钩	危及
替代	同步	徒增	脱节	危险
天分	同等	土壤	脱离	危言耸听
天然	同感	推陈出新	脱离实际	威慑
天壤之别	同构	推崇	脱落	威胁
天性	同时	推出	脱胎	微词
添加	同质化	推到	脱胎换骨	微乎其微
填补	统筹	推动	脱颖	微妙

279

微弱	问题	无限	息息相关	先入为主
违背	问责	无效	悉心	先声
违反	我行我素	无序	稀奇	先天
围城	污化	无疑	稀缺	先天不足
围堵	污蔑	无以为继	稀少	先行
围攻	无比	无益	稀释	先于
围观	无处不在	无意识	犀利	掀起
唯一	无独有偶	无与伦比	习惯	鲜活
唯有	无端	无知	习焉不察	鲜明
维持	无端地	无助	习以为常	鲜有
维度	无多	无足轻重	洗礼	闲置
维护	无法	毋庸	系统化	显得
维系	无法言喻	毋庸置疑	细化	显而易见
尾声	无妨	芜杂	细节	显露
萎缩	无非	忤逆	细究其	显然
未卜	无个性	武断	细密	显示
未来	无功而返	务实	细致	显示度
未雨绸缪	无关	物化	细致入微	显现
位次	无可匹敌	误导	狭隘	显学
位置	无能为力	误读	狭隘化	显耀
蔚起	无情	误解	瑕疵	显著
蔚然成风	无人不晓	误区	下跌	现代
温和	无人不知	吸纳	下降	现代性
紊乱	无人问津	吸取	下行	现实
稳步	无视	吸收	先导	现行
稳定	无所适从	吸引	先锋	限定
稳定性	无特点	吸引力	先见性	限度
稳健	无误	希望	先决	限量
稳妥	无暇	牺牲	先驱	限制

四、附 录 篇

线性	象征	新阶段	性灵	削弱
陷阱	消除	新旧	胸有成竹	学理
陷入	消耗	新派	修复	学理分辨
相比	消化	新奇	修改	学派
相承	消极	新图景	修炼	熏陶
相得益彰	消解	新鲜	修正	寻求
相对	消灭	新型	须臾	寻找
相对性	消退	新兴	虚构	循环
相反	消长	新一轮	虚假	迅捷
相符	嚣张	新增	虚美	迅速
相关	效仿	薪火相传	虚热	逊于
相较	效力	信奉	虚无	压舱石
相近	效率	信口开河	虚有其表	压倒性
相容	效应	信马由缰	需求	压力
相似	效用	信守	栩栩如生	压迫
相提并论	协调	信息化	序幕	压缩
相通	协商	信用	叙述	压抑
相信	协同	信誉	叙写	压制
相依	胁迫	兴起	宣泄	揠苗助长
相异	写照	兴盛	宣扬	延迟
相左	懈怠	兴衰	玄妙	延缓
详尽	心得	行动力	悬念	延伸
详细	心态	形象化	悬殊	延误
翔实	心血	形形色色	悬置	延续
享有	欣赏	醒世	选定	严谨
响应	欣慰	醒悟	选择	严峻
想象	新陈代谢	省察	选择性	严苛
向度	新见		渲染	严厉
向往	新建	兴趣点	削减	严密

严肃	要害	依旧	异于	隐藏
严整	要领	依据	抑或	隐恶
严重	要素	依靠	抑制	隐含
言必有据	业绩	依赖	益处	隐患
言过其实	业已	依然	意气之争	隐匿性
言之成理	一蹴而就	依托	意识到	隐身
沿波讨源	一概	仪式性	意图	隐痛
沿袭	一贯	移植	意味	隐显
沿用	一家之言	遗产	意味深长	隐忧
研判	一孔之见	遗憾	意向	印证
俨然	一流	遗漏	意绪	应得
衍变	一律	疑古	意愿	应对
衍生	一脉相承	疑惑	意旨	应急
掩盖	一目了然	疑惑不解	意志	应时
掩饰	一拍即合	疑虑	臆想	应势而动
眼光	一清二楚	疑难	因果	应有
眼界	一如既往	以偏概全	因时就利	应运
演变	一视同仁	以史为鉴	因势而谋	迎合
演化	一体两翼	以图证史	因噎废食	盈亏
演进	一味	义谛	因应之道	盈余
演示	一厢情愿	义涵	殷鉴	营造
验证	一以贯之	义理	引导	赢得
仰视	一意孤行	义务	引发	影响
养成	一再	异端	引进	映射
摇摆	一针见血	异化	引领	硬凑
摇摆不定	一直	异己	引擎	硬性
遥领	一致	异见	引申	拥有
遥想	依傍	异类	饮誉	庸俗
药方	依附	异曲同工	隐蔽	臃肿

四、附 录 篇

永恒	有感而发	余力	原始	运行
永久	有节	余绪	原始性	运演
永无止境	有赖于	逾越	原型	运转
纽带	有理	与生俱来	原因	酝酿
勇气	有理有据	与时俱进	圆满	蕴藏
勇于	有力	预案	圆通	蕴含
涌现	有利	预测	援文入画	蕴涵
用心	有利于	预计	援助	熨帖
用心良苦	有目共睹	预判	缘起	杂乱
优化	有失	预期	源流	杂音
优良	有损	预热	源泉	宰制
优劣	有所	预设	源于	再次
优势	有所补益	预先	源远流长	再度
优先	有条不紊	寓意	源自	再生
优越	有望	愈加	远超	再现
忧虑	有限	愈演愈烈	远见卓识	再一次
悠久	有效	愈走愈远	远虑	再造
尤其	有效性	渊薮	远未	在意
尤为	有序化	渊源	远远	载量
尤为可贵	有益	元气	愿望	暂且
尤显	有余	元素	约定俗成	暂时
由博返约	有章可循	原本	约束	赞同
由约而博	有致	原创	跃上	遭受
犹豫	有助于	原地踏步	越过	遭遇
犹豫不决	幼稚	原点	越来越	造福
游刃有余	囿于	原动力	越益	造就
游弋	迂缓	原封不动	允当	造势
有待	于今尤烈	原理	孕育	造诣
有的放矢	余地	原貌	运筹	责任

283

责无旁贷	招架	争取	证实	指导
增加	折扣	争先	政绩	指导性
增进	着力	争议	政治化	指点
增量	着实	争执	症结	指向性
增强	着重	征服	支撑	指引
增删	针对	拯救	支持	指责
增添	珍视	整顿	支离	至道
增长	珍惜	整改	支配	至高
增值	真诚	整合	支援	至高无上
扎根	真谛	整套	支柱	至关
扎实	真貌	整体	枝蔓	至关重要
窄化	真切	整体把握	知悉	至理
展示	真实	正本清源	知音	至善
展现	真实性	正常	执行力	至上
崭露	真伪	正当	执着	至少
占据	真相	正当性	执着一偏	志趣
占有	真正	正道	直陈	志业
战略	斟酌	正轨	直接	制裁
战略性	甄别	正路	直觉	制定
战术	缜密	正面	直指	制高点
张弛	阵营	正名	值得	制衡
张力	振兴	正确	植根	制胜
张扬	振作	正确性	植入	制约
彰显	震撼	正式	止损	制造
长期	争端	正视	止歇	制作
长于	争夺	正题	旨趣	质变
涨跌	争论	正途	旨在	质量
障碍	争论性	证据	指标	质疑
障人耳目	争鸣	证明	指陈	治理

四、附　录　篇

桎梏	终究	重要	专一	资格
致力于	终止	重要性	转变	滋生
致命	钟爱	重于	转化	滋养
致使	众多	重灾区	转换	自闭
秩序	众说纷纭	重中之重	转 A 为 B	自嘲
智慧	众志成城	重重	转危为安	自成
智能	重磅	骤增	转向	自成体系
智能化	重创	逐步	转型	自成一家
滞后	重大	逐渐	转移	自动
置换	重蹈	烛照	转折	自发
置评	重蹈覆辙	主导	转折点	自觉
置疑	重返	主动	追根求源	自觉性
置于	重复	主观	追根溯源	自律
置之不理	重构	主观化	追究	自明
中断	重绘	主力	追捧	自然
中规中矩	重建	主流	追求	自省
中坚	重开	主题	追思	自私自利
中立	重启	主体	追溯	自我
中枢	重任	主推	追随	自相矛盾
中心	重申	主要	追问	自信
中心化	重生	主宰	追寻	自诩
中正	重拾	主张	追踪	自由
终点	重视	助力	准确	自娱自乐
终古常新	重塑	助推	准确无误	自圆其说
终归	重提	注定	准则	自责
终极	重写	注重	卓有建树	自主
终极关怀	重心	专精	卓越	自组织
终极性	重新	专门	卓著	宗旨
终结	重新布局	专业	姿态	综合

纵观	足够	最	最为	左右
纵横	足见	最大化	最优解	佐证
纵览	足以	最多	最优选项	坐标
纵深	阻碍	最根本	最早	坐而论道
纵向考	阻断	最好	最终	坐实
走势	阻遏	最佳	尊严	坐享
走向	阻挠	最起码	尊重	
奏效	阻止	最盛	遵循	

跋一　以例解惑，依题炼题

黄忠廉先生是语言学、翻译学研究领域的专家，变译理论创始人。除了专攻翻译学及汉外对比，还出版了外文、人文社科研究方法的著作。近年来，当我们报项、撰文、著书时，有黄先生所著《外语研究方法论》引路，《人文社科项目申报300问》（下称《300问》）解惑，还有《人文社科论文修改发表例话》等著作启智。这些著作以科研妙例发现、问题探讨、体系勾勒、方法建构为重，既有关乎人文社科研究方法宏观视野的条缕分析，也涉及选题炼题等环节的专题论述。例如：讨论炼题方法，黄先生指出"欲求题目简洁鲜明，实为追求术语化，应该力求做到：一紧二缩三陌生"（《300问》，页76）；谈及选题方法，黄先生提出基本可循"定科、定域、定向、定点、定位、定法、定题的路向，逼近所需选题"（《外语研究方法论》，页174）。

题好文一半！撰文著书报项目，对有价值的选题都提出了更高的要求。观察总结各类选题的价值，反思选题的经验，是求学的必经路径。先生新著《人文社科选题炼题：100问+700例》（下称《100问+700例》）延续《300问》以例解惑的经典体系，有机地整合成由"问"到"论"，由"题"循"道"的脉络。读约700个选题，学会察其义，观其本。以问题切入，正是强调对问题意识的培养。而对选题的解析，是快速了解学科前沿的窗口。读完全书，再次深刻理解先生方法论系列著作并非知识传授型，而是旨在达到"得鱼更得渔"的目的。新著与前述几部著作有一共性——文字畅达精致，选例讲究典范性、思想性、时代性，解读有理有实，集入微的文字解析与宏观的理论把握于一体。此外，还有更多的拓展和更新，主要体现如下。

首先，拓展了选题之问的深度和广度。《300问》涉及"选题"19问，《100问+700例》则增至40问。另如《300问》第97问为"何谓选题链？选题如何以微变应多变？"，以"变译"为例，启发学术增长点的拓展；《100问+700

例》则将"选题链"纳入"要道篇"第 6 问"以'问题'为导向,最简选题链呈何样态?",且以新题例切入解析,不再限于变译案例,而是换以国际问题研究与中国历史学科的选题,进而提出"问题→命题→定题"的选题链最简方案,通过分解选题链的三步骤,勾勒出课题内容与语言表述相互关照的体系。

其次,深入挖掘炼题的策略与路径。新著更多地强调了"炼题"。很明显,"要道篇"突出了炼题的精要道理,如"选完题,最关键的是炼好题,如同百炼才能成钢"(第 4 问)。不止于此,第 51—100 问深度解析"炼题",既有"炼题机制"的宏观铺垫,也有"炼题策略"的中观探讨,更有微观聚焦的重点分析。此外,从第 74—100 问看,该书不惜篇幅,着力解决炼题的三大重点,即"前沿与时需单炼""前沿与时需齐炼""十炼'陌生化'",其"陌生化"十炼是全书的硬核与亮点,新颖且务实,对《300 问》所提出的"陌生化"展开了全面的纵深拓展、派生、具体化,给人以深刻的启迪。

再次,兼具现实性、交叉性、应用性。细读 100 问,深思之余令人惊叹之处有三。其一,问题与例解交织成网。选题案例如同珍珠,由问题之脉络线贯穿相连。以 100 问为经,以约 700 例为纬,展示了 2018—2022 年人文社科项目的选题图景,并据党的二十大精神举例社科基金设题及未来可筹划的选题视角。其二,深炼题与阔视野并行。该书对问题、命题、标题的层层解析,由面到点,由内及外,让读者在品读例题细部剖析的同时,习得如何"紧扣学术动向",如何"炼选题学科的内在",把握学术范畴、学术前沿,开启了从狭窄的单科视野走向辽阔的大文科视野的学路历程。其三,学问与修行交融。论读书心得,谈学习收获,是阅读该书的直观收获。然而,对每个字、每个题持敬畏之感,让察题细思渐成一种问学方式,是我所得的更大的启示。除了 100 问、约 700 例、2 万多用语之外,全书还设多张表,不仅以其证文或解题,细细琢磨便发现,精妙的炼题之道无不蕴含其间。

最后,文字内外彰显学术方法和学术精神。先生的著作既教有字之学问,又授无字之学问。读罢此书,深感:夯实"学科内功",立足"锤炼精炼",方能"固本创新",应"时代之需",这一治学精神贯穿《100 问+700 例》各例解析之始终。全书实际上是一名学者以研究者、审读者、师者的角色,带领我们进入一堂堂生动的学术方法课,逐步学会以题解惑,以题炼题。独具慧眼的解答，是由先生的研究视域、学术眼光构成的一幅幅生动的学术示范画卷。在问答对话中，我时有"见题是题"察其表的发现，时有渐入"见题只是题"（第62问）的感悟。

我有幸以访问学者身份受教于先生，先生传道授业，不论是课程学习、论文修改，还是学术沙龙，都按照学术规范严格训练。先生嘱我作跋，促我研读。以上心得，与全书蕴含的丰富的学术养分相比，仍嫌简略。相信读者读罢《100问+700例》，更会选题，依题炼题，酿出更多的智慧。

2023年8月25日

跋二 向巅而行：从"见山"到"定题"

受黄忠廉教授之邀，为其新作《人文社科选题炼题：100问+700例》（下称《100问+700例》）写跋，身为学生的我感到无比荣幸。本书是继《人文社科项目申报300问》（下称《300问》）出版六年之后的又一力作，从项目申报的逐级解构拓至项目、文章最佳标题的选炼。《100问+700例》一问一答解惑，环环相扣，贯通项目命题的方方面面，令人豁然，增添了项目申报的兴趣、信心与动力。

科研路上，人人都做项目"梦"。无论是校级、省部级，还是国家级，想要成功立项，先得精心填写申请书，其中奥义可见《300问》。六年来，各学科已有几万人受益于《300问》，获批大小各类项目。但黄先生诲人不倦，从未停步对项目申请书完美提升的思考，又将所思所想结晶为题目的选与炼，因为题目是申请书的点睛之笔，其好坏直接关系到能否吸引评审者注目。《100问+700例》通过学人最关心的100个问题与来自26个人文社科项目选题的约700个实例，让读者全面了解选题炼题的原则与方法，激发学人巧思妙想之能力，从而助力学人"一'目'夺魁"。

《100问+700例》围绕选题与炼题，从问题设计、内容整合到语言表达，无不闪耀作者深耕勤作的智慧光芒。每次翻阅《100问+700例》，都是思想的翻越，在此仅仅分享个人研读《100问+700例》的浅见。

前沿与时需 《100问+700例》首先强调申报项目的前沿性与时需性，这是最佳标题的必要条件之一。成功获批的项目通常应具备前沿性，能够展示申请人的创新能力与独特见解，也应具有时需性，能与当下社会需求相契合，解决实际问题或提供有益的解决方案。而项目的前沿与时需最先可由项目选题来体现，体现"二性"的项目标题往往能第一时间吸睛，从而提高获批率。

"前沿""时需"是《100问+700例》的高频词。"学科前沿"是课题的硬核,"时代所需"是课题的外围,两者在宏观上构成了炼题机制的两大要素。黄先生创造性地给项目命题提炼了公式,即"前沿+时需≈最佳选题"。"≈"这一约等号在突出前沿与时需的重要性之余,也说明"最佳选题"还存在其他影响因素。然而标题如何突出前沿与时需?《100问+700例》全方位作了深入解析,如炼题时既可组合(并存关系),又可化合(合一关系);既有单炼技巧,也有齐炼诀窍,而齐炼时二者的使用条件、占位、主次、显隐及互动关系等都能在书中找到解答。

此外,书中首次将前沿、时需与每位学人的问学能力相关联,分别对应求学的内功("看家本领")与外功("问学外援")。无论是上课、沙龙还是讲座,先生都一直强调学人的内在修为,求学路上更要内外兼修;而类比至炼题,《100问+700例》指出"学科前沿炼内功",旨在通过标题出新、精、尖,必要或需要时则发挥外功,再显标题的高、大、上。如此类推,想必学人们对求学问道与项目选题都会有更深层次的领悟。这也是《100问+700例》给学界带来的理论视野与思想高度。

机理兼策略 《100问+700例》的内容主要围绕选题、炼题的机理与策略展开。机理与策略是问题解决与目标实现的重要组成部分,深入理解选题问题的机理、本质,制定科学合理的选题、命题策略,才能更好地应对每次项目申报的挑战,提高项目申报的效率与概率。

为师者好说"授人以鱼,不如授之以渔",《100问+700例》的目标却是让读者"鱼渔兼得"。"得鱼"即"得理","得渔"则"得法"。基于讲授何为选题、为何重要、要求为何的"三何","要道篇"头10问用36个实例解析了"问题意识""最简选题链""国是""标题党"等选题的几个关键问题。而"选题篇""炼题篇"也都是先解答标题"选""炼"的原理与机制问题,如选题的去留、突破口及最简路径,炼题的"三字经""内、外循环""十级机制"等,再进入策略方法的解析与操作。在策略与方法的问答部分,《100问+700例》具体而微,顾及项目标题各要素、特征、命题方法的排列组合,细至标题所含的字母词与缩略词、标题组词结构、字数长短及其"气口"切分,甚至是标点符号的使用,通过大量实例将选题炼题的具体实施步骤庖丁解牛般地授予读者。

无论原理、结构、机制，还是策略、方法，"新"始终是《100问+700例》的最大亮点，标题新意可以说是"得渔"的重要体现与终极目标。且不说附录一中标题用语以"新"开头的名词最多，附录三的选题问题意识用语中含"新"用语也有20多个，全书每隔几页都会出现含"新"的动词，诸如"创新""出新""求新""拓新""显新""衬新""立新""存新""留新"，书中还选用"新"的另类表述，诸如"特立""特于""秀于""异于"等，以突显选题炼题在各方面、不同阶段的求"新"。虽然《100问+700例》孜孜不懈，突出"新题新炼出新意"，却也析例告诫学人如何把握"创新与陌生的度""选题大小的分寸"，这种思想的碰撞既能激发兴趣，更能引导读者对"创新"方式深入思辨。

私想与妙言　独到思想和精湛语言让人回味无穷。通常，一本学术专著若处处体现作者的思想，可增加其阅读的价值；若是还能"玩转"学术语言，更是读者之福。《100问+700例》正是这样两全其美的命题知识宝藏。

《100问+700例》首先体现了思想上传统与现代的融合。如第10问引入"原道"思想，将传统禅宗境界的"见山是山，见山似山，见山只是山"类推至选题炼题的境界"见题是题，见题似题，见题只是题"，通过"立地、登堂、入室"三个阶段，形象生动地概括出项目命题的规律，为后续问题的设置起到指导性作用。此外，《100问+700例》善用图、表、符号呈现思想的精华。如翻开正文第1页，读者会被第1问图1"题：研究或项目的明眸"顶端的金星所吸引，该图简明清晰地向读者介绍了国家社科基金项目活页几大逻辑板块之间的关系，由此突出项目选题的至高地位。图4与图5则解析例中题目要素与其各种排列，呈现研究内容的多种演绎方式。全书所设的表部分是对已有项目选题的比较、改造与总结，更多的是基于各科题目，对选题的最简方案、组合、模式以及炼题的机制、步骤等进行全新归纳。譬如，基于"案例诠释"，《100问+700例》分10张表将十级炼题步骤循序渐进地演示给读者，带给读者一种沉浸式的阅读求知体验；为凸显炼题机制的内在逻辑，每个步骤都特选了符号，方便读者了解其间关系。

《100问+700例》的语言严谨、精妙，不仅能让读者研习学术写作遣词造句之法，还引导读者反复回味、领悟简短标题文字背后蕴含的能量与价值。书

跋二　向巅而行：从"见山"到"定题"

中多次运用"语首同字"，对策略方法的提炼精简而深刻，如第13问最简选题路径三大步的"求广求泛""求准求精""求全求善"，七小步的"定科、定域、定向、定点、定位、定法、定题"，选题"之最"组合的十个"最X"构词等。有的问题使用了谐音词，如炼题十级的步步为"赢"，有的则活用热点词汇，如"标题党""潜规则""C位"等，语言的表达力与幽默感跃然纸上。而"九字诀""组合拳""内外神功""内外夹击""擒项先擒目"……，让人产生一种手捧秘籍、勤学招式，决战项目申报之巅的武侠氛围感。

《100问+700例》时看时新，每问都引人入胜，每处都显魅力，见深度。通过趣问、妙答与实例分析，全书引领项目小白勇敢起航，开启项目申报的奇妙旅程；也给正跃跃欲试、冥思苦想的申请者暗送"芝麻开门"的咒语，助其坚定方向，明确去向，探索更广阔的选题空间。

读《100问+700例》，学人可修身励志，深邃明辨，进而行稳致远。

长沙岳麓山
2023年10月10日